Eilles-Matthiessen / Janssen
Osterholz-Sauerlaender / El Hage
Schlüsselqualifikationen kompakt

Aus dem Programm Hans Huber:
Psychologie Praxis

Wissenschaftlicher Beirat:
Prof. Dr. Dieter Frey, München
Prof. Dr. Kurt Pawlik, Hamburg
Prof. Dr. Meinrad Perrez, Freiburg (CH)
Prof. Franz Petermann, Bremen
Prof. Dr. Hans Spada, Freiburg i. Br.

Im Verlag Hans Huber ist weiterhin erschienen – eine Auswahl:

Eva Bamberg / Christine Gabriele Busch / Antje Ducki
Stress- und Ressourcenmanagement
Strategien und Methoden für die neue Arbeitswelt
(ISBN 978-3-456-83969-1)

Eberhardt Hofmann
Wege zur beruflichen Zufriedenheit
Die richtigen Entscheidungen treffen
(ISBN 978-3-456-84329-2)

Hans-Uwe Hohner
Laufbahnberatung
Wege zur erfolgreichen Berufs- und Lebensgestaltung
(ISBN 978-3-456-84251-6)

Mathis Wissemann
Wirksames Coaching
Eine Anleitung
(ISBN 978-3-456-84384-1)

Weitere Informationen über unsere Neuerscheinungen finden Sie im Internet unter: www.verlag-hanshuber.com

Claudia Eilles-Matthiessen
Susanne Janssen
Antje Osterholz-Sauerlaender
Natalija El Hage

Schlüsselqualifikationen kompakt

Ein Arbeitsbuch für Personalauswahl und Personalentwicklung

2., vollständig überarbeitete und aktualisierte Auflage

Verlag Hans Huber

Die erste Auflage dieses Buches ist unter dem Titel «Schlüsselqualifikationen in Personalauswahl und Personalentwicklung» im Verlag Hans Huber erschienen.

Hinweise zu den Autorinnen finden Sie im Anhang dieses Buches.

www.schluesselqualifikationen-kompakt.de

Lektorat: Monika Eginger
Herstellung: Peter E. Wüthrich
Umschlag: Atelier Mühlberg, Basel
Druckvorstufe: ns prestampa sagl, Castione
Druck und buchbinderische Verarbeitung: Hubert & Co., Göttingen
Printed in Germany

Bibliografische Information der Deutschen Bibliothek
Die Deutsche Bibliothek verzeichnet diese Publikation in der Deutschen Nationalbibliografie; detaillierte bibliografische Daten sind im Internet über http://dnb.d-nb.de abrufbar.

Dieses Werk, einschließlich aller seiner Teile, ist urheberrechtlich geschützt. Jede Verwertung außerhalb der engen Grenzen des Urheberrechtes ist ohne Zustimmung des Verlages unzulässig und strafbar. Das gilt insbesondere für Vervielfältigungen, Übersetzungen, Mikroverfilmungen sowie die Einspeicherung und Verarbeitung in elektronischen Systemen.

Anregungen und Zuschriften bitte an:
Verlag Hans Huber
Hogrefe AG
Länggass-Strasse 76
CH-3000 Bern 9
Tel: 0041 (0)31 300 45 00
Fax: 0041 (0)31 300 45 93

2. Auflage 2007
© 2002/2007 by Verlag Hans Huber, Hogrefe AG, Bern
ISBN 978-3-456-84494-7

Inhalt

Vorwort zur zweiten Auflage 9

1. Schlüsselqualifikationen kompakt 11

1.1 **Das Wichtigste in Kürze** 11
1.1.1 Ziel des Buches 11
1.1.2 Adressaten 13
1.1.3 Anwendung 14

1.2 **Schlüsselqualifikationen** 15
1.2.1 Schlüsselqualifikationen als dynamischer Begriff 15
1.2.2 Schlüsselqualifikationen und gesellschaftliche Veränderungen ... 18
1.2.3 Schlüsselqualifikationen in Beratung und Coaching 19
1.2.4 Schlüsselqualifikationen in Personalauswahl und Personalentwicklung 22
1.2.5 Methoden der Anforderungsanalyse 23

1.3 **Kompetenzmodell und diagnostische Verfahren** 30
1.3.1 Das Kompetenzmodell im Überblick 30
1.3.2 Diagnostische Verfahren im Überblick 41

1.4 **Zur Qualität diagnostischer Verfahren** 43
1.4.1 Testgütekriterien 43
1.4.2 Zusatzkriterien 51
1.4.3 Die DIN 33430 54
1.4.4 Fazit 56

2. Bausteine der Kompetenzbeurteilung 59

2.1   Bewerbungsunterlagen 59

2.2   Telefoninterviews 64
2.3   **Standardisierte Testverfahren** 64
2.3.1   Leistungstests 64
2.3.2   Adaptive Verfahren 66
2.3.3   Verfahren zur Selbstbeschreibung 67

2.4   **Interviews** 68
2.4.1   Das Multimodale Interview 69

2.5   **Simulationen** 71
2.5.1   Critical Incident 71
2.5.2   Fallstudie 72
2.5.3   Gruppendiskussion 73
2.5.4   Konstruktionsübung 75
2.5.5   Planspiel 76
2.5.6   Postkorb 77
2.5.7   Präsentation/Fachvortrag 78
2.5.8   Rollenspiel 79

2.6   Arbeitsproben 80

2.7   Fazit 81

3. Formate der Kompetenzbeurteilung 83

3.1   **Personalberatung** 83

3.2   **Potenzialanalyse** 84

3.3   **Management Audit** 85

3.4   **Outplacementberatung** 86

4. Die Beurteilung von Schlüsselqualifikationen 87

4.1	Zur Anwendung des Kompetenzmodells	87
4.2	Auswahlkriterien der Testverfahren	90
4.3	Informationen zu den Testverfahren	91
4.4	**Basiskompetenzen**	93
4.4.1	Intellektuelle Kompetenzen	93
4.4.2	Motivation/Engagement	118
4.4.3	Emotionale Kompetenzen	129
4.4.4	Handlungskompetenzen	135
4.5	**Kompetenzen im Umgang mit Anderen**	155
4.5.1	Soziale Kompetenzen	155
4.5.2	Kommunikative Kompetenzen	172
4.5.3	Führung	178
4.6	**Kompetenzen aufgrund gesellschaftlicher Veränderungen (Megatrends)**	186
4.6.1	Diversity	186
4.6.2	Selbstverantwortung/Lebensunternehmer	191
4.6.3	Umgang mit Veränderungen	200
4.6.4	Unternehmerische Kompetenzen	204
4.6.5	Methodenkompetenzen	216

5. Weitere Instrumente zur Einschätzung von Schlüsselqualifikationen 227

5.1	Persönlichkeitsstrukturtests	228
5.2	Typentests	229
5.3	Tests für den Einsatz in der Beratung	231
5.4	Zu guter Letzt	232

Literatur 235

Anhang: Bezugsquellen 240

Sachwortverzeichnis 242

Register Testverfahren 245

Die Autorinnen 247

Vorwort zur zweiten Auflage

Schlüsselqualifikationen sind kein neues, aber nach wie vor ein hoch aktuelles Thema.

Denn: Wir leben in einer Zeit, in der einmal erworbene Qualifikationen und Kompetenzen für ein Berufsleben nicht mehr ausreichen. Einschneidende Veränderungen wie Globalisierung, technologische Entwicklung, die Veränderung hin zu einer Informations- und Dienstleistungsgesellschaft sowie der demographische Wandel werden unter dem Stichwort «Megatrends» diskutiert. Ihre Folgen, wie die zunehmenden Anforderungen an Flexibilität, Komplexitätsmanagement und den Umgang mit Veränderungen, haben längst Einzug in unsere tägliche Arbeit gefunden.

Auch bei der Überarbeitung dieses Buches nahmen aktuelle Entwicklungen einen breiten Raum ein. So erweiterten wir unser Kompetenzmodell um solche Kompetenzen, die sich aus den gesellschaftlichen Megatrends ergeben – als Beispiel seien Informationsmanagement und Employability genannt. Unser aktuelles Kompetenzmodell umfasst mit 60 Schlüsselqualifikationen gegenüber der ersten Auflage (2002) daher zehn Qualifikationen mehr. Neben der Erweiterung und Aktualisierung des Kompetenzmodells konnten wir zahlreiche neue Testverfahren aufnehmen. Des Weiteren wurden neue Entwicklungen in der Diagnostik berücksichtigt, wie die DIN 33430 und Anwendungsgebiete jenseits der klassischen Personalauswahl.

Nicht verändert haben wir den Aufbau des Buches und unser Ziel, dem Praktiker eine echte Arbeitserleichterung für den Alltag vorzulegen. Dazu dient folgendes Konzept:

60 Schlüsselqualifikationen werden definiert, klassifiziert und anhand konkreter Verhaltensbeispiele veranschaulicht. In einem nächsten Schritt werden jeder Schlüsselqualifikation geeignete diagnostische Instrumente – wissenschaftliche Tests und/oder andere Verfahren – zugeordnet, die dazu dienen, die entsprechende Schlüsselqualifikation zu beurteilen. Mit diesem Aufbau liegt der Schwerpunkt des Buches auf der praktischen Anwendung.

Wer profitiert davon? Letztlich alle, die mit der Beurteilung, Einschätzung oder Entwicklung überfachlicher Kompetenzen befasst sind, sei es in der Personalauswahl, in der Personalentwicklung, im Rahmen von Management Audits oder im Bereich Beratung, Coaching und Training.

Wir freuen uns, wenn das Buch Ihnen in der täglichen Arbeit nützlich ist!

Frankfurt/Main, August 2007   Claudia Eilles-Matthiessen
                                       Susanne Janssen
                                       Antje Osterholz-Sauerlaender

1 Schlüsselqualifikationen kompakt

1.1 Das Wichtigste in Kürze

1.1.1 Ziel des Buches

Wer unternehmerisch erfolgreich sein will, braucht die richtigen Mitarbeiter. Dabei gewinnt die zuverlässige, ökonomische und faire Einschätzung von überfachlichen Kompetenzen als Grundlage von Auswahl und Entwicklung der Mitarbeiter gleich aus mehreren Gründen an Bedeutung:

Wissen und Kompetenzen von Mitarbeitern sind ein entscheidender Wettbewerbsfaktor.
Da Informations- und Kommunikationstechnologien sowie globalisierte Märkte eine schnelle Angleichung von Produkten und Verfahren erlauben, entstehen Unterschiede und damit Wettbewerbsvorteile vor allem durch das Know-how, die Erfahrung, die überfachlichen Kompetenzen und die Motivation der (zukünftigen) Mitarbeiter. Diese einzuschätzen und gezielt weiterzuentwickeln ist daher eine vorrangige Aufgabe des HR-Managements.

Es gibt (in naher Zukunft) einen Mangel an Fach- und Führungskräften.
Bereits heute gibt es in einigen Bereichen, etwa im Bereich des Ingenieurwesens, zuwenig gut ausgebildete Fachkräfte. Dieser Fachkräftemangel betrifft gegenwärtig vor allem den Mittelstand. Auch Konzerne müssen, ebenso wie mittelständische Unternehmen vor dem Hintergrund des demographischen Wandels damit

rechnen, zukünftig Bewerber zu bekommen, die nicht alle Anforderungen an die zu besetzende Position erfüllen. Während es in Zeiten hoher Arbeitslosigkeit auch gut ausgebildeter Fach- und Führungskräfte die Aufgabe der Personalauswahl war, aus einer hinreichend großen Zahl qualifizierter Bewerber die besten auszuwählen, so verändert sich vor dem Hintergrund des Fachkräftemangels diese Perspektive. Es wird zunehmend wichtig, keinen potenziell geeigneten Bewerber zu übersehen. Die Entwicklungsmöglichkeiten eines Bewerbers sind dabei mindestens genauso entscheidend wie die Kompetenzen, die er zum Zeitpunkt des Auswahlverfahrens mitbringt.

Personalrekrutierung und Auswahlverfahren werden mit mehr Aufmerksamkeit bedacht.
Im Zusammenhang mit dem Allgemeinen Gleichbehandlungsgesetz (AGG) sind Organisationen dazu angehalten, jegliche Art von Diskriminierung oder Benachteiligung etwa aufgrund von Alter, Geschlecht, ethnischer Herkunft, Behinderung oder Religion eines Mitarbeiters bzw. Bewerbers zu unterlassen. Dies betrifft auch die Personalrekrutierung und die Personalauswahl, die frei von benachteiligenden Ausgestaltungen sein sollte.

Von Seiten der Wissenschaft und der Praxis wurden mit der DIN 33430 zudem Qualitätsstandards für die Gestaltung von Personalauswahlverfahren formuliert, die in Zukunft vermutlich an Bedeutung gewinnen werden (siehe Kap. 1.4).

Trotz einiger Kritik führen AGG und DIN 33430 dazu, dass eine breitere Diskussion um Qualität und Professionalität von Auswahlprozessen stattfindet und die Anforderungen an ein Auswahlverfahren auch von Seiten der Bewerber steigen.

Für Unternehmen wird es auch ungeachtet einer gesetzlichen Grundlage wichtig, die Personalauswahl als «Visitenkarte des Unternehmens» fair und transparent zu gestalten. Vor dem Hintergrund der gegenwärtig wieder positiven konjunkturellen Entwicklung und des demographischen Wandels werden sich vor allem junge, gut ausgebildete Fachkräfte und Hochschulabsolventen ihren (zukünftigen) Arbeitgeber aussuchen können – ein Trend, der bei vielen Unternehmen bereits zu einem aktiven Werben um (zukünftige) Fach- und Führungskräfte, dem so genannten Employer Branding, geführt hat (Grauel, 2007).

Anforderungen an Mitarbeiter steigen.
Fraglos ist, dass die Anforderungen an Mitarbeiter steigen. Restrukturierungsprozesse haben das Ziel, die Effizienz der Arbeit zu steigern, Zeit zu sparen und/ oder die Qualität der Produkte und Dienstleistungen zu verbessern. Diese Prozesse ziehen zwangsläufig höhere Anforderungen an die Mitarbeiter nach sich. Vor dem Hintergrund dieser Entwicklung gewinnt eine zuverlässige Einschätzung

und Entwicklung überfachlicher Kompetenzen an Bedeutung. Bekanntlich ist Stress eine Folge der Diskrepanz zwischen den Anforderungen einer Situation und den (wahrgenommen) Kompetenzen und Ressourcen, die einer Person zur Bewältigung dieser Situation zur Verfügung stehen. Stehen den Anforderungen ausreichend Kompetenzen und Handlungsspielräume gegenüber, dann können Überforderung, Unterforderungen sowie Fehlbelastungen zumindest reduziert werden.

Damit sprechen gleich mehrere Gründe dafür, der Einschätzung und Förderung von Kompetenzen (zukünftiger) Mitarbeiter genügend Aufmerksamkeit zu schenken. Für Führungskräfte, HR-Manager und externe Berater ist es eine zentrale Aufgabe, zukunftsorientiert Maßstäbe an die Kompetenzen der Mitarbeiter zu entwickeln, die fachlichen und überfachlichen Kompetenzen der Mitarbeiter einzuschätzen und diese gezielt zu fördern.

Bei diesen Aufgaben wird das Buch eine praktische Unterstützung sein. Es bietet Hilfe bei der Einschätzung und Beurteilung überfachlicher Kompetenzen, die einen wichtigen Bestandteil der Personalauswahl und Grundlage einer gezielten Personalentwicklung darstellt.

Der Leser erhält einen strukturierten Überblick über diejenigen überfachlichen Kompetenzen, die gegenwärtig und zukünftig in unserem Wirtschaftsleben von Bedeutung sind. Kern des Buches ist ein Kompetenzmodell, in dem 60 überfachliche Kompetenzen geordnet, definiert und mit konkreten Verhaltensbeispielen (Indikatoren) veranschaulicht werden. Anschließend informiert das Buch über Möglichkeiten und Wege, überfachliche Kompetenzen zu beurteilen. Dabei werden neben standardisierten und wissenschaftlich fundierten psychologischen Testverfahren auch andere Möglichkeiten der Beurteilung überfachlicher Kompetenzen berücksichtigt: Von der Analyse der Bewerbungsunterlagen bis hin zu Simulationsübungen werden verschiedene diagnostische Bausteine beschrieben. Schließlich werden jeder Schlüsselqualifikation geeignete diagnostische Bausteine zugeordnet. Der Leser erhält damit eine übersichtliche Arbeitshilfe, die sich an den Anforderungen der täglichen Personalarbeit orientiert.

1.1.2 Adressaten

Das Buch richtet sich an alle, die im Bereich Personalmanagement, Personalberatung, Personalauswahl, Personalentwicklung, Outplacement, Berufs- und Karriereberatung, Training oder Coaching tätig sind.

1. Schlüsselqualifikationen kompakt

Sie profitieren von diesem Buch, wenn Sie

- mit der Auswahl und Beurteilung geeigneter Mitarbeiter betraut sind
- ein Assessment Center oder ein Verfahren zur Potenzialanalyse konstruieren möchten
- eine präzise Stellenbeschreibung für eine offene Position formulieren möchten
- als Personalentwickler oder interner Berater für die Entwicklung und Förderung der Mitarbeiter verantwortlich sind
- mit der Einschätzung von Managementkompetenzen befasst sind, etwa im Rahmen eines Management Audits
- als Trainer, Berater oder Coach die Entwicklung überfachlicher Kompetenzen Ihrer Kunden oder Mitarbeiter fördern möchten oder
- als Fach- oder Führungskraft an der eigenen Karriereentwicklung arbeiten und einen Überblick über überfachliche Kompetenzen benötigen.

1.1.3 Anwendung

Mit diesem Buch…

- gewinnen Sie einen strukturierten Überblick über überfachliche Kompetenzen
- können Sie jederzeit auf Definitionsvorschläge für alle wichtigen Schlüsselqualifikationen zurückgreifen. Sie haben so eine Klärungshilfe und erleichtern die Kommunikation mit Kollegen und Beratern (Was meinen wir eigentlich mit «Teamfähigkeit»?)
- verfügen Sie über einen umfangreichen Pool von verhaltensnahen Beschreibungen (Indikatoren), die zeigen, woran man die Ausprägung einer Schlüsselqualifikation bei einer Person erkennt. Diese Indikatoren können Sie in der vorliegenden Form verwenden oder verändern und für Ihre Zwecke einsetzen
- können Sie sich schnell und übersichtlich über die wichtigsten Möglichkeiten informieren, Schlüsselqualifikationen diagnostisch zu beurteilen
- haben Sie einen aktuellen Überblick über die wichtigsten wissenschaftlich fundierten Testverfahren, mit denen sich Schlüsselqualifikationen messen lassen
- verschaffen Sie sich als Auftraggeber, der mit externen Dienstleistern zusammenarbeitet, einen raschen Überblick über Methoden und Möglichkeiten der Diagnostik von Schlüsselqualifikationen.

1.2 Schlüsselqualifikationen

1.2.1 Schlüsselqualifikationen als dynamischer Begriff

Schlüsselqualifikationen sind kein neues, aber nach wie vor ein hoch aktuelles Thema. Kaum eine Stellenanzeige, die ohne Begriffe wie Flexibilität, Teamfähigkeit oder Verhandlungsgeschick auskommt. Gefordert werden Lernbereitschaft, Soziale Kompetenzen und die Fähigkeit, sich schnell und sicher in laufende Projekte und bestehende Arbeitsgruppen einzuarbeiten. Schlüsselqualifikationen sind gefragt. Was verbirgt sich hinter diesem Begriff?

Der Begriff der Schlüsselqualifikationen wurde in den 1970er-Jahren eingeführt (Mertens, 1974) und hat seitdem nichts von seiner Bedeutung verloren. Schlüsselqualifikationen werden meist als Merkmale beschrieben, die zur Bewältigung von gegenwärtigen oder zukünftigen beruflichen Anforderungen wichtig sind. Wir schlagen die folgende, kurze Definition vor:

Schlüsselqualifikationen sind überfachliche Kompetenzen zur Gestaltung von aktuellen und zukünftigen Arbeits- und Lebenssituationen.

Was bedeutet das im Einzelnen?

Schlüsselqualifikationen sind *überfachliche* Kompetenzen, d. h. solche Kompetenzen, die über die rein fachliche Qualifikation und Erfahrung hinausgehen.

Die Trennung von fachlichen und überfachlichen Kompetenzen ist in der Praxis sinnvoll. Dessen ungeachtet ist davon auszugehen, dass eine enge Verzahnung von fachlichen und überfachlichen Kompetenzen vorliegt. Überfachliche Kompetenzen wie Durchhaltevermögen oder Lernbereitschaft sind unabdingbar, wenn fachliche Kompetenzen erworben oder vertieft werden sollen. Damit sind überfachliche Kompetenzen entscheidend, wenn es um die Einschätzung des Potenzials eines (zukünftigen) Mitarbeiters geht. Umgekehrt kann die Entwicklung und Anwendung fachlicher Kompetenzen überfachliche Fähigkeiten fördern, wie etwa vernetztes Denken, Entscheidungsfähigkeit oder selbstständiges Arbeiten.

Schlüsselqualifikationen sind zur *Gestaltung* von Arbeits- und Lebenssituationen bedeutsam.

Ein zentrales Merkmal überfachlicher Kompetenzen ist es, dass sie aktiv zur Gestaltung von Arbeitsprozessen, von Organisation und wirtschaftlichen Rahmenbedingungen eingesetzt und nicht nur reaktiv entwickelt werden können. Auch hier kann man von einem Prozess der wechselseitigen Beeinflussung ausgehen. Wir entwickeln bestimmte Fähigkeiten weiter, die von uns gefordert werden. So besucht ein Stellenbewerber einen Excel Kurs, weil er weiß, dass der sichere Umgang mit MS Office von ihm erwartet wird. Als Reaktion auf die tägliche Informationsflut entwickeln wir, oft implizit, Strategien zum Umgang mit Informationen. Unwichtiges wird gelöscht, viele Informationen werden ignoriert, wir lernen, effizient mit Informationen aus dem Internet umzugehen. Die Entwicklung von Kompetenzen ist damit eine Reaktion auf Anforderungen, die an uns herangetragen werden. Zum anderen versuchen wir, unsere Kompetenzen aktiv zu entwickeln, um Arbeits- und Lebenswelt auch in Zukunft zu gestalten. Innovationsbereitschaft und kreatives Denken helfen, neuartige Lösungen zu entwickeln, die Fähigkeit zur Integration von Beruf und Privatleben (Balancing) trägt dazu bei, individuelle Lebenskonzepte zu entwickeln, um nur zwei Beispiele zu nennen.

Schlüsselqualifikationen betreffen schließlich unsere gesamte *Arbeits- und Lebenssituation.*

Damit berücksichtigen wir in unserer Definition den durch aktuelle Informations- und Kommunikationstechniken mit verursachten Trend zunehmender Entgrenzung von Arbeit und weitgehender Verzahnung von Arbeits- und Privatleben – mit all den Problemen und Chancen, die damit verbunden sind.

Schlüsselqualifikationen sind damit ein dynamischer Begriff. Bei der Überarbeitung der ersten Auflage unseres Buches aus dem Jahr 2002 (Eilles-Matthiessen, el Hage, Janssen und Osterholz, 2002) wurde dies besonders deutlich. Wir mussten mehrere neue Schlüsselqualifikationen aufnehmen, die in den letzten Jahren aufgrund einschneidender Veränderungen unserer Wirtschaftswelt wichtig geworden sind: Die Fähigkeit zum Umgang mit gesellschaftlicher Vielfalt (Diversity) sowie die Fähigkeit zum Umgang mit Komplexität (Komplexitätsmanagement) seien als Beispiel genannt.

Auch für diese überarbeitete und aktualisierte Auflage des Buches haben wir unser Modell überfachlicher Kompetenzen als offenes Modell konzipiert, als Modell also, das verändert und erweitert werden kann – und in wenigen Jahren sicher wieder aktualisiert werden muss.

Das Konzept der Schlüsselqualifikationen unterscheidet sich von der traditionellen Klassifikation psychologischer Merkmale in Persönlichkeitsmerkmale, Motive, Fähigkeiten und Fertigkeiten.

Diese traditionelle Kategorisierung betrachtet psychologische Merkmale aus der Perspektive einer Person, sie versucht *Personen* zu beschreiben oder zu ver-

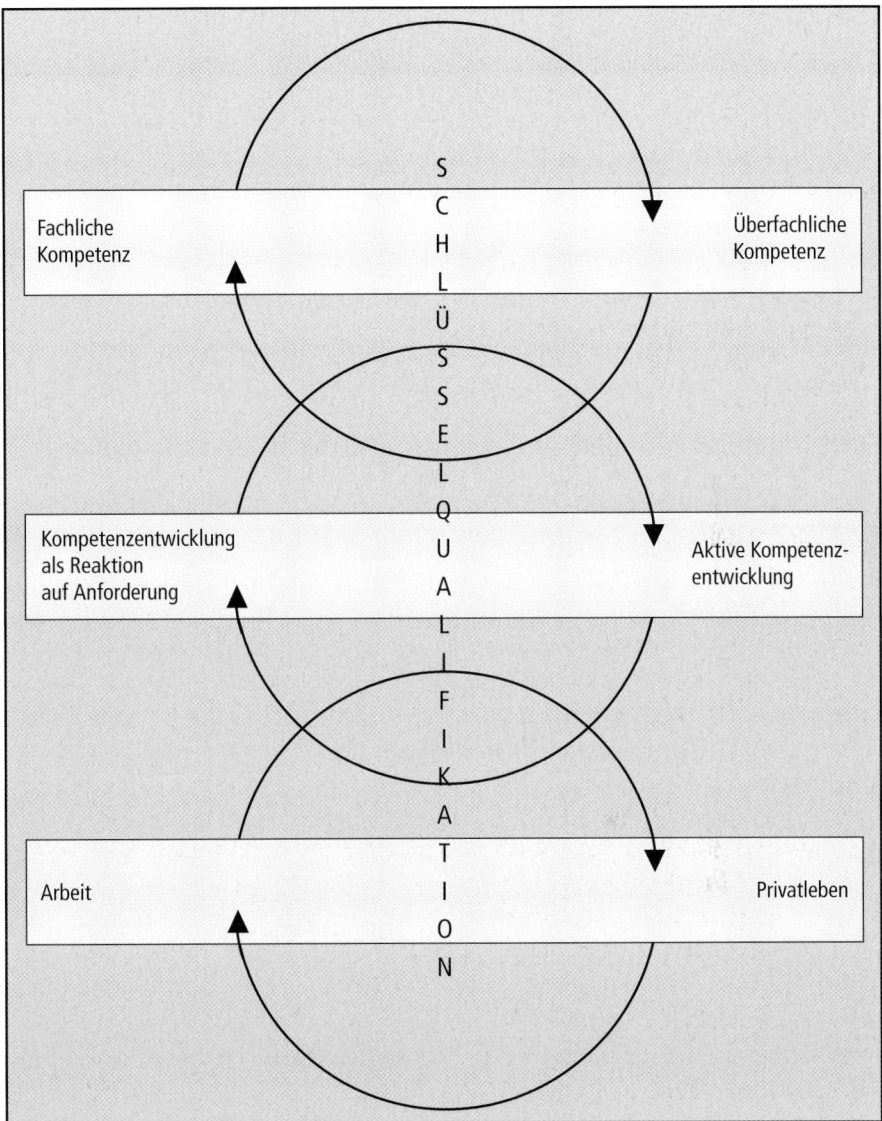

Abbildung 1: Schlüsselqualifikationen als dynamischer Begriff

gleichen. Mit der Konzeption der Schlüsselqualifikationen rücken dagegen der *Arbeitsprozess* bzw. die *Perspektive der Organisation* in das Zentrum der Betrachtung. Es wird der Frage nachgegangen, welche Merkmale zur erfolgreichen Bewältigung von Arbeitsanforderungen benötigt werden. Dazu wird das Konzept der Schlüsselqualifikationen benötigt. Schlüsselqualifikationen sind, bezogen auf die traditionelle psychologische Zugangsweise, oft eine Kombination aus Persönlichkeitsmerkmalen, Fähigkeiten und Fertigkeiten. Ihr Erklärungswert besteht darin, dass sie auf arbeits- und wirtschaftsrelevante Anforderungen bezogen sind. Damit wird eine andere Perspektive eingenommen und automatisch nur ein Teilbereich der vielfältigen psychologischen Merkmale betrachtet. Gleichzeitig wird psychodiagnostisches Wissen auf ein bestimmtes Anwendungsfeld, das Arbeits- und Berufsleben bezogen. Das Konzept der Schlüsselqualifikationen stellt daher keine Alternative zur traditionellen psychodiagnostischen Begrifflichkeit dar, sondern kennzeichnet eine bestimmte Perspektive und einen bestimmten Anwendungsbereich psychologischer Diagnostik.

1.2.2
Schlüsselqualifikationen und gesellschaftliche Veränderungen

Gesellschaftliche Entwicklungen fordern uns heraus. Gegenstand aktueller Diskussionen ist die Frage, wie wir die Anforderungen einer globalisierten Wirtschaft bewältigen und unsere Zukunft verantwortungsvoll gestalten können.

Die wichtigsten Entwicklungen, die unter dem Stichwort Megatrends Eingang in die öffentliche Diskussion gefunden haben, sind Globalisierung, Technologische Entwicklung, Strukturwandel – gemeint ist die Entwicklung hin zu einer Dienstleistungs- und Informationsgesellschaft – sowie der demographische Wandel (vgl. Höpfner, 2006).

Aus diesen Entwicklungen ergeben sich vielfältige und neue Anforderungen.
Der Wettbewerb nimmt zu, Beschäftigungsverhältnisse werden zunehmend flexibler gestaltet. Zeitarbeit, befristete Anstellungen, Projektarbeit und freie Mitarbeit gewinnen an Bedeutung, während die lebenslange Vollzeittätigkeit bei einem Arbeitgeber immer seltener wird. Von jedem Einzelnen erfordert dies, im Sinne der eigenen «Employability» fachliche und überfachliche Kompetenzen weiterzuentwickeln. Eigeninitiative und eine aktive Beobachtung der Markt- und Branchenentwicklung sind gefragt.
Die Geschwindigkeit von Wissenszuwachs und technologischer Innovation, die eine verkürzte Lebenszeit der einmal erworbenen fachlichen Kompetenzen nach sich zieht, erfordern lebenslange Lernbereitschaft sowie den Umgang mit Informationen und Komplexität. Einschneidende Veränderungen der Arbeitswelt, die wachsende Bedeutung von Kundenorientierung als Wettbewerbsfaktor und die Zunahme von Projektarbeit sind Faktoren, die zu einer stärkeren Orientierung an Sozialen und Kommunikativen Kompetenzen führen. In einer globalisierten Wirtschaftswelt arbeiten wir zudem mit Menschen unterschiedlichen

kulturellen Hintergrunds zusammen, jüngere und ältere Mitarbeiter werden im Zuge des demographischen Wandels gemeinsam in Teams und Projekten arbeiten. Dies erfordert den Umgang mit Vielfalt: Diversity Management und Interkulturelle Kompetenzen sind wichtige Kompetenzen der Zukunft.

Insgesamt beobachten wir eine steigende Bedeutung von Selbstverantwortung. Für viele Menschen führt dies zu neuen Belastungen. Der noch ungewohnte Umgang mit Unsicherheit und der ständige Wandel gehen gegenwärtig mit einer Zunahme psychischer Beeinträchtigungen im Arbeitsleben einher. Es ist anzunehmen, dass wir uns in einer Übergangsphase befinden, die durch einen Abschied von gewohnten Sicherheiten und die gleichzeitige Zunahme von Selbstverantwortung gekennzeichnet ist. Damit ist auch eine große Chance verbunden. Denn: Veränderungen sind notwendig, um Gesellschaft und Wirtschaft erfolgreich zu gestalten. Die Auseinandersetzung mit diesen Veränderungen fördert Verantwortung und Kompetenzentwicklung und damit die Freiheit zur Entwicklung von individuellen Lebensentwürfen, auch außerhalb der normativen Standardbiographie. Damit dies gelingen kann, sind Bildung, lebenslanges Lernen und die Förderung überfachlicher Kompetenzen heute wichtiger denn je. Und dies gilt nicht nur für Fach- und Führungskräfte, sondern für alle, die am Wirtschaftsleben beteiligt sein und ihre Zukunft aktiv mitgestalten wollen.

1.2.3
Schlüsselqualifikationen in Beratung und Coaching

Das Thema überfachliche Kompetenzen und die Frage danach, wie diese eingeschätzt und weiter entwickelt werden können, begegnet uns nicht nur in Personalauswahl und Personalentwicklung, sondern auch in Karriereberatung, Outplacement, Coaching und Training.

Im Kontext von Beratung geht es in der Regel darum, dass ein Kunde oder Klient mehr Klarheit über sein Kompetenzprofil gewinnen möchte. Dieses kann dann im Training oder Coaching gezielt weiterentwickelt werden.

Anlässe für eine solche Standortbestimmung können sein:

- eine Kündigung und die daraus resultierende Notwendigkeit, sich neu zu positionieren
- Unterstützung bei der Formulierung eines schlüssigen Bewerbungsschreibens
- der Wunsch nach beruflicher Neuorientierung

- beruflicher Wiedereinstieg, z. B. nach Auslandsaufenthalt oder Elternzeit
- Entscheidungshilfe bei der Frage nach Selbstständigkeit
- Klärung der Ergebnisse eines Feedbackinstruments, z. B. nach einem 360 Grad Feedback
- Weiterentwicklung überfachlicher Kompetenzen, z. B. zur Vorbereitung auf eine neue Position oder zum Erhalt der Employability
- Vorbereitung auf ein Bewerbungsgespräch, ein Assessment Center oder ein Management Audit

Bei diesen und weiteren Beratungsanlässen geht es darum, dass der Kunde mehr Klarheit über sein eigenes Kompetenzprofil erhalten oder er Selbst- und Fremdbild in Einklang bringen möchte, z. B. nach einem Feedback.

Nach unserer Erfahrung neigen viele Menschen dazu, besondere Kompetenzen, die sie kennzeichnen zu übersehen oder für selbstverständlich zu erachten. Hier kann es hilfreich sein, im Dialog mit dem Berater mehr Sicherheit über die eigenen Stärken zu gewinnen. Diese Sicherheit oder auch Selbstkonzeptklarheit ist eine Voraussetzung dafür, sich selbst überzeugend und schlüssig zu präsentieren, sei es in einem Bewerbungsschreiben, in einem Vorstellungsgespräch, in einem Assessment Center, anlässlich eines Beurteilungsgesprächs oder bei der Planung eines Marktauftritts als Selbstständiger.

Unsicherheit bezogen auf die eigenen Kompetenzen kann auch dann entstehen, wenn jemand sehr lange in der gleichen Position tätig war und sich nun beruflich verändern möchte. Auch eine Kündigung ist oft mit einer Irritation des Selbstbildes verbunden. «Was kann ich eigentlich?» oder «Was habe ich eigentlich gelernt?» sind typische Fragen, die Menschen nach Kündigungen beschäftigen. Ähnlich ist es zum Beispiel nach einer Familienpause, die dazu führen kann, dass die betroffenen (meist) Frauen, ein Gefühl für ihre eigenen Kompetenzen verlieren. Auch hier kann Beratung hilfreich sein. Neben einer Klärung von Kompetenzen aufgrund der bisherigen Berufsbiographie kann auch der Frage nachgegangen werden, welche Kompetenzen durch die Elternschaft und durch die Vereinbarung von Elternschaft und Beruf zusätzlich entwickelt wurden.

Nicht nur Stärken, sondern auch Kompetenzen, die wenig ausgeprägt sind, sollten betrachtet werden. Meist zeigt eine nähere Betrachtung, dass das, was Menschen als Schwäche erleben, eine durchaus wertvolle Ressource sein kann. So sind Menschen, die nicht sehr schnell arbeiten, dafür oft sehr genau und sorgfältig. Wer eher zurückhaltend ist und nicht dadurch glänzt, Menschen zu begeistern und Kunden zu überzeugen, ist vielleicht sehr stark darin, Konzepte zu erarbeiten und systematisch-analytisch zu denken. Die Reihe der Beispiele ließe sich fortsetzen. Immer geht es darum, die hinter einer «Schwäche» steckenden Fähigkeiten, sozusagen die Kehrseite der Medaille zu erkennen und wertzuschätzen.

Neben diesen vermeintlichen Schwächen gibt es bei jedem Menschen natürlich auch echte Entwicklungsfelder, die im Zuge von Beratung, Coaching und Training bearbeitet und weiterentwickelt werden können.

Am einfachsten ist der Fall, wenn es sich um Defizite im Bereich klar abgrenzbarer Skills, also z. B. um bestimmte Methodenkompetenzen, Sprach-, oder IT-Kenntnisse handelt. Diese lassen sich leicht systematisch durch den Besuch entsprechender Trainings und/oder Selbstlernprogramme aufarbeiten. Die Aufgabe eines Coachs oder Beraters beschränkt sich dann darauf, zur kontinuierlichen Umsetzung und Weiterarbeit zu motivieren.

Etwas genauer sollte man hinschauen, wenn ein Klient bei sich Schwächen im Bereich der Sozialen Kompetenzen vermutet oder entsprechende Rückmeldungen von Kollegen, Kunden oder Vorgesetzten bekommen hat. Defizite im Bereich der Sozialen Kompetenzen können sich unterschiedlich äußern und verschiedene Ursachen haben. Unsicherheit über Verhaltensregeln und Normen, soziale Ängstlichkeit, aber auch Defizite bezogen auf die Wahrnehmung und den Ausdruck eigener Gefühle oder bezogen auf die Wahrnehmung und Interpretation sozialer Signale können hier eine Rolle spielen.

Ein «Training zur Verbesserung Sozialer Kompetenzen» setzt meist auf der Verhaltensebene an und ist daher nicht in jedem Fall das Richtige. Eine sorgfältige Analyse bezogen auf die Frage, welche Facetten Sozialer Kompetenzen möglicherweise unterentwickelt sind und welche Faktoren hier eine Rolle spielen, ist erforderlich, damit gezielt die passenden Techniken und Tools zur Förderung Sozialer Kompetenzen eingesetzt oder empfohlen werden können.

Das Ziel der meisten Interventionen im Bereich der überfachlichen Kompetenzen ist es, dem Klienten zu einem flexibleren Verhaltensrepertoire zu verhelfen. Es ist, um ein Beispiel zu nennen, kein Coachingziel, jemandem dazu zu verhelfen, *immer* durchsetzungsfähig zu sein. Ziel ist es vielmehr, ihm dazu zu verhelfen, durchsetzungsfähig sein zu *können*, wenn es die Situation erfordert. Kompetenzentwicklung durch Training und Coaching ist daher weniger mit einer Veränderung als vielmehr mit einer Erweiterung und Flexibilisierung des vorhandenen Handlungsrepertoires verbunden. Damit werden, kurz gesagt, die Wahlmöglichkeiten eines Menschen erhöht.

Diese Beispiele mögen genügen, um zu verdeutlichen, dass die Frage der Einschätzung und Weiterentwicklung überfachlicher Kompetenzen auch außerhalb der klassischen Anwendungsfelder Personalauswahl und Personalentwicklung an Bedeutung gewinnt.

Dabei geht es immer darum, den Klienten auf dem Weg der Persönlichkeits- und Kompetenzentwicklung zu unterstützen. Ziel ist es, ihm zu mehr Klarheit und Authentizität zu verhelfen, bei übertriebener Selbstkritik zu einem Perspektivwechsel und zu einer Akzeptanz der eigenen Persönlichkeit anzuregen und bei Bedarf die Entwicklung einzelner Kompetenzen sowie die Erweiterung des Handlungsrepertoires gezielt mit passenden Tools und Techniken aus Coaching und Training zu unterstützen.

1.2.4 Schlüsselqualifikationen in Personalauswahl und Personalentwicklung

Während bei der Einschätzung und Entwicklung von Schlüsselqualifikationen im Rahmen von Beratung und Training die Perspektive des Mitarbeiters im Vordergrund steht, tritt in Personalauswahl und Personalentwicklung zunächst die Perspektive der Organisation in den Vordergrund. Entscheidend für das Unternehmen ist die Frage, welche Kompetenzen für welche Positionen benötigt bzw. entwickelt werden müssen. Auch bei der Zusammenstellung von Teams und Projektgruppen gewinnt eine solche kompetenzorientierte Perspektive an Bedeutung.

Der wichtigste Punkt, der dabei zu klären ist, betrifft die Ausprägung und Gewichtung der Kompetenzen für die verschiedenen Positionen und Funktionen. So werden an Mitarbeiter im Vertrieb andere Anforderungen an Kommunikationsstärke und Kundenorientierung gestellt als an Mitarbeiter, die überwiegend in der Entwicklung tätig sind. Aber auch innerhalb eines Funktionsbereiches ändert sich die Gewichtung der Anforderungen. Es werden, um beim Beispiel Vertrieb zu bleiben, hohe Anforderungen bezogen auf Problemlösefähigkeit oder technisches Verständnis gestellt, wenn das Unternehmen komplexe technische Produkte vertreibt.

Für die Entwicklung eines Profils notwendiger und wünschenswerter Kompetenzen empfiehlt es sich, die Anforderungen einer Position systematisch zu analysieren. Denn: Das beste Auswahlinstrument ist nutzlos, wenn die so erhobenen Kompetenzen keinen Bezug zu den Anforderungen einer Position aufweisen. Vor jedem Auswahl- oder Beurteilungsverfahren steht daher die Aufgabe, im Rahmen einer qualitativen Personalbedarfsplanung festzulegen, welche Kompetenzen in welcher Ausprägung für eine Position wünschenswert und welche Kompetenzen unbedingt notwendig sind.

Als Ergebnis dieses Prozesses erhält man ein Profil, das formale und fachliche Qualifikationen, Berufserfahrung und Art und Ausprägung der notwendigen und wünschenswerten Schlüsselqualifikationen im Überblick darstellt. Dieses Anforderungsprofil wiederum ist Grundlage für die Auswahl und Zusammenstellung geeigneter diagnostischer Bausteine, wie Testverfahren oder Simulationen. Hat man die relevanten Anforderungen und deren wünschenswerte Ausprägung definiert, dann kommt es darauf an, geeignete diagnostische Verfahren zusammenzustellen. Sollen psychologische Testverfahren zum Einsatz kommen? Wenn ja, welches der unzähligen Verfahren ist für die zu beurteilende Schlüsselqualifikation angemessen? Ist der finanzielle und zeitliche Aufwand für ein Assessment Center gerechtfertigt? Oder lassen sich die erforderlichen Kompetenzen auch durch die Erweiterungen eines Bewerbungsgesprächs um situative Bausteine, wie Fallstudien oder Critical Incidents, ebenso gut und ökonomischer erfassen?

Diese und weitere Fragen sind zu klären, wenn es darum geht, aus der Vielzahl diagnostischer Möglichkeiten ein Personalauswahlverfahren zu konzipieren.

Die Gestaltung eines Personalauswahlverfahrens hängt von finanziellen und personellen Ressourcen, dem Qualifikationsniveau und der Bedeutung der zu besetzenden Position sowie von der erwarteten Anzahl qualifizierter Bewerber ab.

Ist die generelle Konzeption eines Auswahlverfahrens geklärt, dann leisten die Testgütekriterien Hilfestellung bei der Aufgabe, einzelne diagnostische Bausteine zusammenzustellen. Testgütekriterien informieren über die psychodiagnostischen Eigenschaften dieser Verfahren. Sie geben zum Beispiel Auskunft darüber, wie genau ein Merkmal mit Hilfe eines Verfahrens erfasst werden kann und wie gut die Prognose von einem Testergebnis auf den Berufserfolg möglich ist. Testgütekriterien werden in Kapitel 1.4 beschrieben. Eine wesentliche Voraussetzung für die Qualität nicht standardisierter Verfahren, wie Simulationen, ist die Schulung der Beobachter, die das Verhalten des Bewerbers während einer Übung oder während eines Interviews beobachten und protokollieren sollen.

Im Anschluss an den Personalauswahlprozess gilt es, den Bewerbern ihr Ergebnis mitzuteilen. Insbesondere bei Einsatz eines Assessment Centers, bei dem die Bewerber oft über mehrere Tage intensiv gearbeitet haben, ist die adäquate Ergebnisrückmeldung von zentraler Bedeutung. Sie prägt den Eindruck, den die Bewerber von der Organisation mitnehmen. Eine angemessene Ergebnisrückmeldung sollte transparent und nachvollziehbar sein sowie in rücksichtsvoller, selbstwertachtender Art und Weise vorgebracht werden.

1.2.5
Methoden der Anforderungsanalyse

Im Folgenden werden methodische Zugänge beschrieben, welche besonders zur Analyse von Anforderungen im Bereich der Schlüsselqualifikationen herangezogen werden können.

Expertenratings

Bei Expertenratings werden neben positionsspezifischen Anforderungen auch überfachliche Anforderungen wie Belastbarkeit oder Kooperationsfähigkeit von «Experten» (internen oder externen Beratern, Psychologen oder Führungskräften) zusammengestellt. Eine Variante der Expertenrunde ist der moderierte Workshop, bei dem eine Gruppe von Organisationsmitgliedern, die mit der zu besetzenden Stelle vertraut sind, die relevanten Anforderungen zusammenstellen.

Critical Incident Technique

Bei der Critical Incident Technique (CIT, Flanagan, 1954) handelt es sich um ein halbstrukturiertes Verfahren, mit dessen Hilfe Anforderungen einer Position oder Tätigkeit anhand einer Analyse so genannter kritischer Ereignisse bestimmt werden können. Die Befragten, in der Regel Inhaber der Zielposition, deren Anforderungsprofil bestimmt werden soll, werden aufgefordert, eine Arbeitssituation zu schildern, in der sie sich im Hinblick auf die Ziele ihrer Position entweder effizient oder eben nicht optimal verhalten haben.

Die Befragung orientiert sich an den folgenden drei Punkten:

Situation: Wie war die Ausgangssituation? Wie waren die Umstände?

Verhalten: Wie haben Sie sich verhalten? Was war besonders effektiv oder ineffektiv an diesem Verhalten?

Folgen: Welche Folgen hatte das Verhalten bezogen auf die Ziele Ihrer Position?

Die Auswertung der so gewonnenen Ereignisschilderungen mündet in einer Aufstellung erfolgskritischer Verhaltensweisen, die zur Bewältigung der Anforderungen der Zielposition von zentraler Bedeutung sind.

Ein Nachteil der CIT als Methode der Anforderungsanalyse besteht darin, dass zur Feststellung relevanter Anforderungen einer Position eine große Zahl von Ereignisschilderungen gesammelt und ausgewertet werden muss, was einen erheblichen Zeitaufwand bedeuten kann.

Ein Vorteil der Methode besteht darin, dass man eine Fülle von erfolgskritischen *Verhaltensweisen* erhält, die man in der Personalauswahl verwenden kann, etwa bei der Konstruktion von diagnostischen Bausteinen.

Die CIT wird inzwischen nicht mehr ausschließlich als Methode der Anforderungsanalyse eingesetzt. Sie dient auch als Grundlage der Konstruktion standardisierter Anforderungsanalyseverfahren, wie Fragebogen oder Checklisten. Daneben werden Critical Incidents (CIs) auch als diagnostische Verfahren zur Beurteilung von Schlüsselqualifikationen im Rahmen der Personalauswahl eingesetzt. Bei dieser Verwendung der Methode werden allerdings keine Ereignisschilderungen abgefragt. Den Bewerbern werden vielmehr Beschreibungen kritischer Situationen vorgelegt, verbunden mit der Aufforderung, zu schildern, wie sie sich in einer solchen Situation verhalten würden.

Eine Beschreibung der Critical Incidents als diagnostisches Verfahren findet sich in Kapitel 2.

Strukturierte Arbeitsanalyseverfahren

Es gibt verschiedene strukturierte Arbeitsanalyseverfahren, die unterschiedlichen Zielen dienen, wie der Schwachstellenanalyse, der Feststellung von Trainingsbedarf sowie der Analyse von Anforderungen für die Personalauswahl.

Arbeitsanalyseverfahren lassen sich in subjektive und objektive Verfahren unterteilen. Mit den so genannten *objektiven* Verfahren wird versucht, aufgrund von Arbeitsplatzbeobachtungen und standardisierten Befragungen von Stelleninhabern die Arbeitsbedingungen einer Tätigkeit oder Position möglichst genau zu beschreiben. Das objektive Element dieser Verfahren besteht dabei darin, dass die Arbeitsbedingungen, wie etwa Zeitdruck, Lärm, Informationsfluss oder Gestaltungsspielräume, unabhängig von Persönlichkeit und individuellem Arbeitsverhalten des jeweiligen Positionsinhabers erfasst werden können.

Von *subjektiven* Arbeitsanalyseverfahren spricht man dagegen dann, wenn gerade die subjektive Beschreibung und Bewertung der Arbeitsbedingungen durch die Positionsinhaber erhoben werden soll. Da subjektive und objektive Verfahren jeweils mit spezifischen Vor- und Nachteilen verbunden sind, wird eine Kombination beider Zugänge empfohlen.

Strukturierte Arbeitsanalysen sind vor allem dann sinnvoll, wenn aufgrund von Technologien besondere Anforderungen an die psychischen Funktionen gestellt werden, wie etwa Daueraufmerksamkeit (Vigilanz) oder Reaktionsgeschwindigkeit (Bsp. Fluglotsen).

Fragebogen/Interview

Bei dieser Methodengruppe werden die Anforderungen aus Befragungen abgeleitet. Die zumeist vom Vorgesetzten zu beantwortenden Fragen beziehen sich dabei etwa auf Ziele der Position, Probleme, den Ablauf eines typischen Arbeitstages, wichtige oder häufig auftretende Ereignisse oder aber zukünftige Anforderungen der Position.

Die folgende Checkliste fasst einige zentrale Gesichtspunkte zusammen, die bei der Erstellung eines Anforderungsprofils im Rahmen von Expertenrunden, Interviews oder moderierten Workshops hilfreich sein können. Der Fragebogen soll dazu beitragen, dass alle wesentlichen Aspekte bedacht und bei der Erstellung eines Anforderungsprofils berücksichtigt werden.

Praktische Hinweise zum Erstellen eines Anforderungsprofils

Erstellung eines detaillierten Anforderungsprofils

Die Beurteilung eines Bewerbers kann immer nur so gut sein, wie die Qualität des vorab erstellten Anforderungsprofils. Das Anforderungsprofil ist damit die Festlegung des Vergleichsmaßstabs. Liegt das Anforderungsprofil nicht oder nur ungenügend ausgearbeitet vor, so ist der Vergleichsmaßstab an dem die Qualifikationen von Bewerbern gemessen werden, unpräzise.

Berücksichtigung neuer bzw. zukünftiger Anforderungen

Bei der Neuerstellung bzw. Überarbeitung eines Anforderungsprofils bietet es sich an zu überprüfen, ob die mit der zu besetzenden Position verbundenen Aufgaben sich seit der letzten Positionsbesetzung geändert haben oder sich in nächster Zeit verändern werden. Ist dies der Fall, so können die Anforderungen, die an den zukünftigen Stelleninhaber gestellt werden, andere sein, als dies bisher der Fall war.

Berücksichtigung aktueller Unternehmensziele und -strategien

Bei der Formulierung eines Anforderungsprofils gibt es verschiedene Möglichkeiten. Ausgangspunkt ist dabei meist die vorliegende – und hoffentlich aktualisierte – Stellenbeschreibung. Des Weiteren erscheint es sinnvoll, sich die aktuellen Unternehmensziele, neue Betätigungsfelder der Organisation und laufende bzw. angestrebte Organisationsentwicklungsmaßnahmen vor Augen zu führen. Erst dann sollte das eigentliche Anforderungsprofil formuliert werden.

Einbezug relevanter Stellen

Die verschiedenen Funktionseinheiten einer Organisation haben unterschiedliche Perspektiven bezüglich der Anforderungen einer Position. Sie können Ihnen helfen, die Anforderungen der zu besetzenden Position zu konkretisieren und sich den Schlüsselqualifikationen anzunähern, die für diese Stelle erforderlich bzw. wünschenswert sind. Sinnvoll ist es, dass bei der Erstellung des Anforderungsprofils alle relevanten Stellen einbezogen werden. Dies sind z. B. die disziplinarischen und/oder fachlichen Vorgesetzten, gegebenenfalls Team- oder Projektleiter, möglicherweise die Personalreferenten oder -entwickler, in dem einen oder anderen Fall vielleicht sogar wichtige Kooperationspartner.

Konzentration auf die wesentlichen Qualifikationsanforderungen

Beim Erstellen eines Anforderungsprofils passiert es leicht, dass Bewerber gesucht werden, die so viele Anforderungen erfüllen sollen, dass sie auf dem Arbeitsmarkt kaum zu finden sein dürften. Vorteilhaft ist es daher, sich neben den fachlichen Anforderungen auf die wichtigsten Schlüsselqualifikationen zu beschränken und jeweils zu überlegen, ob diese unerlässlich, notwendig oder lediglich wünschenswert sind.

Zusammenfassende Hilfestellung

Der folgende Fragebogen ist ein Leitfaden, der dazu beitragen soll, die Anforderungen einer zu besetzenden Stelle zu klären. Er beinhaltet Fragen zu Stellenanforderungen, Einbettung der Stelle in die Organisationsstruktur sowie Kooperationserfordernisse. Eine Bearbeitung der Fragen, etwa im Rahmen von Interviews oder moderierten Workshops, soll dazu dienen, die fachlichen und überfachlichen Qualifikationen der zu besetzenden Positionen einzugrenzen und Informationen über die Bedeutung sowie die gewünschte Ausprägung der Schlüsselqualifikationen zu gewinnen.

Leitfaden zur Konkretisierung eines Anforderungsprofils

1. Welche Aufgaben und Funktionen erfüllt die ausgeschriebene Stelle im Gesamtgefüge der Organisation? Woran wird die Effizienz des Stelleninhabers gemessen?

   _____
   _____
   _____
   _____

2. Welche fachlichen Kenntnisse und Erfahrungen sind für die zu besetzende Stelle erforderlich? Welche Ausbildungs-/Studiengänge bieten dafür ein günstiges Grundlagenwissen? Sind Zusatzausbildungen erforderlich/wünschenswert?

   _____
   _____
   _____
   _____

3. Welche Arbeitstechniken (Instrumente, Methoden) sollte der Stelleninhaber beherrschen? Welche Sprach- und EDV-Kenntnisse sind notwendig?

   _____
   _____
   _____
   _____

4. Werden von der Stelle aus Führungsaufgaben wahrgenommen? Welcher Art sind diese (disziplinarische Vorgesetztenaufgaben, fachliche Führung, Team-/Projektleitung etc.)? Wie viele Mitarbeiter sind zu führen? Welche Qualifikationen besitzen sie? Welcher Führungsstil ist erforderlich?

   _____
   _____
   _____
   _____

5. Wie sind die Managementaufgaben in dieser Position zu gestalten? Erfordern sie besondere Kenntnisse? Welche Dienstleistungs- und Beratungsaufgaben sollte der Stelleninhaber erfüllen?

___

___

___

___

6. Welche Kooperationen erfordert die ausgeschriebene Stelle? Welche Erwartungen haben die Kooperationspartner an den Stelleninhaber? Liegen schwierige zwischenmenschliche Konstellationen vor? Mit welchen Besonderheiten des sozialen Umganges sollte der Stelleninhaber umgehen können?

___

___

___

___

7. Mit welchen schwierigen Situationen könnte der Stelleninhaber konfrontiert werden?

___

___

___

___

8. Beschreiben Sie mit Ihren eigenen Worten, was für ein «Typ von Mensch» Ihnen geeignet erscheint, um die Stelle gut auszufüllen:

___

___

___

1.3
Kompetenzmodell und diagnostische Verfahren

1.3.1
Das Kompetenzmodell im Überblick

Eine nützliche Grundlage für die Arbeit mit Schlüsselqualifikationen in der Praxis ist ein Kompetenzmodell, in dem übersichtlich und gleichzeitig differenziert alle wichtigen Kompetenzen beinhaltet sind, die im Wirtschaftskontext aktuell und aller Voraussicht nach auch in Zukunft nachgefragt werden. Ein solches allgemeines Kompetenzmodell dient als Grundlage dafür, die Anforderungen einer konkreten Position möglichst präzise und verhaltensnah zu beschreiben.

Die folgende Abbildung zeigt das Kompetenzmodell im Überblick:

Das Modell unterscheidet

- Kompetenzfelder
- Bereiche
- Schlüsselqualifikationen und
- Indikatoren

Kompetenzfelder sind Felder, in denen die jeweiligen Schlüsselqualifikationen besonders wichtig sind. Wir unterscheiden:

- Basiskompetenzen
- Kompetenzen im Umgang mit Anderen
- Kompetenzen, die sich aus gesellschaftlichen Veränderungen ergeben, im Folgenden kurz Megatrends

Bereiche fassen mehrere Schlüsselqualifikationen zusammen, zum Beispiel gibt es den Bereich der Sozialen Kompetenzen, dem einzelne Schlüsselqualifikationen wie Durchsetzungsfähigkeit, Networking oder Teamfähigkeit zugeordnet sind.

Schlüsselqualifikationen sind abgrenzbare Kompetenzen, die einzeln definiert werden.

Indikatoren schließlich sind verhaltensnahe und beobachtbare Verhaltensbeispiele, die auf die hohe oder geringe Ausprägung einer Schlüsselqualifikation hinweisen.

1.3 Kompetenzmodell und diagnostische Verfahren

Kompetenzfelder	Bereiche	Schlüsselqualifikationen
Basiskompetenzen	Intellektuelle Kompetenzen	Auffassungsgabe Konzentrationsfähigkeit Kreatives Denken Mathematisches Verständnis Problemlösefähigkeit Räumliches Vorstellungsvermögen Systematisch-Analytisches Denken Technisches Verständnis
	Motivation/Engagement	Eigeninitiative Leistungsbereitschaft/-motivation Lern- und Veränderungsbereitschaft
	Emotionale Kompetenzen	Emotionsmanagement Emotionswahrnehmung/Empathie
	Handlungskompetenzen	Belastbarkeit (Stressbewältigung) Durchhaltevermögen Entscheidungsfähigkeit Frustrationstoleranz Realisierungsorientiertes Denken Selbstmanagement Sorgfalt/Gewissenhaftigkeit Umsetzungs- und Handlungsorientierung
Kompetenzen im Umgang mit Anderen	Soziale Kompetenzen	Beratungskompetenzen Durchsetzungsfähigkeit Kooperationsfähigkeit/Teamfähigkeit Kritik- und Konfliktfähigkeit Networking Rollenkompetenz Soziale Unabhängigkeit Soziales Gedächtnis/Namensgedächtnis Stil- und Umgangsformen
	Kommunikative Kompetenzen	Fähigkeit zum sprachlichen Stilwechsel Fremdsprachen Sprachliche Ausdrucksfähigkeit Zuhören

1. Schlüsselqualifikationen kompakt

Kompetenzfelder	Bereiche	Schlüsselqualifikationen
	Führung	Delegation Leistungsförderung und Feedback Motivation Zielsetzung
Kompetenzen aufgrund gesellschaftlicher Veränderungen (Megatrends)	Diversity	Ambiguitätstoleranz Fähigkeit zum Perspektivwechsel Interkulturelle Kompetenz
	Selbstverantwortung/ Lebensunternehmer	Balancing (Work-Life-Integration) Eigenverantwortung Employability Soziale Verantwortung
	Umgang mit Veränderungen	Komplexitätsmanagement Veränderungsmanagement
	Unternehmerische Kompetenzen	Gewinnorientierung Innovationsfähigkeit Kundenorientierung Marktorientiertes und Kaufmännisches Denken Risikobereitschaft//Umgang mit Risiken Verhandlungsgeschick Visionäres und Strategisches Denken und Handeln
Methoden-kompetenzen		Informationsmanagement Medienkompetenz Moderation Präsentation Projektmanagement/Planung Zeitmanagement

Abbildung 2: Das Kompetenzmodell im Überblick

Basiskompetenzen

Basiskompetenzen sind Kompetenzen, die in unterschiedlichem Ausmaß alle beruflichen Tätigkeiten oder Positionen betreffen. Sie umfassen die Bereiche Kognition (Intellektuelle Kompetenzen), Motivation (das «Wollen») und Emotion (die Regulation von Gefühlen). Daneben wurden auch Handlungskompetenzen den Basiskompetenzen zugeordnet. Handlungskompetenzen beinhalten Schlüsselqualifikationen, wie Belastbarkeit, Entscheidungsfähigkeit oder die Fähigkeit zum selbstständigen Arbeiten, deren gemeinsames Merkmal darin besteht, dass sie eine wichtige Bedingung für erfolgreiches berufliches Handeln darstellen.

Intellektuelle Kompetenzen, Motivation und Emotionale Kompetenzen sind zwar wichtige Voraussetzungen zielgerichteten Handelns, doch erst die Verfügbarkeit von Handlungskompetenzen erlaubt das effektive Handeln im Spannungsfeld alltäglicher Anforderungen. Handlungskompetenzen können damit auch als eine Brücke zwischen dem Potenzial einer Person (den intellektuellen, motivationalen und emotionalen Kompetenzen) und der erfolgreichen Realisierung beruflicher Aufgaben betrachtet werden.

Kompetenzen im Umgang mit Anderen

Im Unterschied zu den Basiskompetenzen, die auch für Tätigkeiten, die überwiegend alleine ausgeübt werden, wichtig sind, beinhalten «Kompetenzen im Umgang mit Anderen» jene Fähigkeiten, die in den Vordergrund treten, wenn wir mit anderen Menschen zusammenarbeiten: ein kurzes Telefongespräch mit einem Kunden, das Gespräch mit Lieferanten, Kollegen oder Vorgesetzten, die Mail an ein Zuliefererunternehmen oder die Leitung einer Teamsitzung. Die Liste alltäglicher Situationen, die die Fähigkeit zu Kommunikation und erfolgreicher Bewältigung sozialer Situationen erfordern, ist nahezu unbegrenzt.

In unserem Modell wurden die Sozialen Kompetenzen, Kommunikative Kompetenzen und Führung den «Anforderungen im Umgang mit Anderen» zugeordnet.

Der Bereich der Kommunikativen Kompetenzen beinhaltet Schlüsselqualifikationen, die für den reibungslosen Informationsaustausch, auch für den Austausch «weicher Informationen» erforderlich sind, wie Beziehungsbotschaften, Wertschätzung oder Distanz. Der Bereich der Sozialen Kompetenzen ist weiter gefasst als der der Kommunikativen Kompetenzen und beinhaltet Schlüsselqualifikationen, die für die erfolgreiche Bewältigung sozialer Situationen notwendig sind.

Als dritter Bereich wurde der Bereich der Führung in das Feld der «Anforderungen im Umgang mit Anderen» aufgenommen. Führungskräfte haben ihren

1. Schlüsselqualifikationen kompakt

Mitarbeitern gegenüber Weisungsbefugnis, sie sind für die Förderung und Entwicklung ihrer Mitarbeiter zuständig und für die Effizienz ihrer Arbeitsgruppe verantwortlich. Die Bewältigung dieser und weiterer Führungsaufgaben erfordert besondere Kompetenzen, die in dem Bereich Führung zusammengefasst werden.

Megatrends

Dieses Kompetenzfeld beinhaltet Bereiche, die besonders aufgrund der oben skizzierten Megatrends an Bedeutung gewinnen. Dazu gehören der Umgang mit Veränderungen, Diversity Management, Unternehmerische Kompetenzen und Selbstverantwortung/Lebensunternehmertum.

Methodenkompetenzen

Methodenkompetenzen sind ein Querschnittsbereich, da sie Fähigkeiten beinhalten, die für alle Kompetenzfelder wichtig sind. Von den Handlungskompetenzen unterscheiden sie sich dadurch, dass es sich um stärker abgrenzbare Fertigkeiten und Techniken im Sinne von Skills handelt, die leicht durch Training erlernbar sind. Zu den Methodenkompetenzen gehören zum Beispiel Präsentations- oder Moderationstechniken.

Die folgende Tabelle gibt eine zusammenfassende Übersicht der Klassifikation wieder. Dargestellt werden Kompetenzfelder, Bereiche sowie die zugehörigen Schlüsselqualifikationen mit Definitionen.

Basiskompetenzen

Merkmal	Definition
Intellektuelle Kompetenzen	
Auffassungsgabe	Fähigkeit, Sachverhalte schnell zu begreifen und sich anzueignen.
Konzentrationsfähigkeit	Fähigkeit, Aufmerksamkeit auf eng umgrenzte Sachverhalte auszurichten, ohne sich durch Störungen von der Bearbeitung der Aufgabe abhalten zu lassen.

1.3 Kompetenzmodell und diagnostische Verfahren

Kreatives Denken	Fähigkeit, bestehende Zusammenhänge neu zu kombinieren oder unkonventionelle bzw. neuartige Ideen zu entwickeln.
Mathematisches Verständnis	Fähigkeit, mathematische Grundfertigkeiten angemessen einzusetzen.
Problemlösefähigkeit	Fähigkeit, Probleme zu erkennen, zu analysieren und Lösungsmöglichkeiten zu entwickeln.
Räumliches Vorstellungsvermögen	Fähigkeit, dreidimensionale Repräsentationen von Gegenständen zu entwickeln und diese zueinander in Beziehung zu setzen.
Systematisch-Analytisches Denken	Fähigkeit, Abläufe und Prozesse in ihre einzelnen Teile zu zerlegen und deren Zusammenwirken zu analysieren.
Technisches Verständnis	Verstehen und Erfassen technischer Fragestellungen und Konstruktionsprinzipien.

Motivation/Engagement

Eigeninitiative	Bereitschaft, aktiv Vorschläge und Ideen zu entwickeln, selbstständig Aufgaben zu übernehmen und Projekte in Gang zu setzen.
Leistungsbereitschaft/-motivation	Bereitschaft, sich in hohem Maße mit der beruflichen Aufgabe zu identifizieren und damit verbundener Einsatz, selbstgesuchte oder übertragene Aufgaben besonders gut auszuführen.
Lern- und Veränderungsbereitschaft	Bereitschaft, formelle und informelle Lernsituationen aufzusuchen und zu nutzen, um die berufsbezogenen Kompetenzen weiter zu entwickeln.

Emotionale Kompetenzen

Emotionsmanagement	Fähigkeit, eigene Gefühle oder Gefühle anderer auszuhalten oder zu beeinflussen sowie die Fähigkeit, Emotionen angemessen auszudrücken.
Emotionswahrnehmung/Empathie	Fähigkeit, bei sich und anderen Menschen unterschiedliche Gefühlsqualitäten wahrzunehmen und sich in die Situation des anderen hineinzuversetzen.

1. Schlüsselqualifikationen kompakt

Handlungskompetenzen

Belastbarkeit (Stressbewältigung)	Fähigkeit, belastende Situationen zu bewältigen und ökonomisch mit den eigenen Ressourcen umzugehen.
Durchhaltevermögen	Fähigkeit, Aufgaben und Ziele über einen längeren Zeitraum bzw. unter schwierigen Bedingungen zu verfolgen.
Entscheidungsfähigkeit	Fähigkeit, sich für eine Alternative zu entscheiden und Bereitschaft, die damit verbundene Verantwortung und Konsequenzen zu übernehmen.
Frustrationstoleranz	Fähigkeit, unbefriedigende Erlebnisse, Zustände und Enttäuschungen angemessen zu verarbeiten.
Realisierungsorientiertes Denken	Fähigkeit, sich am Machbaren zu orientieren und das in Angriff zu nehmen, was unter den gegebenen Bedingungen erreichbar und zweckmäßig ist.
Selbstmanagement	Fähigkeit, die eigene Arbeit zu organisieren, sich selbst zu motivieren und mit Schwierigkeiten im Arbeitsablauf umzugehen.
Sorgfalt/ Gewissenhaftigkeit	Fähigkeit, sorgsam sowie genau zu arbeiten und dabei Fehler möglichst zu vermeiden bzw. zu beheben.
Umsetzungs- und Handlungsorientierung	Fähigkeit, Pläne und Konzepte tatsächlich auszuführen und erfolgreich abzuschließen.

Kompetenzen im Umgang mit Anderen

Soziale Kompetenzen

Beratungskompetenz	Fähigkeit und Bereitschaft, im Arbeitsalltag Situationen mit Beratungscharakter zu erkennen und Beratungsaufgaben im Einklang mit den organisationsbezogenen Kernaufgaben wahrzunehmen.
Durchsetzungsfähigkeit	Fähigkeit, den eigenen Standpunkt auch gegen den Widerstand anderer durchzusetzen.
Kooperationsfähigkeit/ Teamfähigkeit	Fähigkeit und Bereitschaft, mit anderen effektiv und in guter Arbeitsatmosphäre zusammenzuarbeiten.

1.3 Kompetenzmodell und diagnostische Verfahren

Kritik- und Konfliktfähigkeit	Fähigkeit und Bereitschaft, konstruktiv mit Kritik umzugehen und Konflikte wahrzunehmen, anzusprechen und zu akzeptieren.
Networking	Fähigkeit und Bereitschaft, für sich und andere nützliche oder interessante Kontakte zu knüpfen.
Rollenkompetenz	Fähigkeit, berufsbezogene und außerberufliche Rollen zu erkennen, zu unterscheiden, situationsspezifisch zu aktivieren und damit rollenangemessenes Handeln zu ermöglichen.
Soziale Unabhängigkeit	Fähigkeit, sich ein Urteil über Sachverhalte zu bilden, ohne sich von der Meinung der Mehrheit beeinflussen zu lassen.
Soziales Gedächtnis/ Namensgedächtnis	Fähigkeit, sich Namen und Gesichter zu merken sowie sich an wichtige Informationen über andere Menschen oder Situationen zu erinnern.
Stil und Umgangsformen	Kenntnisse über die expliziten und impliziten Regeln, die in einer Gruppe, in einer Organisation oder in einer Situation gelten sowie Bereitschaft, diese umzusetzen.

Kommunikative Kompetenzen

Fähigkeit zum sprachlichen Stilwechsel	Fähigkeit, den eigenen Sprachstil in Hinblick auf Wortwahl, Komplexität und Sprechgeschwindigkeit dem Sprachniveau des Gesprächspartners anzugleichen.
Fremdsprachen	Fähigkeit, sich in einer fremden Sprache flüssig und präzise mündlich und schriftlich auszudrücken.
Sprachliche Ausdrucksfähigkeit	Fähigkeit zum präzisen und differenzierten sprachlichen Ausdruck, die sich in Wortwahl, Wortflüssigkeit und nonverbalem Ausdruck äußert.
Zuhören	Fähigkeit, sich auf das, was andere sagen, einzulassen, diese ausreden zu lassen und deren Gedanken oder Gefühle nachzuvollziehen.

Führung

Delegation	Bereitschaft, Mitarbeitern Aufgaben zu übertragen und diesen bei der Bearbeitung angemessene Entscheidungs- und Handlungsspielräume zu überlassen.

Leistungsförderung und Feedback	Fähigkeit, Anerkennung und Kritik angemessen auszudrücken.
Motivation	Fähigkeit, Mitarbeiter durch Zielsetzung, Anerkennung oder Überzeugung zum engagierten Umsetzen der Arbeitsziele zu motivieren.
Zielsetzung	Fähigkeit, aus den Organisationszielen konkrete, realistische und herausfordernde Ziele für die Mitarbeiter abzuleiten und diese klar zu kommunizieren.

Kompetenzen aufgrund gesellschaftlicher Veränderungen (Megatrends)

Diversity

Ambiguitätstoleranz	Fähigkeit, unsichere, mehrdeutige und komplexe Situationen zu ertragen.
Fähigkeit zum Perspektivwechsel	Fähigkeit, durch Veränderung der eigenen Sichtweise zu einem größeren Verständnis für die Einstellungen und das Handeln anderer Personen zu gelangen.
Interkulturelle Kompetenz	Fähigkeit und Bereitschaft zu einem respektvollen Umgang mit Menschen anderer (nationaler) Kulturen.

Selbstverantwortung/Lebensunternehmer

Balancing (Work-Life-Integration)	Fähigkeit und Bereitschaft, Arbeits- und Freizeitaktivitäten bzw. Anspannung und Entspannung befriedigend und in einem ausgeglichenen Verhältnis zu leben und zu gestalten.
Eigenverantwortung	Haltung/Einstellung, für das gegenwärtige und zukünftige Wohl selbst verantwortlich zu sein und die Bereitschaft, aktiv dafür zu sorgen.
Employability	Fähigkeit, fachliche und überfachliche Kompetenzen gezielt und eigenverantwortlich weiter zu entwickeln, um die Erwerbs- und Beschäftigungsfähigkeit zu erhalten.
Soziale Verantwortung	Lebenshaltung bzw. Einstellung, die auch die längerfristigen ökologischen und sozialen Folgen berücksichtigt.

Umgang mit Veränderungen

Komplexitätsmanagement	Fähigkeit und Bereitschaft, komplexe, widersprüchliche oder vielschichtige Informationen und Anforderungen zu verarbeiten und dabei die eigene Handlungsfähigkeit zu bewahren bzw. zu stärken.
Veränderungsmanagement	Fähigkeit und Bereitschaft, Veränderungen zu erkennen und aktiv im Sinne der eigenen (Karriere)ziele und/oder im Sinne der Organisationsziele mit zu gestalten.

Unternehmerische Kompetenzen

Gewinnorientierung	Absicht und Fähigkeit, Nutzen und Wertzuwächse für die Stakeholder einer Organisation zu schaffen und den langfristigen Unternehmenserhalt zu sichern.
Innovationsfähigkeit	Fähigkeit, Neuerungen zu entwickeln, auf ihre Tauglichkeit zu überprüfen und in der Praxis umzusetzen.
Kundenorientierung	Fähigkeit und Bereitschaft, Bedürfnisse und Wünsche des Kunden zu erkennen, zu erfüllen und neue kundenorientierte Leistungen zu entwickeln.
Marktorientiertes und Kaufmännisches Denken	Fähigkeit, eigene Produkte oder Dienstleistungen auf den Markt (Kundenbedürfnisse und Konkurrenz) abzustimmen.
Risikobereitschaft/ Umgang mit Risiken	Fähigkeit und Bereitschaft, bei Entscheidungen bewusst ein *kalkuliertes* Risiko einzugehen.
Verhandlungsgeschick	Fähigkeit, mit anderen Vereinbarungen abzuschließen, die die eigenen Interessen bestmöglich berücksichtigen.
Visionäres und Strategisches Denken und Handeln	Fähigkeit, Visionen zu entwickeln und diese in handhabbare Leitbilder und Organisationsziele umzusetzen und damit strategisches Handeln zu ermöglichen.

Methodenkompetenzen

Informationsmanagement	Wissen um die Möglichkeiten der Informationsbeschaffung sowie die Fähigkeit, diese effizient zu organisieren und zielgruppengerecht weiter zu geben.

Medienkompetenz	Wissen um die unterschiedlichen Informations- und Kommunikationstechnologien und deren adäquate Nutzung.
Moderation	Fertigkeit, den Informations- oder Gedankenaustausch in Gruppen anzuregen, zu lenken und zu einem Ergebnis zu führen.
Präsentation	Fertigkeit, Sachverhalte verständlich, anregend und überzeugend darstellen zu können.
Projektmanagement/ Planung	Fertigkeit, Projekte in Unterziele und Aufgaben zu unterteilen, einen realistischen Zeitplan für das Projekt zu erstellen und die Durchführung zu gewährleisten.
Zeitmanagement	Fertigkeit, die eigene Zeit ökonomisch einzuteilen und Zeitvorgaben einhalten zu können.

Auftreten, Gestik und Mimik sind zu einem beträchtlichen Teil an Erfolg oder Misserfolg in einer Situation beteiligt. So werden bei einem Vorstellungsgespräch vom Bewerber nicht nur Können und sprachliches Geschick erwartet, sondern auch sicheres Auftreten und ein positiver Gesamteindruck. Auf der anderen Seite sind es gerade diese äußeren Merkmale, die Inhalte überdecken können. Wer hat sich nicht schon einmal von einem eloquenten Redner beeindrucken lassen, der sich gekonnt in Szene setzen kann? Neben Eloquenz und Selbstsicherheit gehören angemessene Kleidung, die Fähigkeit Blickkontakt zu halten, das Sprechtempo, die Stimmlage und anderes mehr zum Gesamteindruck, der die Einschätzung der Kompetenz einer Person beeinflussen kann.

Für Verantwortliche der Personalauswahl ist das Thema Auftreten und Gesamteindruck eine besondere Herausforderung. So kann gutes Auftreten auf der einen Seite Bestandteil des Anforderungsprofils sein und sollte erfasst werden. Auf der anderen Seite kann selbstsicheres Auftreten über fachliche und persönliche Defizite hinwegtäuschen, so dass es schwierig wird, klare Aussagen über die Kompetenzen der Person zu treffen.

Empfehlenswert ist es, die Wahrnehmung für Körpersprache, Mimik oder Kleidung der Bewerber zu schärfen und diese Aspekte getrennt von den anderen Anforderungen zu erfassen. Innerhalb der Personalauswahl bieten Rollenspiele, Gruppendiskussion, Fachvortrag und Präsentation und natürlich das Einstellungsinterview die Möglichkeit, sich ein Bild über das Auftreten eines Bewerbers in anforderungsrelevanten Situationen zu machen.

1.3.2
Diagnostische Verfahren im Überblick

Für die Einschätzung überfachlicher Kompetenzen können unterschiedliche Methoden herangezogen werden. Die folgende Abbildung zeigt die wichtigsten Bausteine zur Beurteilung überfachlicher Kompetenzen im Überblick.

Als *diagnostische Bausteine* werden alle Informationsquellen bezeichnet, die dazu dienen, überfachliche Kompetenzen zu beurteilen. Dazu gehören Bewerbungsunterlagen, standardisierte Testverfahren, das Interview, Simulationen und Arbeitsproben.

Bewerbungsunterlagen dienen der ersten Information und damit der Vorauswahl. Überprüft werden die aus dem Anforderungsprofil abgeleiteten formalen Voraussetzungen (Qualifikation, Berufserfahrung) sowie die Selbst- und Fremdbeschreibungen, die hinsichtlich des Anforderungsprofils weiter untersucht werden.

Ein *psychologischer Test* kann definiert werden als ein Verfahren zur Feststellung des Ausprägungsgrades psychischer Merkmale (Moosbrugger, 1990), wobei es sich bei den psychischen Merkmalen um Aspekte der Leistungsfähigkeit, um Einstellungen, Interessen oder aber um Persönlichkeitsmerkmale handeln kann.

Standardisierte Testverfahren sind dadurch gekennzeichnet, dass die zu bearbeitenden Fragen oder Aufgaben in standardisierter Form vorliegen. Dem Bewerber

Bewerbungs-unterlagen	Standardisierte Testverfahren	Interview	Simulationen	Arbeits-proben
• Elektronisch: E-Mail Bewerbungsformular • Papierform	• Leistungstests: Intelligenztests Konzentrationstests • Persönlichkeitstest • Einstellungs- und Interessenstests	• unstrukturiert • Strukturiert • multimodal	• Critical Incident • Fallstudie • Gruppendiskussion • Konstruktionsübung • Planspiel • Postkorb • Präsentation/ Fachvortrag • Rollenspiel	• Praktikum • Projektarbeit • Zeitarbeit

Abbildung 3: Diagnostische Bausteine im Überblick

wird mit Hilfe einer Instruktion mitgeteilt, wie der Test zu bearbeiten ist. Die Antworten der Bewerber werden meist ebenfalls in standardisierter Form erfasst. Zu diesem Zweck liegen z. B. Ratingskalen (abgestufte Antwortmöglichkeiten, bei denen der Bewerber die für sich zutreffende Alternative ankreuzen soll) oder vorgegebene Antwortalternativen vor, zu denen der Bewerber die richtige Antwort ankreuzen soll.

Ein weiterer Aspekt der Standardisierung bezieht sich darauf, dass ein Test vor der Publikation an einer hinreichend großen Stichprobe normiert werden muss. Durch diese Normierung entstehen Vergleichswerte, die es erlauben, das individuelle Testergebnis eines Bewerbers in Relation zu den Ergebnissen anderer Personen zu interpretieren. Alters- und Ausbildungsnormen sind hilfreich und notwendig. Sie erlauben es, den individuellen Testwert eines Bewerbers zu den Testwerten anderer Personen, etwa der gleichen Altersstufe oder mit gleichem Bildungshintergrund, in Bezug zu setzen. Es kann dann beurteilt werden, ob z. B. eine 28jährige Hochschulabsolventin verglichen mit anderen Hochschulabsolventen dieser Altersgruppe unterdurchschnittlich, durchschnittlich oder überdurchschnittlich intelligent einzustufen ist.

Die Normierung eines Tests ist für dessen Qualität ausgesprochen wichtig, da es nur dann möglich ist, die Ergebnisse einer einzelnen Person richtig zu interpretieren, wenn Vergleichswerte einer hinreichend großen Vergleichsstichprobe vorliegen.

Das *Interview* ist Bestandteil eines jeden Personalauswahlverfahrens. Das Telefoninterview dient oft der Vorauswahl. Es lassen sich verschiedene Formen des Interviews unterscheiden: Das unstrukturierte Interview hat den Charakter eines freien Gesprächs und dient dazu, einen Eindruck vom Bewerber zu gewinnen, ohne dass systematische Schlussfolgerungen bezüglich der Ausprägung der interessierenden Schlüsselqualifikationen gezogen werden können. Beim teilstrukturierten Interview werden einige der anzusprechenden Fragen vorab festgelegt, es liegt jedoch ein großer Freiraum bezüglich der Reihenfolge und Ausgestaltung einzelner Fragen vor, die sich nicht selten aus dem Gesprächsverlauf ergeben. Wissenschaftlich fundiert und strukturiert ist das Multimodale Interview (Schuler & Frintrup, 2006), das aus mehreren, vorab festgelegten Elementen besteht und auch situative und biographische Fragen beinhaltet. Näheres dazu in Kapitel 2.

Als *Simulationen* werden Aufgaben bezeichnet, die nicht vollständig standardisiert werden können und ein hohes Maß an Gestaltungsspielraum durch die Bewerber zulassen. Im Unterschied zu den Selbstbeschreibungsverfahren, die abfragen, wie man sich in einer bestimmten Situation verhalten *würde*, erfordert die Bearbeitung situativer Verfahren, dass der Bewerber in einer vorgegebenen Situation tatsächlich handelt, wobei dieses Verhalten von geschulten Beobachtern protokolliert wird. Situative Verfahren werden häufig im Rahmen eines Assessment

Centers eingesetzt. Daneben können ausgewählte situative Verfahren auch in ein Auswahlverfahren integriert werden, ohne dass gleich ein vollständiges und entsprechend aufwendiges Assessment Center durchgeführt werden muss.

Eine *Arbeitsprobe* ist eine Aufgabe, die die tatsächlichen Aufgaben einer Position möglichst realistisch und detailgetreu abbildet. Sie kann damit als «Stichprobe» der realen Tätigkeit aufgefasst werden. Arbeitsproben werden von Bewerbern oft in hohem Maße akzeptiert, weil ihre Bedeutung für die Kompetenzeinschätzung unmittelbar ersichtlich ist.

Alle diagnostischen Bausteine werden in Kapitel 2 näher beschrieben.

1.4
Zur Qualität diagnostischer Verfahren

Im Folgenden erläutern wir unterschiedliche Kriterien zur Qualitätsbeurteilung diagnostischer Verfahren. Dabei werden zunächst die klassischen Testgütekriterien Objektivität, Reliabilität (Messgenauigkeit) und Validität (Gültigkeit) beschrieben. Eine Besonderheit dieser Testgütekriterien besteht darin, dass sie im Zusammenhang mit der Klassischen Testtheorie (Lienert & Raatz, 1998) entwickelt und zunächst nur auf standardisierte psychologische Tests angewandt wurden. Die Verbreitung nicht standardisierter, diagnostischer Bausteine, wie Rollenspiele oder Gruppendiskussionen, erfordert allerdings eine Erweiterung der Testgütekriterien um solche Kriterien, die über die klassischen Testgütekriterien hinaus der Beschreibung und Einschätzung diagnostischer Bausteine dienlich sind. Unter dem Stichwort Zusatzkriterien werden einige dieser Kriterien, wie etwa Zeitaufwand oder das numerische Verhältnis von Beobachtern zu Bewerbern, beschrieben.

1.4.1
Testgütekriterien

Die klassischen Testgütekriterien stellen das Kernstück psychologischer Diagnostik dar. Sie erlauben die Beschreibung und den Vergleich diagnostischer Verfahren anhand wissenschaftlicher Kriterien und dienen dem Anwender damit als wesentliche Entscheidungshilfe bei der Auswahl und Zusammenstellung diagnostischer Verfahren.

Objektivität

Die Objektivität eines Verfahrens besagt, in welchem Ausmaß die Ergebnisse eines Tests oder anderen diagnostischen Bausteins unabhängig von der Person sind, die das Verfahren anwendet. Damit gibt die Objektivität eines Verfahrens darüber Auskunft, in welchem Maße subjektive Beobachtungs- und Urteilsfehler das Testergebnis verfälschen können. In der Regel werden verschiedene Formen der Objektivität, die Durchführungsobjektivität, die Auswertungsobjektivität und die Interpretationsobjektivität unterschieden.

Die *Durchführungsobjektivität* ist gegeben, wenn alle Bedingungen der Untersuchungsdurchführung für alle Bewerber gleich, also standardisiert sind, von dem Testmaterial über das Verhalten des Testleiters bis hin zu den raum-zeitlichen Randbedingungen. *Auswertungsobjektivität* liegt vor, wenn klare Regeln darüber vorliegen, welche Antworten der Bewerber zu welchem Testergebnis führen. Maximale Auswertungsobjektivität findet sich bei standardisierten Tests und Fragebögen, für die Auswertungsschablonen vorliegen, so dass jeder Testauswerter zu dem gleichen Ergebnis kommen wird. Noch sicherer, weil frei von Auswertungsfehlern, ist in dieser Hinsicht die computergestützte Diagnostik, bei der die Antworten einer Person direkt gespeichert und zu einem Gesamtwert oder Ergebnisprofil zusammengefasst werden. Die Auswertungsobjektivität situativer Verfahren ist dagegen nicht optimal, kann jedoch durch sorgfältige Konstruktion und Beobachterschulung verbessert werden.

Der schwierigste und vielleicht wichtigste Aspekt der Objektivität ist die *Interpretationsobjektivität*, die Auskunft darüber gibt, inwieweit verschiedene Beurteiler aus einem Testergebnis die gleichen Schlussfolgerungen ziehen. Bei Tests und computergestützten Verfahren wird die Interpretation der Ergebnisse durch vorgegebene Interpretationshilfen (Textbausteine) erleichtert. Diese ersetzen jedoch nicht die sorgfältige Analyse und Integration der vorhandenen Informationen. Die Interpretationsobjektivität situativer Verfahren (z. B. Rollenspiele, Gruppendiskussionen) kann durch sorgfältige Konstruktion und Beobachterschulung verbessert werden, insbesondere durch die Trennung von Beobachtung und Beurteilung.

Insgesamt kann man davon ausgehen, dass Tests und computergestützte Verfahren aufgrund der Standardisierung von Inhalt, Durchführung und Auswertung eine hohe Durchführungs- und Auswertungsobjektivität aufweisen. Die geringere Objektivität von situativen Verfahren kann durch Beobachterschulung verbessert werden.

Die folgende Infobox zeigt eine Zusammenstellung von Fehlerquellen, die bei der Beurteilung von Bewerbern auftreten können. Eine Auseinandersetzung mit diesen Fehlerquellen im Rahmen einer Beobachterschulung kann dazu beitragen, die Wirkung dieser Fehlerquellen zu reduzieren.

> **Infobox**
> ## Beobachtungsfehler in der Personalauswahl
>
> Gemeinsam mit einer Kollegin haben Sie einen Bewerber für eine Position in Ihrem Haus interviewt. Nach diesem Gespräch oder nach einer Assessment Center Übung sitzen Sie zusammen, um über eine eventuelle Einstellung zu entscheiden. Nachdem jeder seinen Eindruck geschildert hat, haben Sie das Gefühl, nicht im gleichen Raum gesessen zu haben bzw. nicht den gleichen Kandidaten interviewt zu haben. Wie kann es dazu kommen?
>
> Die Wahrnehmung eines Menschen filtert aus den unendlichen Eindrücken, die Sekunde für Sekunde auf uns eintreffen, wenige heraus, die uns bewusst werden und den Hintergrund bestimmter Entscheidungen bilden. Die Auswahl dieser Informationen geschieht nicht ganz willkürlich, sondern hat mit unseren persönlichen Erfahrungen und der aktuellen Situation zu tun. Informationsfilter (z. B. Stereotype, d. h. Annahmen über bestimmte Menschengruppen, wie z. B. *den* Informatiker oder *den* Arzt) sind grundsätzlich nicht schlecht, helfen sie uns doch, die Welt zu strukturieren und sich situationsangemessen zu verhalten. Sie können aber für den Prozess, den wir hier betrachten – Personaldiagnostik – negative Begleiterscheinungen haben.
>
> Obwohl die systematischen Urteilsverzerrungen fast automatisch und meistens unbewusst erfolgen, kann man sich aktiv dagegen zur Wehr setzen und seine eigenen Interpretationen bewusst hinterfragen. Dafür ist es allerdings wichtig zu wissen, welche systematischen Verzerrungen auftreten können. Die folgende Aufstellung zeigt mögliche Beurteilungsfehler im Überblick.
>
> ### Effekt der Ähnlichkeit
> Ähnelt eine Person einer anderen uns bekannten und sympathischen Person oder gar uns selbst, so sehen wir die Person entsprechend sympathisch. Ähnelt eine Person einer uns unsympathischen Person, ist sie uns dementsprechend unsympathisch.
>
> ### Gestalt-/Ganzheitseffekt
> Fehlen Informationen oder erhalten wir einen unvollständigen Eindruck, ergänzen wir die Lücke zu einem Ganzen, so dass ein in sich stimmiger Eindruck entsteht, der jedoch in Hinblick auf den Bewerber falsch sein kann.
>
> ### Halo-Effekt
> Der Beobachter wird von einem besonders auffallenden Merkmal des Teilnehmers «geblendet»; Das Merkmal überstrahlt alle anderen Effekte positiv oder

negativ. Die nachfolgende Beurteilung verschiebt sich entsprechend für alle Kriterien in die positive oder negative Richtung.

Härte-Effekt
Manche Beurteiler neigen dazu, besonders hohe Maßstäbe anzulegen. Sie beurteilen daher etwas «härter», zeigen also die Tendenz zur Strenge.

Milde-Effekt
Andere Beurteiler neigen dagegen zu Güte und Wohlwollen. Sie urteilen milder.

Tendenz zu Extremaussagen/Tendenz zur Mitte
Manche Beurteiler neigen eher zu extremer Beurteilung, vielleicht auch zu schwarz oder weiß. Die «Grautöne» sind unterrepräsentiert. Die Beurteilungen liegen daher an den Rändern der Skala (niedrig oder hoch) und sind selten in der Mitte zu finden.

Eine andere Gruppe von Beurteilern vermeidet Extremaussagen, so dass sich ihr Urteil immer in der Mitte der Skala findet.

Informationsreihenfolge (primacy-/recency-effect)
Erst- und Letztwahrgenommenes wird am besten behalten und hat überproportional großen Einfluss auf die Entscheidung.

Rosenthal-Effekt
Die Erwartungen, die an einen Kandidaten gestellt werden, äußern sich z. B. durch Kopfnicken auf die Antworten des Bewerbers und können dazu führen, dass sich der Bewerber eher gemäß diesen Erwartungen verhält und kein authentisches Bild von sich abgibt.

Vorurteile/Stereotype
Eine Person wird zunächst aufgrund ihres Aussehens, ihrer Herkunft, ihres Studiums als Mitglied einer sozialen Gruppe definiert. Anschließend werden dieser Person all diejenigen Merkmale und Eigenschaften zugeschrieben, die in den Augen des Beobachters für alle Vertreter der Gruppe in gleicher Weise gelten (Muster unserer Wahrnehmung zum besseren Zurechtfinden in der komplexen Welt).

Der Schlüssel zur Bewältigung der Fehlerquellen liegt in der bewussten Steuerung der Aufmerksamkeit. Diese Aufmerksamkeitssteuerung kann durch unterschiedliche Maßnahmen erfolgen. An erster Stelle ist sicherlich das Beobachtertraining zu nennen, bei dem die Beobachter auf die typischen Fehler aufmerksam gemacht und Gegenmaßnahmen praktisch eingeübt werden, um diese anschließend automatisch einsetzen zu können. Sollte keine Möglichkeit gegeben sein, an einem solchen Training teilzunehmen, kann die Berücksichtigung folgender Aspekte hilfreich sein:

- Verwendung eindeutiger Kriterien (z. B. für Kommunikationsstärke)
- Trennung von Verhaltensbeobachtung und Verhaltensbewertung (z. B. man beobachtet, dass jemand viel redet)
- Versuch, für verschiedene Verhaltensweisen unterschiedliche Erklärungen zu finden und diese gegeneinander abzuwägen (der Redefluss kann ein Zeichen für die Kommunikationsstärke der Person sein oder aber auch für ihre Nervosität)
- Suche nach eindeutigen Informationen, um den Interpretationsspielraum einzuschränken (gibt es andere Hinweise auf Kommunikationsstärke oder Nervosität?)

Bestimmte Erwartungen aufgrund der Herkunft, Ausbildung etc. eines Kandidaten sollten bewusst gemacht werden und kritisch überprüft werden.

Grundsätzlich findet sich nicht jeder Beobachtungsfehler bei jeder Person. Aus dem Grund ist es von Vorteil, mit einem gemischt zusammengestellten Team zu arbeiten und zu entscheiden.

Für Beobachterkonferenzen wie auch für den eigenen Bewertungsprozess und für das Feedbackgespräch ist es von Bedeutung, sich Verhaltensbeispiele oder konkrete Antworten aus dem Interview zu notieren. Aufgrund des beobachteten und notierten Verhaltens ist es auch einfacher, seine Punktvergabe zu verankern.

Die Auseinandersetzung mit den oben genannten Punkten, ihre Berücksichtigung im Auswahlprozess und ein ständiger Austausch mit Kollegen führen dazu, mögliche Fehlerquellen zu verringern.

Reliabilität/Messgenauigkeit

Mit der Reliabilität wird die Güte oder, negativ formuliert, die Fehlerbehaftetheit eines diagnostischen Verfahrens bezeichnet. Diese Maßzahl gibt in einem Bereich von 0 bis 1 an, wie genau ein Verfahren das geprüfte Merkmal erfasst bzw. ob bei wiederholter Messung das gleiche Ergebnis resultieren würde. Dabei stellt der

Wert 0 eine minimale, der Wert 1 die maximale, praktisch nicht zu erzielende Messgenauigkeit dar. Zur Beurteilung der Reliabilität psychologischer Tests und anderer Verfahren werden üblicherweise verschiedene Arten von Reliabilitäten angegeben, deren Kenntnis eine angemessene Beurteilung des Verfahrens erleichtert.

Die *interne Konsistenz* (oft als Cronbachs Alpha angegeben) ist ein Maß für die Homogenität des Verfahrens und gibt an, inwieweit die Items (Fragen oder Aufgaben) eines Tests oder Fragebogens dasselbe Merkmal messen. Interne Konsistenzen werden in der Regel nur für Fragebogen und standardisierte Testverfahren ermittelt. Hohe interne Konsistenzen von .80 – .90 sind nicht selten.

Die *Paralleltest-Reliabilität* gibt Auskunft darüber, inwieweit zwei Varianten eines Tests äquivalent sind. Äquivalenz bedeutet, dass beide Varianten gleich schwierig sind und das gleiche Merkmale messen. Für einige psychologische Tests (z. B. Intelligenztests) liegen so genannte parallele Testformen vor (meist als Form A und B bezeichnet). In der Personalauswahl können diese eingesetzt werden, wenn verhindert werden soll, dass Bewerber «voneinander abschreiben». Parallele Testformen sind auch immer dann günstig, wenn mehrmals getestet wird und verhindert werden soll, dass die Bewerber sich an die Beantwortung der Aufgabe oder Frage erinnern. Angaben zur Paralleltestreliabilität können nicht nur für Tests und Fragebogen, sondern auch für andere diagnostische Bausteine ermittelt werden. Eine Paralleltestreliabilität wird ab einem Wert von .80 als hoch bezeichnet.

Die *Retestreliabilität* eines Verfahrens (auch als *Stabilität* bezeichnet) gibt Auskunft darüber, wie stabil das mit dem jeweiligen Verfahren gemessene Merkmal ist. Rein rechnerisch wird die Retestreliabilität als Korrelation zwischen dem Testergebnis zu einem Zeitpunkt 1 mit dem entsprechenden Ergebnis zum Zeitpunkt 2 berechnet, wobei der Abstand zwischen den Messungen wenige Tage und mehrere Monaten betragen kann. Die Retestreliabilität kann nicht nur für Tests, sondern grundsätzlich für alle diagnostischen Verfahren ermittelt werden, deren Ergebnisse sich quantifizieren lassen. Für die Personalauswahl ist die Retestreliabilität ein wichtiges Kriterium, da sehr instabile Merkmale für die Prognose künftigen Verhaltens wenig Aussagekraft besitzen. Die Retestreliabilität ist häufig niedriger als die Homogenität und kann – abhängig von der Zeitspanne, die zwischen den beiden Messungen liegt – schon ab einem Wert von .70 als gut bezeichnet werden.

Validität/Gültigkeit

Die Validität eines Verfahrens gibt an, ob und wie gut ein Instrument das misst, was es zu messen vorgibt und welche Schlüsse aus einem Testergebnis gezogen werden können. Ein Intelligenztest ist z. B. dann valide, wenn er tatsächlich Intelligenz (und nicht ein anderes Merkmal wie z. B. Konzentrationsfähigkeit) erfasst. Eine Postkorbaufgabe, die u. a. die Belastbarkeit eines Bewerbers erfassen soll, ist dann valide, wenn man zur Bewältigung der Aufgabe tatsächlich Belastbarkeit benötigt, Personen mit hoher Belastbarkeit die Aufgabe also besser bewältigen als Personen mit geringer Belastbarkeit.

Die Validität ist das bedeutendste Entscheidungskriterium bei der Auswahl diagnostischer Verfahren. Es werden verschiedene Strategien der Validierung eines Verfahrens unterschieden. Je nach Validierungsstrategie erhält man unterschiedliche Validitätsarten, die als Inhaltsvalidität, Konstruktvalidität und Kriteriumsvalidität bezeichnet werden (Lienert & Raatz, 1998).

Ein Verfahren wird dann als *inhaltlich* valide bezeichnet, wenn die zu bearbeitenden Aufgaben als Beispiele der späteren beruflichen (Teil-)Tätigkeit aufgefasst werden können. Diagnostische Verfahren mit hoher Inhaltsvalidität sind beispielsweise der Sprachtest oder die Arbeitsprobe, bei der das Verhalten, das prognostiziert werden soll, direkt überprüft werden kann. Die inhaltliche Validität der verschiedenen diagnostischen Elemente kann nur durch eine sorgfältige Anforderungsanalyse gewährleistet werden.

Die *Konstruktvalidität* eines Verfahrens gibt Auskunft darüber, inwieweit das Verfahren tatsächlich das interessierende Merkmal (und nicht ein anderes, ähnliches Merkmal) erfasst. Zur Einschätzung der Konstruktvalidität eines Verfahrens müssen zunächst aufgrund theoretischer Überlegungen eine Reihe von Annahmen über das zu messende Konstrukt formuliert werden. Zum Beispiel wird theoretisch erarbeitet, dass das Merkmal Durchhaltevermögen hohe Zusammenhänge mit Belastbarkeit, nicht aber mit Konzentrationsfähigkeit aufweisen sollte. Anschließend werden statistische Zusammenhänge zwischen dem interessierenden Verfahren zur Messung von Durchhaltevermögen und anderen Verfahren, die ein verwandtes Merkmal (hier Belastbarkeit) sowie ein theoretisch zu unterscheidendes Merkmal (hier Konzentrationsfähigkeit) messen, berechnet. Das Verfahren hat dann eine gute Konstruktvalidität, wenn es hoch mit Verfahren korreliert, die ähnliches messen (konvergente Validität) und gleichzeitig eine geringe Korrelation aufweist zu Verfahren, die ein anderes Merkmal messen (diskriminante Validität). In dem vorliegenden Beispiel müsste das Merkmal Durchhaltevermögen relativ hoch mit Belastbarkeit, aber wesentlich geringer mit Konzentrationsfähigkeit korrelieren. Sind diese und möglicherweise weitere, zusätzliche Bedingungen erfüllt, dann kann angenommen werden, dass das Konstrukt Durchhaltevermögen valide erfasst wurde.

Die wichtigste Strategie der Validierung eines diagnostischen Bausteins im Kontext der Personalbeurteilung ist sicherlich die *kriteriumsbezogene Validierung*, bei der korrelative Zusammenhänge zwischen dem Ergebnis eines Tests oder eines anderen diagnostischen Verfahrens und einem relevanten Außenkriterium berechnet werden. Als relevante Außenkriterien gelten in der Regel alle Arten von Quantifizierungen des Berufserfolgs. Ein häufig zur Validierung von eignungsdiagnostischen Instrumenten hinzugezogenes Kriterium ist die Leistungsbeurteilung eines Stelleninhabers durch dessen Vorgesetzten. Daneben gibt es eine Reihe von so genannten «harten» Erfolgskennwerten, wie Gehalt, Produktivitätskennzahlen, Verkaufszahlen oder Fluktuationsrate, sowie «weiche» Kriterien, wie Leistungsbeurteilung durch Dritte oder Zufriedenheit der Mitarbeiter, als Erfolgskriterium für Führungskräfte. Die Güte der Validierungskriterien wird nach wie vor zu wenig in Rechnung gestellt, wenn die kriteriumsbezogene Validität von diagnostischen Verfahren beurteilt wird. Letztendlich sind alle Validierungskriterien mit Fehlern behaftet, eine Berücksichtigung derselben verbessert jedoch die Beurteilung eines diagnostischen Bausteins und letztendlich die Qualität der Personalentscheidung. Für die Belange der Praxis ist eine vertiefende Auseinandersetzung mit den Problemen einzelner Validierungskriterien nicht notwendig, hilfreich kann es jedoch sein, bei der Interpretation eines Validitätskennwertes zu beachten, welches Validierungskriterium gewählt und wie es gemessen wurde.

Handelt es sich um die Validierung durch Leistungsbeurteilung so ist zu beachten, dass auch diese typischen Beurteilungsfehlern unterliegen und nicht immer ausreichend reliabel sind. Legt man dagegen so genannte «harte» Validierungskriterien, wie Gehaltshöhe oder Produktivitätskennwerte zugrunde, dann sollte beachtet werden, dass diese Kriterien immer nur zu einem gewissen Prozentsatz durch die Leistung eines Stelleninhabers beeinflusst werden können. Das Gehalt ist auch im außertariflichen Bereich durch ein positions- und branchenspezifisches Gehaltsband definiert und damit in seiner Variabilität grundsätzlich eingeschränkt. Ähnlich verhält es sich mit Produktivitätskennzahlen, die oft in stärkerem Maße durch äußere Bedingungen, wie Veränderungen des Marktes, als durch die Leistung eines Stelleninhabers beeinflusst werden können.

Soziale Validität/Akzeptanz

Ein viertes Kriterium zur Beurteilung diagnostischer Verfahren betrifft die Frage, wie das Auswahlverfahren erlebt und inwieweit es durch den Bewerber akzeptiert wird. Ein Verfahren gilt dann als «sozial valide», wenn es durch die Bewerber als fair und transparent wahrgenommen und demnach akzeptiert wird. Es können vier Aspekte der sozialen Validität eines Verfahrens unterschieden werden (vgl. Schuler, 1990; Schuler & Stehle, 1983):

- *Information* über die Position, die damit verbundenen Anforderungen und Entwicklungsmöglichkeiten.
- *Partizipation* an der Gestaltung der Auswahlsituation sowie Möglichkeit, die Auswahlsituation durch eigenes Verhalten zu beeinflussen.
- *Transparenz* über die Bedeutung einzelner diagnostischer Bausteine, die Anforderungen bei der Bearbeitung derselben sowie Information über den Bezug eines Verfahrens zur späteren Tätigkeit.
- *Feedback* über die eigenen Leistungen, welches nachvollziehbar, transparent, verhaltensorientiert und rücksichtsvoll vermittelt wird.

Ist ein Auswahlverfahren durch die oben genannten Merkmale gekennzeichnet, dann kann man davon ausgehen, dass es von den Bewerbern selbst dann, wenn es als belastend erlebt wurde, noch als fair wahrgenommen wird. Grundsätzlich werden diagnostische Verfahren dann von Bewerbern akzeptiert, wenn der Bezug des Verfahrens zu der angestrebten Tätigkeit oder Position erkennbar ist. Arbeitsproben und situative Verfahren genießen daher meist eine hohe Akzeptanz. Persönlichkeitsfragebögen, deren Sinn für die Bewerber nicht offenkundig ist, werden jedoch häufig mit Misstrauen betrachtet und nicht selten im Sinne einer positiven Selbstdarstellung verfälscht. Die Akzeptanz eines Verfahrens durch die Bewerber ist eine wesentliche Voraussetzung dafür, zuverlässige Informationen über einen Bewerber zu gewinnen. Daneben ist ein faires, transparentes und damit akzeptiertes Auswahlverfahren auch die Visitenkarte eines Unternehmens.

1.4.2
Zusatzkriterien

Zeitaufwand

Der Zeitaufwand, der für ein diagnostisches Verfahren einzuplanen ist, kann in Vorbereitungszeit, Durchführungszeit und Auswertungszeit unterteilt werden. Die Vorbereitungszeit umfasst z. B. die für die Konstruktion eines Verfahrens (z. B. Rollenspiels) notwendige Zeit inklusive der Zeit für die Beobachterschulung und die Vorbereitung eventuell mitwirkender Rollenspieler.

Die Vorbereitungszeit kann nur durch die Anwender selbst eingeschätzt werden, da sie von den in einer Organisation vorhandenen Ressourcen (Mitarbeiter, Materialien, bereits vorliegende Verfahren etc.) abhängt.

Die Durchführungszeit ist gegenüber der Vorbereitungszeit meist wesentlich geringer. Sie beträgt zwischen wenigen Minuten (z. B. für einen Konzentrationstest oder eine Kurzpräsentation) bis zu einigen Stunden, die für die Durchführung umfangreicher Verfahren benötigt werden. Für standardisierte psychologische Tests kann die Durchführungszeit meist sehr genau angegeben werden, für andere diagnostische Bausteine muss sie durch die Anwender vorab festgelegt werden.

Die Auswertungszeit umfasst die Zeit, die benötigt wird, um zu einer fundierten Schlussfolgerung zu gelangen. Im Falle der computergestützten Diagnostik wird die Auswertung unmittelbar nach der Testdurchführung durchgeführt und ein Ergebnisprofil erstellt. Im Falle diagnostischer Bausteine, wie Gruppendiskussion oder Rollenspiel, gestaltet sich die Auswertung etwas aufwendiger, da eine Vielzahl von Einzelbeobachtungen gesammelt und zu einem Gesamturteil bezüglich der interessierenden Schlüsselqualifikation integriert werden muss.

Anzahl der zu beobachtenden Schlüsselqualifikationen

Viele diagnostische Verfahren erlauben es, simultan mehr als eine Schlüsselqualifikation zu beobachten bzw. zu messen. Für Intellektuelle Kompetenzen liegen beispielsweise eine Reihe von Intelligenztests vor, die gleichzeitig unterschiedliche Aspekte intellektueller Leistungsfähigkeit in Form eines Intelligenzprofils erfassen. In einer Gruppendiskussion, um ein anderes Beispiel zu nennen, kann man gleichzeitig Durchsetzungsfähigkeit und sprachliche Ausdrucksfähigkeit beobachten. Der Vorstellung, mit ein oder zwei Verfahren eine Reihe vom Qualifikationen simultan beobachten zu können, muss aufgrund der Assessment Center Forschung allerdings entgegengesetzt werden, dass Beobachter auch bei entsprechender Schulung kaum in der Lage sind, mehr als drei bis vier Merkmale simultan zu beobachten.

Darüber hinaus ist bekannt, dass Beobachter dazu neigen, das Verhalten der Bewerber pro Übung oder Aufgabe global zu beurteilen und sie nur begrenzt in der Lage sind, einzelne Schlüsselqualifikationen innerhalb einer Übung zu differenzieren. Für die Praxis ergibt sich daraus die Empfehlung, in einem Auswahlverfahren eher weniger Merkmale zu erheben, diese aufgrund einer vorangehenden Anforderungsanalyse sorgfältig und begründet auszuwählen und jede Schlüsselqualifikation mit mehr als einem Verfahren zu beurteilen.

Realitätsnähe

Der Aspekt der Realitätsnähe bezieht sich auf die Frage, inwieweit die Aufgabe, die ein Bewerber zu bearbeiten hat, einen Ausschnitt aus den Aufgaben der zu besetzenden Position darstellt. Im Falle von Intelligenztests oder Fragebögen zur Person ist die Realitätsnähe ausgesprochen gering, höher wird sie bei situativen Verfahren, wie Fallstudien oder Präsentationen, die inhaltlich bereits den Anforderungen der zu besetzenden Zielposition entsprechen können. Eine höhere Realitätsnähe der Verfahren ist sowohl für Bewerber als auch für die Organisation von Vorteil. Den Bewerbern ermöglicht sie eine realistische Vorschau auf die sie erwartenden Anforderungen und Aufgaben (realistic job preview), der Organisation steht ein Instrumentarium zur Verfügung, Aspekte der Unternehmenskultur über die Ausgestaltung der situativen Verfahren zu vermitteln und die Passung eines Bewerbers auch auf dieser Ebene einzuschätzen. Realitätsnähe weist eine Nähe zu dem Kriterium der Inhaltsvalidität auf. Während der Begriff der Inhaltsvalidität sich jedoch auf Merkmale einer Aufgabe selbst beschränkt und lediglich der Frage nachgeht, ob die zu bearbeitende Aufgabe eine Teilmenge der interessierenden Schlüsselqualifikation darstellt, bezieht sich die Realitätsnähe auch auf die *Ausführungsbedingungen* einer Aufgabe sowie auf die über den Charakter der Aufgabe vermittelten Werte einer Organisation.

Anwendungsbreite

Ein Verfahren hat eine hohe Anwendungsbreite, wenn es sich für verschiedene Auswahl- oder Trainingssituationen einsetzen lässt. Die Anwendungsbreite der meisten diagnostischen Bausteine ist relativ hoch, da sie sich, einmal konzipiert, mit relativ geringem Zusatzaufwand abwandeln und in weiteren Auswahlsituationen einsetzen lassen. Critical Incidents können etwa durch das Hinzufügen oder Weglassen bestimmter Informationen in ihrem Schwierigkeitsgrad variiert werden. Bei einer Präsentation kann die dem Bewerber zur Verfügung stehende Vorbereitungszeit erhöht oder verringert werden. Der Schwierigkeitsgrad einer Präsentation lässt sich auch dadurch variieren, dass die Beobachter während der Präsentation Fragen stellen und die Bewerber in eine Diskussion verwickeln. Gruppendiskussionen können durch Variation der Rahmenbedingungen oder durch Einführung zusätzlicher Informationen verändert werden, bei Rollenspielen lässt sich der Schwierigkeitsgrad durch das Verhalten der Rollenspieler und durch Variation der Ausgangssituation abwandeln. Neben diesen und weiteren Verwandlungsmöglichkeiten der diagnostischen Bausteine besteht generell auch die Möglichkeit, diese als Module für Trainings einzusetzen.

1.4.3
Die DIN 33430

Mit der DIN 33430 liegt seit 2002 eine Norm vor, die sich auf eine fachlich und wissenschaftlich korrekte Durchführung von Personalauswahlverfahren bezieht. In dieser Norm werden die Anforderungen an die korrekte Durchführung aller Schritte eines Auswahlverfahrens geregelt, von der Analyse der Anforderungen bis hin zur Dokumentation des Prozesses und der Rückmeldung der Ergebnisse an den Bewerber. Die Norm bezieht sich ausschließlich auf den Ablauf des Personalauswahlprozesses, die eigentliche Personalentscheidung bleibt selbstverständlich weiterhin in der Hand der Verantwortlichen im Unternehmen.

Hintergrund für die Entwicklung der Norm war die Beobachtung, dass inzwischen viele Unternehmen bei der Beurteilung von Bewerbern, bei Eignungs- und Platzierungsfragen Testverfahren und andere psychologisch fundierte Auswahlverfahren einsetzen, wie Interviews oder Assessment Center-Übungen. Allerdings arbeiten viele Unternehmen, aber auch Personalberatungen mit selbst entwickelten Verfahren, die wissenschaftlichen Qualitätsanforderungen häufig nicht standhalten. Dies hat gravierende wirtschaftliche Konsequenzen, da jede Fehlbesetzung in einem Unternehmen enorme Kosten verursacht, dies gilt insbesondere bei der Besetzung von Fach- und Führungspositionen.

In der DIN 33430 werden Normen und Standards für eine wissenschaftlich und fachlich korrekte Durchführung von Eignungsuntersuchungen und Auswahlverfahren festgelegt. Bei der Entwicklung der Norm mitgewirkt haben Mitglieder des Berufsverbands Deutscher Psychologinnen und Psychologen (BDP), der Deutschen Gesellschaft für Personalwesen, der Bundeswehr, der Bundesanstalt für Arbeit, Unternehmensberater und Wissenschaftler (z. B. Moosbrugger, Frank und Rauch, 2006). Gesetzlich bindend ist die Norm nicht, in der öffentlichen Verwaltung besteht jedoch die Pflicht, bei Personalentscheidungen nach den neusten wissenschaftlichen Erkenntnissen zu arbeiten. Darüber hinaus könnte ein abgelehnter Bewerber im Rahmen des Allgemeinen Gleichbehandlungsgesetzes (AGG) versuchen, einen Anspruch auf Beschäftigung bei vermuteter Diskriminierung durchzusetzen. Wenn das Auswahlverfahren aber den Anforderungen der DIN 33430 genügt hat, kann damit leichter nachgewiesen werden, dass die Auswahlentscheidung sich an den beruflichen Anforderungen orientierte, so dass ein eventueller Schadensersatzanspruch leichter abzuwehren ist (vgl. Kersting & Püttner, 2006).

Die DIN 33430 regelt den fachlich und wissenschaftlich korrekten *Prozess* der Eignungsbeurteilung. Es gibt zwar keine produktbezogene Gütesiegel für einzelne Verfahren, es wird jedoch geprüft, ob für ein Verfahren hinreichende Informationen zur Anwendung der Norm vorliegen. Selbstverständlich ist die Qualität eines Verfahrens dabei immer mit der korrekten Durchführung und Auswertung verknüpft. Die Norm beinhaltet Forderungen bezogen auf

- den Prozessablauf und dessen Dokumentation
- die Qualifikation des verantwortlichen Entscheiders
- die Qualifikation der an der Personalbeurteilung mitwirkenden Personen und
- die Qualität der eingesetzten Verfahren.

Unter anderem werden folgende Punkte gefordert:

- Tests müssen objektiv durchführbar, auswertbar und interpretierbar sein.
- Die Gültigkeit (Validität) der eingesetzten Verfahren muss empirisch nachgewiesen sein.
- Es müssen ausreichend aktuelle Normierungsdaten für verschiedene Bezugsgruppen vorliegen.
- Vor einem Assessment Center soll das gewünschte Verhalten definiert werden.
- Einstellungsinterviews sollen vorbereitet werden. Persönliche oder intime Fragen sind tabu.
- Verantwortliche und Mitwirkende der Personalauswahl müssen fundierte Kenntnisse und Praxiserfahrung in der Eignungsdiagnostik aufweisen.
- Vor dem Auswahlverfahren müssen die Anforderungen einer Position analysiert werden.
- Die Regeln zur Auswertung, Interpretation und Entscheidung müssen vorab festgelegt und dokumentiert werden.
- Bewerber müssen vorab informiert werden, wenn ein Test durchgeführt wird.
- Auch abgelehnte Bewerber erhalten eine Rückmeldung über die Testergebnisse.

Bei Anwendung der Norm werden sich in vielen Fällen zunächst die Kosten des Personalauswahlverfahrens erhöhen, da ein erhöhter Aufwand insbesondere bei der Vorbereitung und Dokumentation entsteht. Den Kosten gegenüber stehen Vorteile dadurch, dass die Wahrscheinlichkeit personeller Fehlentscheidungen massiv verringert bzw. eine deutlich genauere Prognose zukünftiger Leistungen eines Bewerbers möglich wird. Damit werden Kosten durch personelle Fehlentscheidungen oder suboptimale Personalentscheidungen eingespart. Ein weiterer

Vorteil der DIN 33430 besteht darin, dass Testverfahren und Beratungsleistungen unzureichender Qualität sehr schnell erkannt und ausgeschlossen werden können, was ebenfalls Kosteneinsparungen nach sich zieht. Für Personalverantwortliche und Entscheider ist sie damit eine wichtige Entscheidungshilfe für die Beurteilung von Beratungsangeboten. Sie dient als Maßstab dann, wenn Unternehmen die Personalauswahl oder Teile davon an externe Dienstleister übertragen. Hier ist es für den Auftraggeber nützlich, den Dienstleister zur Anwendung der Norm zu verpflichten bzw. nur solche Dienstleister zu berücksichtigen, die nach der DIN 33430 arbeiten.

Bedenkt man, dass die Gestaltung der Personalauswahlverfahren auch etwas über die Unternehmenskultur aussagt, dann ergeben sich weitere Vorteile durch eine wissenschaftlich fundierte, faire und transparente Gestaltung der Auswahlverfahren. Im Zuge des Fachkräftemangels ist für die nächsten Jahre zu erwarten, dass die Anforderungen an eine faire, transparente und wissenschaftlich fundierte Personalauswahl steigen. Die DIN 33430 bietet dafür vielerlei Hinweise und Empfehlungen. Bewerbern bietet sie einen guten Schutz gegen willkürliche oder unsachgemäße Auswahlverfahren.

Inzwischen ist es möglich, durch eine entsprechende Prüfung eine Personenlizenz zur berufsbezogenen Eignungsbeurteilung nach DIN 33430 zu erwerben. Vorbereitend dazu werden vom Berufsverband Deutscher Psychologen (BDP) modular aufgebaute Fortbildungen angeboten. Auch Organisationen können sich lizensieren lassen. Damit dokumentieren sie die sachgerechte und faire Durchführung ihrer Personalauswahl, was durchaus mit einem Wettbewerbsvorteil beim «Kampf um Talente» verbunden sein dürfte.

Aktuell sind Bestrebungen im Gang, auf der Grundlage der DIN 33430 eine internationale Norm zur Eignungsdiagnostik zu entwickeln. Ein entsprechender Antrag bei der International Organization for Standardization (ISO) in Genf wurde in einer weltweiten Abstimmung positiv entschieden.

Weitere Informationen:

DIN (2002). DIN 33430. Anforderungen an Verfahren und deren Einsatz bei berufsbezogenen Eignungsbeurteilungen. Berlin: Beuth.

1.4.4
Fazit

Zur Beurteilung diagnostischer Verfahren gibt es eine Reihe von Testgütekriterien, die eine Beschreibung und einen Vergleich verschiedener Verfahren anhand wissenschaftlicher Kriterien erlauben. Daneben empfiehlt es sich, bei der Auswahl und Zusammenstellung der Verfahren auch Zusatzkriterien, wie Zeitaufwand, Realitätsnähe oder Anwendungsbreite der Verfahren, zu berücksichtigen.

Grundsätzlich gilt: Je standardisierter ein Verfahren ist, desto höher kann dessen Objektivität und Messgenauigkeit bewertet werden. Psychologische Testverfahren, wie Intelligenztests, besitzen demnach eine sehr gute Objektivität und eine hohe Messgenauigkeit. Sie sind mit einem geringen Zeitaufwand verbunden und erlauben die simultane Testung mehrerer Bewerber, für die nur ein Testleiter benötigt wird. Realitätsnähe und Anwendungsbreite dieser Verfahren sind dagegen gering, auch die Akzeptanz derselben durch die Bewerber ist in der Regel eher gering.

Objektivität und Messgenauigkeit situativer Verfahren sind geringer einzustufen als die standardisierter Tests, sie können jedoch durch eine sorgfältige Vorbereitung, Durchführung und durch eine vorangehende Schulung der Beobachter verbessert werden. Ähnliches gilt für Einstellungsinterviews. Während das unstrukturierte Interview nur geringe Werte für Messgenauigkeit und Vorhersagekraft aufweist, können durch Strukturierung und Kombination verschiedener Fragen in Form eines Multimodalen Interviews die Genauigkeit der Beobachtung aber auch die Vorhersagekraft eines Interviews erheblich verbessert werden. Simulationen erfordern einen relativ hohen Zeitaufwand zur Konstruktion und Vorbereitung. Dafür weisen sie eine gute prognostische Validität auf, haben eine hohe Anwendungsbreite, können realitätsnah gestaltet werden und werden in der Regel von den Bewerbern akzeptiert.

Anforderungen an eine fachlich korrekte, faire, zuverlässige und valide Personalauswahl werden in der DIN 33430 spezifiziert. Sie bietet Unternehmen wie Beratungsinstituten gleichermaßen eine Orientierungshilfe zur Zusammenstellung diagnostischer Testverfahren und zur Gestaltung des Personalauswahlprozesses.

2 Bausteine der Kompetenzbeurteilung

Bausteine der Kompetenzbeurteilung sind alle Datenquellen, die Rückschlüsse auf die Ausprägung der überfachlichen Kompetenzen eines Bewerbers oder Mitarbeiters erlauben.

Im Folgenden werden die wichtigsten diagnostischen Bausteine der Kompetenzbeurteilung kurz beschrieben: In der Logik eines Auswahlprozesses gehen wir zunächst auf die Analyse der Bewerbungsunterlagen oder die Dokumentenanalyse (online und offline) ein. Anschließend beschäftigen wir uns mit dem Telefoninterview, das vermehrt zur Preselektion eingesetzt wird. Es folgt eine Beschreibung standardisierter Testverfahren, wie Leistungstests und Fragebogen zur Selbstbeschreibung, inklusive der Vor- und Nachteile in der Personalauswahl. Da sowohl der Leitfaden für das persönliche Auswahlgespräch als auch Simulationen, wie Rollenspiel oder Gruppendiskussion, stellenspezifisch konzipiert werden, liegt der Schwerpunkt der nun folgenden Darstellung darin, dem Anwender Hilfestellung zur Konstruktion und Auswertung von Simulationen an die Hand zu geben. Als weitere Informationsquelle zur Kompetenzbeurteilung werden abschließend Arbeitsproben betrachtet, z. B. Praktika, Projektarbeit oder Zeitarbeit.

2.1 Bewerbungsunterlagen

Bewerbungsunterlagen sind in der Regel die ersten Informationen, die Unternehmen über einen Kandidaten erhalten. Die Überprüfung der aus dem Anforderungsprofil abgeleiteten formalen Voraussetzungen (Qualifikation, Berufserfahrung) führt zu einer ersten Vorauswahl. Anschließend sollten die in den Unterlagen enthaltenen Selbst- und Fremdbeschreibungen hinsichtlich des Anforderungs-

```
┌─────────────────┐
│  Bewerbungs-    │
│  unterlagen     │
└─────────────────┘
┌─────────────────┐
│   Telefon-      │
│   interview     │
└─────────────────┘
┌─────────────────┐
│  Testverfahren  │
└─────────────────┘
┌─────────────────┐
│   Persönliches  │
│   Interview     │
└─────────────────┘
┌─────────────────┐
│   Situative     │
│   Verfahren     │
└─────────────────┘
┌─────────────────┐
│  Arbeitsproben  │
└─────────────────┘
```

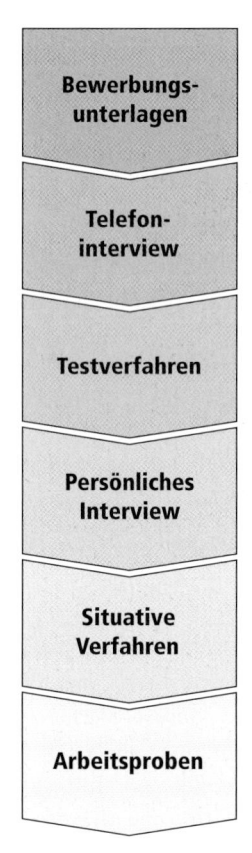

Abbildung 4: Bausteine der Kompetenzbeurteilung

profils weiter untersucht werden. Da die wenigsten der Schlüsselqualifikationen direkt aus den Unterlagen ablesbar sind, werden in der Regel indirekte Schlüsse gezogen. Für eine erste Einschätzung des Bewerbers können folgende Informationen herangezogen werden.

Analyse der äußeren Form und des Anschreibens

Die formale Analyse dient oft der Negativ-Auswahl. Es versteht sich von selbst, dass sich Bewerber mit unordentlichen, zerknautschten Unterlagen, schlechten Fotos, Rechtschreibfehler, «Serienbriefen» nicht für das weitere Verfahren empfehlen. Darüber hinaus lassen sich, im positiven Sinne, auch schon erste Hypothesen zur Motivation und den Kommunikativen Kompetenzen des Bewerbers ableiten. Ein individuell auf die gewünschte Position und das Unternehmen verfasstes Anschreiben, aus dem hervorgeht, welche persönlichen und fachlichen Kompetenzen die Person mitbringt und was sie motiviert, gerade für *dieses* Unternehmen arbeiten zu wollen, deuten auf Engagement und Leistungsbereitschaft hin, also auf Schlüsselqualifikationen aus dem Bereich Motivation. Aus der Struktur des Anschreibens, der sprachlichen Gestaltung und der Klarheit lassen sich eventuell Hinweise auf Kommunikative Kompetenzen ableiten.

Lebenslauf, Analyse der beruflichen Entwicklung

Der Lebenslauf informiert über die Ausbildung und Qualifikationen, die berufliche Entwicklung und besondere Fähigkeiten des Bewerbers. Die Personalverantwortlichen sollten daraus ablesen können, was der Kandidat gemacht hat und wie erfolgreich die Person dabei war. Interessant sind die Dauer der Ausbildung/des Studiums, Arbeitsplatzwechsel oder die Frage wie zielgerichtet und gradlinig, aber auch wie flexibel die berufliche Entwicklung verlaufen ist. Dabei ist allerdings zu berücksichtigen, dass Brüche nicht unbedingt negativ sein müssen. Die Gründe für bestimmte berufliche Entscheidungen können nur in einem späteren Gespräch geklärt werden. Zusätzliche Qualifikationen, Fort- und Weiterbildungen, Praktika, Aktivitäten neben dem Studium, Auslandstätigkeiten lassen ebenfalls erste Vermutungen hinsichtlich bestimmter Schlüsselqualifikationen, wie z. B. Motivation, Lernfähigkeit, Interkulturelle Kompetenzen etc. zu.

Studienabschlüsse und Arbeitszeugnisse

Anhand der Zeugnisse aus Schule und Hochschulausbildung lässt sich der schulische Erfolg bzw. der Studienerfolg ablesen. Diese Daten erlauben jedoch keine problemlose Übertragung auf den Erfolg im Arbeitsleben. Sie geben aber Auskunft über den fachlichen Hintergrund und können erste Hinweise auf die intellektuelle Leistungsfähigkeit zulassen.

Arbeitszeugnisse erscheinen vielen Personalmanagern als die zuverlässigeren Indikatoren für die berufliche Leistungsfähigkeit, dennoch weisen auch sie einige Mängel auf, die ihre Verwendbarkeit einschränken (vgl. Schuler, 1996):

- fehlende Standardisierung (keine Noten, sondern Fließtext) erschweren die Vergleichbarkeit
- möglicherweise mangelnde Objektivität des Beurteilers, die bedingt ist durch Sympathie oder Antipathie gegenüber dem Mitarbeiter

- Beurteiler verfolgt möglicherweise eigene Ziele («wegloben»)
- Kandidaten schreiben die Zeugnisse häufig selber

Wie bei den anderen Unterlagen gilt auch bei den Zeugnissen, dass man sie aufmerksam lesen, aber nicht überbewerten sollte. Die Bedeutung einiger Aspekte wird unter Umständen erst im Zusammenhang mit anderen Daten deutlich.

Zertifikate und «Nicht-Zertifikate»

Zertifikate bescheinigen den erfolgreichen Abschluss oder die Teilnahme an einer Fort- und Weiterbildung. Ihre Bedeutung und Aussagekraft kann sehr unterschiedlich sein. Es gibt trägerinterne Zertifikate, die zunächst wenig aussagekräftig sind. Ist ein Weiterbildungsanbieter durch einen Dach- oder Fachverband anerkannt, dann kann davon ausgegangen werden, dass Mindeststandards, etwa hinsichtlich des Umfangs und des Inhaltes einer Weiterbildung, eingehalten werden. Sollte der Inhalt der Weiterbildung einen wichtigen Bereich der zukünftigen Position betreffen, empfehlen wir auch hier, in einem Interview nachzufragen bzw. die entsprechenden Kompetenzen in Form einer Arbeitsprobe oder einer Simulation direkt zu prüfen.

Im Umgang mit Zertifikaten ist nicht nur zu prüfen, in wieweit eine Person tatsächlich über die bescheinigten Kompetenzen verfügt. Auch umgekehrt ist zu beachten, dass viele Menschen über berufsrelevante Kompetenzen verfügen, über die keine Zeugnisse oder Zertifikate vorliegen (Urmann & Weissbach, 2007). Dies betrifft unter anderem Menschen aus anderen Kulturkreisen, Mütter und Väter, die bestimmte Kompetenzen in der Elternzeit weiterentwickelt haben, Studienabbrecher, Berufswechsler aber letztlich auch Menschen mit einer «glatten» Berufsbiographie. Kompetenzen, die nicht dokumentiert sind, müssen nicht automatisch übersehen werden. Hier kommt es darauf an, sie durch entsprechende Fragen in einem Interview, durch situative Verfahren und natürlich im Rahmen von praktischen Arbeitsproben oder Praktika sichtbar zu machen. Denn: Aus volkswirtschaftlicher Sicht sind nicht entdeckte Kompetenzen eine unnötige Verschwendung wertvoller Ressourcen. Für Bewerber, die ihre nicht-zertifizierten Kompetenzen nicht kennen, stellen sie ungenutzte Potenziale dar. Ein Coaching oder eine Karriereberatung im Vorfeld einer Bewerbung kann helfen, bislang nicht erkannte Kompetenzen und Stärken sichtbar zu machen.

Grundsätzlich gilt, dass Informationen aus den Bewerberunterlagen zunächst hypothetischen Charakter haben und im Kontakt mit dem Bewerber weiterer Überprüfung bedürfen. Das gilt umso mehr, da sich Bewerbungen immer ähnlicher werden. Wer kennt nicht die einschlägige Literatur, die «Standards» für Bewerbungen festlegt? Auch dem Beratungsmarkt ist dieses Betätigungsfeld nicht entgangen. Für wenige Euro kann man sich über das Internet sein Bewerbungsanschreiben formulieren lassen.

Ein anderer, für die Analyse der Bewerbungsunterlagen nicht weniger problematischer Aspekt sind falsche Versprechungen in den Unterlagen (Fremdsprachen, PC-Kenntnisse) bis hin zu gefälschten Zeugnissen oder Arbeitsstationen im Lebenslauf, die nie absolviert wurden. Bis zu 30 % aller Bewerbungen sollen falsche oder beschönigende Informationen beinhalten (Schwertfeger, 2002). Hier sollte man wachsam sein und sich gegebenenfalls Originalunterlagen vorzeigen lassen. Dem Gefühl, dass die Unterlagen nicht kongruent sind kann man auch im Vorstellungsgespräch auf den Grund gehen. Auch Plausibilitätschecks durch einen Anruf bei einem ehemaligen Arbeitgeber sind nicht unüblich.

Neben der Prüfung der in Zeugnissen und Zertifikaten angegebenen Kompetenzen sollte umgekehrt auch beachtet werden, dass Bewerber über Kompetenzen verfügen, die nicht dokumentiert sind.

E-Recruiting

Seit Jahren werden Bewerbungen über das Internet immer beliebter (Konradt & Sarges, 2003). Drei Aspekte erscheinen in unserem Kontext interessant: Bewerbung per E-Mail, Bewerbungen über ein vorgegebenes Online-Bewerbungsformular sowie Online-Assessments mit psychologischen Testverfahren.

Bei der Bewerbung per E-Mail gelten hinsichtlich der Auswertung und Preselektion die gleichen Regeln wie bei der Papierbewerbung.

Auf den Karriereseiten der meisten größeren Konzerne werden via Online-Formular alle Angaben abgefragt, die auch in konventionellen Bewerbungen üblich sind. Zusätzlich gibt es meist ein Eingabefeld für die Motivation und Gründe der Bewerbung. Während die Individualität des Einzelnen in den Hintergrund rückt, erlaubt das Formular durch die Einheitlichkeit der Daten einen direkten Vergleich zwischen den Bewerbern. Ebenfalls möglich ist ein Durchsuchen nach Schlüsselwörtern, zwei Möglichkeiten, die Vorselektion zu beschleunigen. Trotz dieser Vorteile sind Online-Bewerbungen umstritten. Die Gefahr bei der Arbeit mit Suchbegriffen besteht darin, dass potenziell geeignete Bewerber übersehen werden, wenn sie die geforderten Schlüsselbegriffe nicht aufweisen. Dies betrifft insbesondere Bewerber mit einem so genannten «Patchwork»-Lebenslauf, die damit häufig nicht in das eher lineare Konzept der Online-Bewerbungen passen. Letztendlich müssten auch Bewerbungen, die über Online-Formulare eingesandt werden, individuell durchgesehen werden, so dass die Zeitersparnis fraglich ist. Zudem gehen wichtige Informationen verloren, die einer individuellen Gestaltung der Bewerbung zu entnehmen sind.

In jüngerer Zeit werden zur Preselektion immer häufiger Testverfahren online durchgeführt.

Viele der weiter unten dargestellten standardisierten Verfahren kann man auch online über die Karriereseite größerer Unternehmen ausfüllen lassen. Die Durchführung von Online-Testverfahren spart Reise- und Personalkosten. Beim Einsatz dieser Verfahren ist allerdings darauf zu achten, dass sie über eine ausgereifte Technik und eine sichere Verschlüsselung verfügen, da es sich um personenbezogene Daten handelt.

Mit dem weiteren technologischen Fortschritt ist eine zunehmende Verlagerung der Vorauswahl in den virtuellen Bereich zu erwarten, denkbar erscheinen z. B. webbasierte Interviews.

2.2 Telefoninterviews

Nach der Dokumentenanalyse ist die Zahl der geeigneten Bewerber häufig noch recht groß. Alle interessanten Kandidaten zu persönlichen Gesprächen einzuladen kostet Zeit und Geld. Viele Unternehmen sind daher dazu übergegangen, am Telefon erste Interviews durchzuführen, bei denen ähnliche Daten gesammelt werden können, wie im Face-to-Face-Interview. So lassen sich z. B. das Bewerbungsmotiv, der fachliche Hintergrund, das Selbstbild des Bewerbers oder sein Fremdsprachenniveau auch über dieses Medium klären. Der geübte Recruiter wird über diesen Weg auch schon einige Hinweise auf die Kontaktfreude und die Schlüsselqualifikation Kommunikative Kompetenzen (Sprachliche Ausdrucksfähigkeit, Zuhören) erhalten.

2.3 Standardisierte Testverfahren

2.3.1 Leistungstests

Der Begriff Leistungstest bezeichnet alle standardisierten Verfahren, die über die Leistungsfähigkeit eines Bewerbers informieren. Dies sind zumeist Tests, die die intellektuelle Leistungsfähigkeit erfassen. Es gibt jedoch auch Leistungstests, die spezielle Fähigkeiten messen, wie z. B. die motorische Geschicklichkeit oder die Fähigkeit zum räumlichen Vorstellungsvermögen.

Leistungstests werden üblicherweise in die Kategorien Entwicklungstests, Intelligenztests, Allgemeine Leistungstests (Konzentrationstests), Schultests und Spezielle Funktions- und Eignungstests unterteilt (Prähler, Holling, Leutner & Petermann, 2002). Für den Anwendungsbereich der Diagnostik von Schlüsselqualifikationen werden jedoch nur Intelligenztests und Allgemeine Leistungstests (Konzentrationstests) benötigt.

Das Charakteristische eines *Intelligenztests* besteht darin, dass der Bewerber meist unter Zeitbegrenzung eine Anzahl von Aufgaben bearbeiten muss, wobei diese Aufgaben einen unterschiedlichen Schwierigkeitsgrad aufweisen und nicht selten im Verlauf des Tests in ihrem Schwierigkeitsgrad ansteigen. Intelligenztests können in Allgemeine Intelligenztests und in Intelligenzstrukturtests unterteilt werden. Bei Allgemeinen Intelligenztests erhält man als Ergebnis einen Wert (meist in Form des Intelligenzquotienten IQ), der als Maß für die allgemeine geistige Leistungsfähigkeit einer Person gewertet werden kann. Intelligenzstrukturtests erlauben darüber hinaus die Erstellung eines Intelligenzprofils, das über die relativen Stärken und Schwächen einer Person in verschiedenen Intelligenzbereichen informiert, z. B. sprachliche Fähigkeiten, räumliches Vorstellungsvermögen oder logisches Denken. Das Gemeinsame aller Intelligenztests besteht darin, dass sie die *maximale* Leistungsfähigkeit einer Person erfassen.

Aufgrund ihrer Standardisierung weisen Intelligenztests eine hohe Objektivität und Reliabilität (Messgenauigkeit) auf. Das Ergebnis eines Intelligenztests wird nicht durch die Person, die die Testdurchführung leitet und den Test auswertet, beeinflusst. Die Ergebnisse von Intelligenztests können auch von einem Bewerber nicht willentlich in eine positive Richtung verfälscht werden. Diese geringe Verfälschbarkeit stellt einen großen Vorteil von Intelligenztests gegenüber Fragebögen zur Selbstbeschreibung dar. Für den Einsatz von Intelligenztests im Rahmen der Personalauswahl spricht zudem deren vergleichsweise hohe prognostische Validität für fast alle Berufe oder Berufsgruppen. Insbesondere dann, wenn Ausbildungserfolg vorhergesagt werden soll, weisen Intelligenztests eine hohe Vorhersagekraft auf (Schuler & Frintrup, 2006).

Die Aufgaben eines *Konzentrationstests* sind im Vergleich zu den Aufgaben eines Intelligenztests meist wesentlich leichter zu bearbeiten. Die Schwierigkeit eines Konzentrationstests besteht nun darin, dass die Aufgaben möglichst schnell und fehlerfrei ausgeführt werden müssen.

Die Bearbeitung eines Konzentrationstests erfordert von einem Bewerber die Fähigkeit, seine Aufmerksamkeit willentlich und über eine bestimmte Zeitspanne auf eine in der Regel wenig anregende Aufgabe zu richten und diese sorgfältig und zügig zu bearbeiten. Konzentrationstests sind daher stärker als Intelligenztests mit motivationalen Aspekten sowie mit emotionaler Belastbarkeit verbunden. Konzentrationstests weisen ebenso wie Intelligenztests eine hohe

Objektivität und Reliabilität auf. Sie sind ebenfalls kaum in positive Richtung verfälschbar.

Bezogen auf die vorliegende Klassifikation der Schlüsselqualifikationen können Intelligenztests herangezogen werden, um Intellektuelle Kompetenzen zu erfassen. Zur Beurteilung von Auffassungsgabe oder allgemeiner intellektueller Leistungsfähigkeit können *Allgemeine Intelligenztests* verwendet werden. Konzentrationsfähigkeit wird mit Konzentrationstests erfasst. Zur Einschätzung der übrigen Intellektuellen Kompetenzen empfiehlt sich die Anwendung geeigneter Untertests eines Intelligenzstrukturtests, der die getrennte Erfassung unterschiedlicher Intelligenzbereiche, wie logisches Denken oder kreatives Denken, erlaubt. Daneben existieren auch spezielle Leistungstests, die das interessierende Merkmal (z. B. technisches Verständnis) erfassen.

Im Zusammenhang mit der Beschreibung von Leistungstests werden von den Testautoren gelegentlich auch die Begriffe «Speed-Test» oder «Power-Test» verwendet. Ein Speed-Test bzw. Geschwindigkeitstest ist dadurch gekennzeichnet, dass eine einfache Aufgabe unter Zeitdruck und/oder Zeitbegrenzung bearbeitet werden muss. Ein Speed-Test erfordert vor allem Konzentrationsfähigkeit, d. h. die Fähigkeit, die eigene Aufmerksamkeit auf die vorliegende Aufgabe zu richten und diese möglichst schnell und fehlerfrei zu bearbeiten. Demgegenüber liegt der Schwerpunkt eines Power-Tests auf der Aufgabenschwierigkeit. Power-Tests erfordern die intellektuelle Leistungsfähigkeit eines Bewerbers. Sie werden ohne Zeitbegrenzung durchgeführt. Wichtiger als die möglichst schnelle Bearbeitung der Aufgaben ist die Frage, ob es einem Bewerber gelungen ist, eine bestimmte Aufgabe innerhalb eines vorgeben Zeitrahmens *richtig* zu lösen (vgl. Moosbrugger, 1990). Ein typischer Speed-Test ist zum Beispiel der Test d2 Aufmerksamkeits-Belastungs-Test von Brickenkamp (2002). Ein Power-Test ist z. B. der A3DW von Gittler (1999).

2.3.2
Adaptive Verfahren

Ein Vorteil einiger computergestützter Testverfahren ist die Möglichkeit, die Aufgaben (Testitems) adaptiv auszuwählen. Mit Hilfe dieser Adaptation, also der Anpassung des Tests an die Leistungsfähigkeit der Bewerber, kann man verhindern, dass diese eine zuvor festgelegte Anzahl und Reihenfolge von Testaufgaben abarbeiten müssen. Der Computer wählt bei adaptiven Verfahren aus einer Vielzahl von Items diejenigen aus, die bezogen auf ihren Schwierigkeitsgrad den Fähigkeiten des Bewerbers entsprechen. Testlänge und Messgenauigkeit stehen in einem optimalen Verhältnis. Sowohl Überforderung als auch Unterforderungen werden vermieden.

2.3.3
Verfahren zur Selbstbeschreibung

Das wesentliche Unterscheidungsmerkmal zwischen Fragebögen zur Selbstbeschreibung einerseits und Leistungstests sowie Simulationen andererseits besteht darin, dass die Bewerber bei der Bearbeitung eines Selbstbeschreibungsfragebogens über ihr *hypothetisches* Verhalten in einer bestimmten Situation Auskunft geben. Sowohl bei der Bearbeitung eines Leistungstests als auch bei der Bewältigung situativer Verfahren müssen die Bewerber *tatsächlich* «handeln». Bei der Bearbeitung eines Fragebogens zur Selbstbeschreibung geben sie demgegenüber an, wie sie sich in einer bestimmten Situation typischerweise verhalten *würden*. Die Erfassung von hypothetischem (im Unterschied zu tatsächlichem) Verhalten ist auch die wesentliche Quelle von Problemen, die mit dem Einsatz von Selbstbeschreibungsfragebögen in der Personalauswahl verbunden sind.

Fragebögen bestehen üblicherweise aus einer Reihe von Aussagen (z. B. «Ich erreiche meistens das, was ich mir vorgenommen habe.»), bei denen anzugeben ist, inwieweit sie auf die eigene Person zutreffen. Zur Beantwortung der Aussagen stehen Ratingskalen zur Verfügung, die aus abgestuften Antworten (z. B. «trifft nicht zu», «trifft kaum zu», «trifft etwas zu», «trifft voll und ganz zu») bestehen, wobei der Bewerber aufgefordert ist, diejenige Antwortstufe anzukreuzen, die auf die eigene Person am besten zutrifft.

Selbstbeschreibungsverfahren können zur Beurteilung einer Reihe von Schlüsselqualifikationen überwiegend aus dem Bereich Motivation/Engagement und Soziale Kompetenzen eingesetzt werden. Beispiele für Selbstbeschreibungsverfahren sind das Bochumer Inventar zur berufsbezogenen Persönlichkeitsbeschreibung (BIP, Hossiep & Paschen, 2003) der Stressverarbeitungsfragebogen (SVF, Janke, Erdmann & Kallus, 2002) oder das Inventar zur Persönlichkeitsdiagnostik in Situationen (IPS, Schaarschmidt & Fischer, 2002).

Selbstbeschreibungsverfahren weisen aufgrund ihrer Standardisierung eine hohe Objektivität auf. Problematisch ist der Einsatz dieser Verfahren in der Personalauswahl jedoch aufgrund der Tatsache, dass Fragebögen durch den Bewerber leicht verfälscht werden können. So ist z.B. nicht auszuschließen, dass Bewerber nicht so antworten, wie es tatsächlich auf sie zutrifft, sondern so antworten, wie sie glauben, dass es von dem Personalverantwortlichen gewünscht wird.

Es wäre jedoch zu weit gegriffen, aufgrund der grundsätzlichen Verfälschbarkeit dieser Verfahren generell vom Einsatz der Selbstbeschreibungsinstrumente in der Personalauswahl abzuraten. Stattdessen ist ein sorgfältiger Umgang mit den durch Selbstbeschreibungen gewonnenen Informationen empfehlenswert. Im Einzelnen kann die Validität (Gültigkeit) von Selbstbeschreibungsverfahren in der Personalauswahl durch die Berücksichtigung der folgenden Punkte erhöht werden:

- Schlüsselqualifikationen sollten nicht ausschließlich aufgrund der Ergebnisse von Selbstbeschreibungsverfahren beurteilt werden. Die Kombination von Selbstbeschreibungsfragebögen mit situativen Verfahren ist empfehlenswert.

- Die Validität (Gültigkeit) von Selbstbeschreibungsverfahren wird erhöht, wenn den Bewerbern angekündigt wird, dass die interessierenden Kompetenzen zusätzlich anhand situativer Verfahren überprüft werden (Moser, 1999). Wenn ein Bewerber annimmt, dass ein per Fragebogen erfasstes Merkmal (z. B. Belastbarkeit) auch noch anhand einer Simulationsübung (z. B. Postkorb) beurteilt wird, dann wird er diesen Fragebogen eher im Sinne einer realistischen Selbsteinschätzung beantworten. Er wird ihn weniger im positiven Sinne verfälschen, da die Gültigkeit seiner Angaben ja anhand einer realitätsnahen Situation «überprüft» wird.

- Weiterhin erhöht sich die Validität von Selbstbeschreibungen, wenn anstelle der Einschätzung von Fähigkeiten oder Eigenschaften *verhaltensnahe* Beschreibungen verwendet werden (Moser, 1999). So ist das Item «Ich bin belastbar.» eher eine Eigenschaftsbeschreibung, während das Item «Ich arbeite auch unter Zeitdruck ruhig und konzentriert.» eine verhaltensnahe, also beobachtbare Beschreibung von Belastbarkeit darstellt. Da man verhaltensnahe Aussagen über die eigene Person besser, d. h. valider beurteilen kann als globale Persönlichkeitsbeschreibungen, sind verhaltensnahe Aussagen zu bevorzugen.

- Einzelne Items eines Selbstbeschreibungsverfahrens können im Rahmen eines Interviews vertiefend behandelt werden. So kann der Bewerber aufgefordert werden, seine Antwort auf eine bestimmte Frage anhand eines Beispiels zu erläutern. Auf diese Weise können mögliche Widersprüche geklärt und die Offenheit bei der Bearbeitung des Selbstbeschreibungsverfahrens eingeschätzt werden.

2.4
Interviews

Das Interview ist sicherlich die am meisten praktizierte und durch den Bewerber am meisten akzeptierte Methode im Auswahlprozess. Neben dieser hohen sozialen Akzeptanz verfügt das Interview über einige weitere praktische Vorteile. So lassen sich im Gespräch vielfache Eindrücke und Hinweise auf unterschiedliche Qualifikationen, wie Auftreten oder eine Reihe Kommunikativer und Sozialer

Kompetenzen, sammeln. Der Bewerber bekommt Gelegenheit, seine bisherige berufliche Entwicklung darzustellen und gleichzeitig können Unklarheiten, die sich aus den Bewerbungsunterlagen ergeben haben, geklärt werden. Darüber hinaus liefert das Interview für den Kandidaten eine Vielzahl an Informationen sowohl über das Unternehmen als über den Aufgabenbereich.

Die Probleme bzw. Nachteile des Interviews liegen häufig in dem fehlenden Anforderungsbezug, der mangelnden Strukturiertheit bzw. Standardisierung und der daraus resultierenden, mangelnden Validität. Je unstrukturierter und freier Interviews geführt werden, desto geringer ist ihre prognostische Validität. Gründe dafür liegen unter anderem in der Informationsverarbeitung des Interviewers. Entscheidungen werden zu früh getroffen, so dass die Gefahr besteht, alles in der Folge gesagte im Sinne der Entscheidung zu interpretieren. Des Weiteren ist festzuhalten, dass die menschliche Kapazität zur Informationsverarbeitung schlicht nicht ausreicht, alle Eindrücke aus einem einstündigen Gespräch zu sammeln und strukturiert auszuwerten. Das wiederum macht einen Vergleich der verschiedenen Kandidaten schwierig.

Durch gezielte Gestaltung und stärkere Strukturierung kann das Einstellungsinterview in seiner Vorhersagevalidität verbessert werden. Schuler & Frintrup (2006) schlagen unter anderem vor, Interviews anforderungsbezogen zu gestalten, sie durch Komponenten aus anderen Verfahren zu ergänzen, die Interviewer durch ein sorgfältiges Training zu schulen und die Interviews testartig zu gestalten und auszuwerten.

Im Folgenden wird eine stärker strukturierte Durchführungsform des Interviews, das Multimodale Interview, vorgestellt. Es wurde mit dem Ziel konstruiert, möglichst viele der oben genannten Defizite zu überwinden.

2.4.1
Das Multimodale Interview

Ziel	Das Multimodale Interview (Schuler, 1992) ist eine Form des strukturierten Interviews, bei der die interessierenden Schlüsselqualifikationen durch eine Kombination der drei Ansätze der Eignungsdiagnostik (Eigenschafts-, Verhaltens- und biographischer Ansatz) erfasst werden. Dabei ist eine Abfolge von standardisierten und frei geführten Gesprächsteilen vorgesehen. Ziel des Multimodalen Interviews ist es, durch die Kombination der verschiedenen Bausteine, zuverlässigere Informationen zu bekommen. Dies ermöglicht außerdem einen Vergleich zwischen mehreren Bewerbern.

Beobachtbare Merkmale	Das Verfahren ist flexibel und kann anforderungsorientiert gestaltet werden. Aus diesem Grund kann es eingesetzt werden, um die unterschiedlichsten Schlüsselqualifikationen einzuschätzen.
Erstellung	Ein typischer Ablauf sieht wie folgt aus: Gesprächsbeginn: In einer kurzen, informellen Unterhaltung bemüht sich der Interviewer, eine angenehme Atmosphäre herzustellen. Selbstvorstellung des Bewerbers: Der Bewerber spricht einige Minuten über seinen persönlichen und beruflichen Hintergrund. Freies Gespräch: Der Interviewer stellt offene Fragen in Anknüpfung an Selbstvorstellung und Bewerbungsunterlagen. Lebenslaufbezogene Fragen: Diese biographischen Fragen werden aus der Anforderungsanalyse abgeleitet (z. B. «Geben Sie uns ein Beispiel aus Ihrer beruflichen Karriere, wo Ihr persönliches Engagement zum Erfolg eines Projekts beigetragen hat.»). Realistische Tätigkeitsinformation: Der Interviewer informiert über Arbeitsplatz und Unternehmen. Situative Fragen: Es werden Fragen gestellt, die auf der Basis von Critical Incidents konstruiert wurden, die Antworten werden auf Beurteilungsskalen eingestuft (z. B. «Sie arbeiten in einem Team, in dem starke Spannungen spürbar sind, diese aber nicht angesprochen werden. Wie gehen Sie damit um?»). Gesprächsabschluss: Fragen des Bewerbers, Zusammenfassung, weitere Vereinbarungen.

Um die Vorteile dieses Verfahrens im Vergleich zum herkömmlichen Interview nutzen zu können, sollte der Umgang mit den Antworten der Interviewten erleichtert werden. Dies kann durch Skalen, die den jeweiligen Fragen zugeordnet wurden, geschehen. Ferner sollten Informationssammlung, -bewertung und die Entscheidung getrennt werden. Grundsätzlich empfehlenswert ist ein systematisches Training der Interviewer zur Vermeidung von Beurteilerfehlern.

2.5 Simulationen

Mit Hilfe so genannter Simulationen werden anforderungsrelevante berufliche Situationen nachgestellt, in denen sich der Bewerber bewähren muss. Man findet die situativen Übungen als Bestandteile von Assessment Centern, häufig werden aber auch nur einzelne Übungen im laufenden Auswahlverfahren eingesetzt. Im Folgenden werden einige Verfahren vorgestellt.

2.5.1 Critical Incident

Ziel	Das Critical Incident-Verfahren stellt die Beschreibung einer schwierigen Situation dar, die für die ausgeschriebene Stelle typisch sein sollte. Die Bewerber sollen die dargestellte Situation erst einschätzen und daraufhin beschreiben, wie sie darauf reagieren würden. Überprüft wird, ob die Bewerber nicht nur über die notwendigen Kenntnisse und Erfahrungen verfügen, sondern ob diese für sie auch handlungsleitend sind.
Beobachtbare Merkmale	Abhängig von der Ausgestaltung des Critical Incidents können sehr unterschiedliche Schlüsselqualifikationen eingeschätzt werden (z. B. aus den Bereichen Führungskompetenzen, Soziale Kompetenzen, Interkulturelle Kompetenzen). Auch die Durchführung kann unterschiedlich gestaltet werden. Dabei gibt es die Möglichkeit, die Bewerber ihr Vorgehen theoretisch beschreiben oder aber die Situation in Form eines Rollenspiels darstellen zu lassen. Im ersten Fall werden eher Kenntnisse und intellektuelle Kompetenzen erfasst. Im zweiten Fall kann stärker überprüft werden, ob die Bewerber auch in der Lage sind, diese in komplexen Arbeitssituationen adäquat einzusetzen.
Erstellung	Bei der Formulierung eines Critical Incidents sollte darauf geachtet werden, dass die Bewältigung der gewählten kritischen Situation die zu erfassende Schlüsselqualifikation erfordert. Die Situation sollte möglichst auch aus dem Arbeitsumfeld der zu besetzenden Stelle stammen. Die geschilderte Situation sollte nicht zu komplex sein und sich auf ein oder zwei kritische Punkte beschränken. Sie sollte so formuliert sein, dass sich die

Bewerber leicht in die Situation hineinversetzen können. Je nachdem, ob das Critical Incident theoretisch oder im Rollenspiel durchgeführt wird, empfiehlt es sich, im Vorfeld entweder vertiefende Fragen zusammenzustellen oder aber die Rollenverteilung abzusprechen. Zur Bewertung der Antworten der Bewerber ist es notwendig, vorab schriftlich in Form von Kriterien festzulegen, wodurch eine gute oder schlechte Antwort gekennzeichnet ist.

Durchführung Bei der Durchführung eines Critical Incidents sollte vorab geklärt werden, ob den Bewerbern die Situation im Gespräch geschildert oder (besser) ob sie ihnen schriftlich vorgelegt wird. Außerdem sollte auch festgelegt werden, ob der Lösungsansatz im Gespräch präsentiert oder aber im Rollenspiel vertreten werden muss.
Die Bewerber erhalten einige Minuten Vorbereitungszeit, um sich mit der Situation auseinandersetzen zu können.

Beurteilung Die Antworten der Bewerber werden mit den vorab festgelegten günstigen bzw. ungünstigen Beispielantworten verglichen. Dabei geht es nicht darum, dass die Kandidaten möglichst viele «Treffer» erzielen, d. h. möglichst so reagieren, wie in den positiven Beispielen festgelegt. Stattdessen sollte das Verhalten in seiner Gesamtheit gesehen werden.

2.5.2
Fallstudie

Ziel Mit Hilfe von Fallstudien lassen sich Kenntnisse und Fertigkeiten anwendungsbezogen beurteilen. Im Vergleich zu einem eher praktischen, konkreten Critical Incident sind Fallstudien komplexer und erfordern bei der Bearbeitung eher konzeptionelles Vorgehen.

Beobachtbare Merkmale Neben der Überprüfung fachlicher Kenntnisse können Fallstudien, je nach Ausgestaltung, zur Erfassung Intellektueller Kompetenzen, Handlungskompetenzen, zur Beurteilung der Kommunikativen Kompetenzen, der Unternehmerischen Kompetenzen oder verschiedener Arbeitstechniken eingesetzt werden.

Erstellung	Die Erstellung einer Fallstudie ist eine anspruchsvolle Aufgabe. Dies beginnt bereits mit der Wahl der Themen (z. B. Einführung eines neuen Produkts), die aus dem Arbeitsbereich der ausgeschriebenen Stelle (hier Marketing) stammen sollten. Die Zielsetzung der Fallstudie sollte präzise formuliert werden. Das Material sollte auf der einen Seite umfassend die Situation darstellen (z. B. Marktanalysen, Kostenkalkulationen), auf der anderen Seite aber in einer begrenzten Zeit zu bewältigen sein. Eine Fallstudie sollte unbedingt vorher erprobt werden, bevor sie in einem Bewerbungsverfahren erstmals zum Einsatz kommt! Dadurch kann auch die Bearbeitungszeit realistisch eingeschätzt werden.
Durchführung	Den Bewerbern werden das zusammengestellte Material und die schriftlich ausgearbeitete Aufgabenstellung ausgehändigt. Sie werden über den festgelegten Zeitrahmen und ggf. über die Art und Weise informiert, wie sie ihre Lösung präsentieren sollen. Präsentationsmöglichkeiten (Flipchart, Metaplan-Material, Beamer etc.) werden ihnen zur Verfügung gestellt.
Beurteilung	Bei der Bewertung von Fallstudien ist es besonders wichtig zu berücksichtigen, dass es (zumindest in den meisten Fällen) sehr unterschiedliche Lösungsansätze geben kann. Es ist daher nur bedingt möglich, vorab optimale und weniger optimale Lösungen zu formulieren. Sinnvoll ist, verschiedene Lösungsansätze auszuarbeiten und dabei ihre Stärken und Schwächen aufzuzeigen. Die Beurteilung von Ergebnissen aus Fallstudien wird erleichtert, wenn vorab eine Liste von «klassischen» Fehlern zusammengestellt wurde. Sollte auch die Qualität der Präsentation beurteilt werden, so ist es sinnvoll, auch hierzu entsprechende Indikatoren zu formulieren.

2.5.3 Gruppendiskussion

Ziel	Gruppendiskussionen bieten die Möglichkeit, die Fähigkeiten von Bewerbern im Umgang mit Anderen einzuschätzen. Dabei wird einer Gruppe von Bewerbern eine Fragestellung gegeben, bei der sie zu einem gemeinsamen Entschluss oder Ergebnis

kommen müssen. Während der Diskussion werden die Bewerber bezüglich bestimmter Merkmale beobachtet.

Beobachtbare Merkmale

Bei einer Gruppendiskussion werden häufig Soziale und Kommunikative Kompetenzen sowie Führungskompetenzen eingeschätzt. Je nach Ausgestaltung der Fragestellung kann aber auch auf Motivation/Engagement oder Unternehmerische Kompetenzen geschlossen werden.

Erstellung

Je genauer die zu diskutierende Fragestellung ausgearbeitet ist, desto mehr Hinweise zur Einschätzung der Schlüsselqualifikationen können beobachtet werden. Dabei sind ganz verschiedene Ausgestaltungen denkbar:

1. Die Gruppe erhält eine kurz beschriebene Fragestellung, zu der sie ein gemeinsames Konzept erarbeiten muss. Je freier der Auftrag gestellt wird, desto mehr Möglichkeiten gibt es, Eigeninitiative, Risikobereitschaft, Entscheidungsfähigkeit etc. zu beobachten.

2. Die Gruppe bekommt einen gemeinsamen Auftrag mit dem Ziel, zu einer Entscheidung zu kommen. Die einzelnen Bewerber erhalten unterschiedliches Informationsmaterial zu diesem Thema. Bei diesem Ansatz werden Systematisch-Analytisches Denken und die Kommunikativen Kompetenzen der Bewerber deutlich. Wichtig dabei ist, das Informationsmaterial für den Einzelnen sinnvoll und sorgfältig zusammenzustellen.

3. Die Bewerber werden aufgefordert, die Entscheidung in einer gut abgewogenen Dilemmasituation (z. B. Verteilungsproblematik) zu treffen. Diese Art der Gruppendiskussion eignet sich besonders, wenn Soziale Wahrnehmung, Durchsetzungsfähigkeit oder vergleichbares erfasst werden sollen. Den Bewerbern können dabei Rollen zugewiesen werden, um ihr Agieren unter ganz bestimmten Rahmenbedingungen beobachten zu können.

Durchführung

Die Bewerber erhalten die schriftliche Aufgabenstellung mit Zeitangabe und, falls notwendig, weiteres Informationsmaterial. Alles Weitere muss die Gruppe selbst klären. Ihr Verhalten wird von verschiedenen Beobachtern beurteilt.

2.5 Simulationen

Beurteilung	Die Qualität der Beurteilung hängt von der Güte der Beobachtungen ab. Um diese möglichst optimal zu gestalten, ist es sinnvoll, geschulte Beobachter einzusetzen, einen Beobachtungsbogen mit den Zielqualifikationen und Indikatoren zu erstellen und jeden Bewerber von zwei oder mehr Personen beobachten zu lassen. Die Beobachter können aus ökonomischen Gründen ebenfalls für die Beurteilung mehrerer Bewerber eingesetzt werden. Im optimalen Fall werden einem Beobachter zwei Bewerber zugeordnet.

2.5.4 Konstruktionsübung

Ziel	Die Anforderungen, die das Arbeitsleben an den Einzelnen stellt, sind häufig mit dem Agieren in sozialen Situationen verbunden. Eine Gruppe von Bewerbern gemeinsam etwas konstruieren zu lassen und sie dabei zu beobachten, bietet die Möglichkeit, einzelne Bewerber sowohl in sozialer Interaktion zu erleben als auch konkret beim Ausführen einer Aufgabe zu beobachten.
Beobachtbare Merkmale	Bei einer Konstruktionsübung können Soziale und Kommunikative Kompetenzen sowie Führungskompetenzen der Bewerber beobachtet werden. Des Weiteren können Motivation/Engagement und Handlungskompetenzen erfasst werden.
Erstellung	Bei der Konzeption einer Konstruktionsaufgabe sind einige Punkte zu bedenken. Die Aufgabe sollte nicht zu verspielt sein, um die Bewerber nicht zu irritieren. Die Seriosität der Vorgabe kann gesteigert werden, indem ein Konstruktionsziel gewählt wird, das eine praktische Funktion erfüllen muss, wie z. B. eine Waage. Gleichzeitig sollte die Aufgabe so formuliert sein, dass sie die Bewerber innerhalb einer sehr begrenzten Zeit mit einfachen Materialien (z. B. Papier, Draht etc.) bearbeiten können. Die Ernsthaftigkeit einer solchen Aufgabe kann noch erhöht werden, indem zwei oder mehr Gruppen von Bewerbern die Anweisung erhalten, miteinander in Konkurrenz zu treten. Für eine Konstruktionsaufgabe muss eine schriftliche, eher global formulierte Aufgabenstellung mit genauer Zeitangabe erstellt werden. Geeignetes Material in ausreichender Menge

muss vorhanden sein. Um eine hohe Kooperationsnotwendigkeit zu erzielen, sollte das Werkzeug den Bewerbern nur in wenigen Exemplaren zugänglich sein.

Durchführung	Einer oder mehreren Gruppen von Bewerbern wird die Konstruktionsaufgabe schriftlich ausgeteilt. Ihnen werden Materialien und Werkzeuge ausgehändigt. Alles Weitere wird der Gruppe selbst überlassen. Während der gesamten Durchführung wird das Verhalten der Bewerber anhand festgelegter Kriterien von verschiedenen Beobachtern aufmerksam registriert.
Beurteilung	Siehe Gruppendiskussion

2.5.5
Planspiel

Ziel	Management-Planspiele sind computergestützte Simulationen der betrieblichen/unternehmerischen Wirklichkeit. Die Aufgabe der Bewerber ist, sich innerhalb des Modells nach vorgegebenen Regeln zu verhalten, wobei das Verhalten systematisch festgehalten und bewertet wird. Das Abbilden der realen Prozesse ermöglicht eine einfache und ökonomische Erfassung verschiedenster, bisweilen schwer erfassbarer Schlüsselqualifikationen.
Beobachtbare Merkmale	Obwohl der Schwerpunkt von Planspielen in der Modellierung betriebs- und volkswirtschaftlicher Variablen liegt, ist die Einbeziehung anderer Themenbereiche als zusätzliche Dimensionen möglich (z. B. Soziale und Interkulturelle Kompetenzen). Planspiele ermöglichen es, eine große Anzahl von Schlüsselqualifikationen zu erfassen. Neben Systematisch-Analytischem Denken sind dies z. B. Planungsverhalten, Entscheidungsfähigkeit, Auffassungsgabe, Belastbarkeit, Sorgfalt, Realisierungsorientiertes Denken.
Erstellung	Die Konstruktion von Planspielen ist recht komplex und sollte von Spezialisten vorgenommen werden. Es gibt mittlerweile zahlreiche Verfahren auf dem Markt, teilweise mit guten Testgütekriterien.

Beurteilung	Bei computergestützten Verfahren funktioniert die Auswertung «auf Knopfdruck». Normstichproben liegen nur für einige Verfahren vor.

2.5.6 Postkorb

Ziel	Eine Postkorb-Übung, meist kurz Postkorb oder Mailbox genannt, enthält üblicherweise eine ganze Reihe schriftlicher Vorgänge – wie sie in ähnlicher Art im Postfach einer Fachkraft oder eines Managers zu finden sind. Die Bewerber erhalten neben diesen Briefen und Nachrichten auch Hintergrundmaterial (z. B. Organigramm, Terminkalender etc.), um auf die Informationen und Anfragen in ihrem Postkorb adäquat reagieren zu können. Ziel dieser Aufgabe ist, das Vorgehen der Bewerber in einer stressigen, arbeitsbezogenen Situation zu erfassen.
Beobachtbare Merkmale	Mit der Postkorb-Übung werden häufig Intellektuelle Kompetenzen, Handlungskompetenzen, Unternehmerisches Denken und auch Führungspotenzial, wie z. B. Delegationsfähigkeit erfasst.
Erstellung	Je anspruchsvoller die zu besetzende Position ist, desto komplexer die Aufgaben, die bei einem Postkorb zu bewältigen sind. Diese Aufgaben sind meist eng miteinander vernetzt. Um also im Postkorb eine entsprechende Struktur der Arbeitsanforderungen abbilden zu können, müssen die einzelnen Vorgänge sorgfältig miteinander verknüpft werden. Soll Systematisch-Analytisches Denken miterfasst werden, so sollte diese Verknüpfung nicht direkt ins Auge springen. Auch die Hilfsmittel, die den Bewerbern zur Verfügung gestellt werden (z. B. Organigramm oder Terminkalender) müssen auf die Vorgänge abgestimmt werden. Insgesamt ist die Erstellung einer neuen Postkorb-Übung eine sehr aufwendige Angelegenheit, die am besten von erfahrenen Konstrukteuren durchgeführt werden sollte. Auf dem Markt werden eine Reihe von computergestützten Verfahren angeboten, denen eine Auswertungsroutine hinterlegt ist.

Durchführung	Den Bewerbern werden die Aufgabenstellung, die entsprechenden Schriftstücke und die Hilfsmittel ausgehändigt. In der Regel wird ein Zeitlimit für die Bearbeitung des Postkorbs festgelegt, innerhalb dessen der Bewerber die Aufgaben bearbeiten muss. Die übliche Aufgabenbeschreibung lautet, dass die Kandidaten zu jedem einzelnen Vorgang in ihrem Postkorb Entscheidungen treffen sollen. Ihre Lösungen sollen sie, in einigen Übungen mit Begründung, auf einem weiteren Blatt notieren. Bei computergestützten Verfahren wird alles virtuell bearbeitet.
Beurteilung	Für die Bewertung einer Postkorb-Übung existiert üblicherweise eine Musterlösung. Sinnvolle Abweichungen davon werden berücksichtigt.

2.5.7
Präsentation/Fachvortrag

Ziel	Eine Präsentation bzw. ein Fachvortrag durch die Bewerber dient, ähnlich wie eine Fallstudie dazu, Kenntnisse und Fertigkeiten anwendungsbezogen zu beurteilen.
Beobachtbare Merkmale	Bei einer Präsentation oder einem Fachvortrag können Präsentationstechniken, das Auftreten der Bewerber, ihre kommunikativen Kompetenzen und gerade beim Fachvortrag auch ihre fachlichen Kenntnisse überprüft werden.
Erstellung	Die Vorgabe eines Themas für eine Präsentationsaufgabe oder einen Fachvortrag ist im Vergleich zu einer Fallstudie weitaus unkomplizierter. Je nachdem welche Schlüsselqualifikationen mit dem Verfahren erfasst werden sollen, kann das gewählte Thema breit angelegt sein, und den Bewerbern muss kaum inhaltliches Material zur Verfügung gestellt werden. Das Ausmaß, in dem die Kandidaten mit Material versorgt werden müssen, ist abhängig von den fachlichen Aspekten, die mit erhoben werden sollen. Je stärker fachliche Kenntnisse abgeprüft werden sollen, desto bedachter müssen die Informationsquellen ausgewählt werden, die die Kandidaten in ihre Präsentation, in ihren Fachvortrag einbeziehen sollen. Die Zielsetzung der Präsentation/des Fachvortrags sollte allerdings in jedem

Fall präzise formuliert werden und dem Bewerber schriftlich vorliegen. Dabei sollte auch die Dauer der Vorstellung festgelegt werden.

Durchführung Den Bewerbern werden die schriftlich ausgearbeitete Aufgabenstellung und ggf. das zusammengestellte Material ausgehändigt. Sie werden über den festgelegten Zeitrahmen informiert. Ihnen selbst sollte überlassen bleiben, wie sie ihre Lösung präsentieren. Allerdings sollte den Bewerbern eine Vielzahl von Präsentationsmöglichkeiten (Flipchart, Metaplan-Material, Beamer etc.) zur Verfügung gestellt werden.

Beurteilung Bei der Bewertung von Präsentationsaufgaben und Fachvorträgen muss vorab genau geklärt werden, welche Schlüsselqualifikationen bei der Darbietung beobachtet werden sollen. Für alle Zielqualifikationen sollten klare Indikatoren formuliert werden.

2.5.8 Rollenspiel

Ziel Der Vorteil beim Einsatz von Rollenspielen besteht darin, dass Bewerber sich nicht nur verbal darstellen und erläutern, wie sie sich in einer bestimmten Situation verhalten *würden*. Sie erhalten die Möglichkeit, ihr Verhalten auch zu *zeigen*. Je realistischer dabei die Situation ist, d. h. je ähnlicher sie den Gegebenheiten der ausgeschriebenen Arbeitsstelle angepasst ist, desto valider ist das Bewertungsergebnis.

Beobachtbare Merkmale Je nach Ausgestaltung des Rollenspiels können die unterschiedlichsten Schlüsselqualifikationen eingeschätzt werden, wie z. B. Durchsetzungsfähigkeit, Verhandlungsgeschick oder Kooperationsfähigkeit.

Erstellung Für ein Rollenspiel müssen zwei kurze Skripte erstellt werden. Eins für den Bewerber und eins für den Rollenspieler. Beim Zusammenstellen des ersten Skripts ist darauf zu achten, dass der Bewerber über relevante Situations- und Rahmenbedingungen informiert wird, dass aber keine Hinweise enthalten sind, die ihn veranlassen könnten eine «Rolle zu spielen». Von

Interesse ist, wie er selbst sich in dieser konkreten Situation verhalten wird. Darüber hinaus sollte die Beschreibung so abgefasst werden, dass sich die Bewerber als Protagonisten fühlen können.

Das zweite Skript ist stärker geregelt. Es sollte einige typische Reaktionen enthalten, die im passenden Augenblick vom Gegenüber gezeigt werden können. Eine stärkere Bestimmung der zu zeigenden Verhaltensweisen ist wichtig, um die Reaktionen der Bewerber vergleichen. Es sollte allerdings immer bedacht werden, dass jedes Rollenspiel seine eigene Dynamik entwickelt.

Durchführung   Bei der Durchführung stellt sich die zentrale Frage, wer die Rolle des Gegenübers «einstudiert» und im Bewerbungsverfahren einnimmt. Dafür werden häufig externe Kräfte verpflichtet. Die Bewerber erhalten die schriftliche Beschreibung der Situation und eine bestimmte Zeit, sich darin hineinzuversetzen. Dann haben sie, entsprechend der erhaltenen Beschreibung, einen fiktiven Termin mit ihrem Gegenüber. Diese zweite Person verhält sich nach den Vorgaben, passt diese aber immer wieder variabel den Situationsgegebenheiten an.

Der gesamte Verlauf sollte von mindestens einem Beobachter protokolliert werden und zeitlich begrenzt sein.

Beurteilung   Siehe Gruppendiskussion

2.6
Arbeitsproben

Ziel einer Arbeitsprobe ist die direkte Beobachtung und Beurteilung einer oder mehrerer Fertigkeiten in einem zeitlich begrenzten Ausschnitt. Unter dem Begriff Arbeitsprobe finden sich ganz verschiedene Ansätze: Arbeitsproben als Bestandteil des Bewerbungsverfahrens z. B. im Anschluss an ein Interview waren bis vor wenigen Jahren vor allem im Sekretariatsbereich weit verbreitet. Heute findet man sie z. B. bei der Besetzung von Stellen im Call Center. Auch im Bereich der freien Berufe, insbesondere bei künstlerischen oder journalistischen Tätigkeiten fügen Bewerber ihren Unterlagen Arbeitsproben, so z. B. Texte oder Graphiken bei. Fachexperten untermauern ihre Fachkompetenz, indem sie relevante Veröffentlichungen beifügen.

Arbeitsproben einer ganz anderen Art sind inzwischen sehr weit verbreitet, wenn man bedenkt, wie viele Berufseinsteiger ihren ersten Arbeitgeber über eine Praktikumsstelle kennen lernen. Während die Praktikanten in der befristeten Zeit in bestimmte Berufsfelder hineinschnuppern bzw. Arbeitsabläufe in Betrieben kennen lernen, kann der Arbeitgeber das Verhalten und die Arbeitsergebnisse dahingehend beobachten, ob man sich eine weitere Zusammenarbeit vorstellen könnte. Um die Validität dieser Art von Personalauswahl zu erhöhen, sollten die den Praktikanten übergebenen Aufgaben anspruchsvoll sein und eigenständig durchgeführt werden. Bei zu schlichten Tätigkeiten oder zu stark reglementierten Vorgaben hat ein Praktikant keine Chance zu beweisen, was er kann.

Zeitlich begrenzt ist auch die Zusammenarbeit mit Selbstständigen in Projekten oder mit Gutachtern oder mit Mitarbeitern von Zeitarbeitsfirmen. Auch hier kann der Auftraggeber interessante Einblicke in deren Kenntnisse, Fertigkeiten und Schlüsselqualifikationen bekommen.

2.7 Fazit

Dem Anwender stehen vielfältige Bausteine zur Beurteilung überfachlicher Kompetenzen zur Verfügung. Der Einsatz eines Online-Tools zur Vorauswahl ist dann zu empfehlen, wenn mit einer großen Anzahl von Bewerbern zu rechnen ist und klar definierte Mindestanforderungen vorliegen, die in einem Online-Verfahren geprüft werden können. Beim Einsatz standardisierter Tests ist darauf zu achten, dass ausreichend Normierungsdaten vorliegen, die es erlauben, ein individuelles Testergebnis in Relation zu einer Vergleichsgruppe zu setzen, was eine wichtige Grundlage für die angemessene Testinterpretation ist. Auch sollten Testverfahren hohe Zuverlässigkeitswerte (Reliabilitäten) und eine gute Vorhersagekraft (prognostische Validität) aufweisen.

Soll ein Interview durchgeführt werden, dann lohnt sich die Investition in ein sorgfältig konstruiertes Multimodales Interview, da dieses die Vorhersage von beruflicher Leistung erheblich verbessert (Schuler, 2006).

In jedem Fall ist der klare, erkennbare Bezug zu den Anforderungen einer vakanten Position entscheidend. Für die Qualität eines Beurteilungsprozesses, aber auch für die Akzeptanz eines Verfahrens durch die Bewerber ist es wichtig, dass nachvollziehbar ist, warum bestimmte Übungen oder Simulationen vorgegeben werden. Daher geht die Entwicklung immer mehr dahin, realitätsnahe Simulationen zu konstruieren. Anstelle von fiktiven Situationen, wie sie zum Beispiel in der bekannten NASA Übung aus dem Jahr 1970 verwendet wurde, werden heute Übungen, Fallstudien oder Probleme bearbeitet, die der Realität eines Unternehmens bezogen auf betriebliche Kennzahlen, Branchenentwicklungen oder Markt- und Konkurrenzsituation sehr nahe kommen.

Es ist zu erwarten, dass sich die Diagnostik überfachlicher Kompetenzen im Zuge der technologischen Entwicklung und im Zuge erhöhter Anforderungen an die Zuverlässigkeit und Transparenz eines Verfahrens zügig weiterentwickeln wird.

3 Formate der Kompetenzbeurteilung

Formate sind Situationen, in denen die Bausteine der Kompetenzbeurteilung zur Anwendung kommen. Die wichtigsten Formate neben der klassischen Auswahlsituation durch ein einstellendes Unternehmen sind die Vorauswahl geeigneter Kandidaten durch Personalberater, die Potenzialanalyse, das Management Audit und die Outplacementberatung.

3.1 Personalberatung

Während einige Unternehmen den gesamten Ablauf der Personalauswahl selbst abdecken, arbeiten andere mit Personalberatern (Headhuntern) zusammen, die einen Teil der Arbeit übernehmen. Personalberater haben die Aufgabe, im Auftrag eines Kundenunternehmens potenziell geeignete Kandidaten für eine vakante Position zu suchen, anzusprechen und eine Vorauswahl geeigneter Kandidaten zu treffen.

Im ersten Schritt befassen sie sich mit dem Kundenunternehmen und informieren sich über die Anforderungen einer vakanten Position. Dabei sind neben Fachkompetenzen vor allem überfachliche Kompetenzen und die Frage, welcher «Typ Mensch» gesucht wird, von Bedeutung. Auf Grundlage dieser Informationen suchen Personalberater dann auf dem Markt nach geeigneten Kandidaten, wobei diese sich meist bereits in anderen Positionen/Unternehmen befinden und daher «abgeworben» werden müssen. Nach einer ersten Direktansprache des potenziellen Kandidaten wird dieser vom Personalberater zu einem Gespräch eingeladen. Hier unterscheiden sich die Arbeitsweisen der verschiedenen Beratungsunternehmen. Neben einem ausführlichen Interview können auch Testverfahren zur Diagnostik der geforderten Managementkompetenzen bzw. überfachlichen Kompetenzen eingesetzt werden. Neben der Frage, ob der Kandidat bezogen auf die fachlichen und überfachlichen Kompetenzen den Anforderungen des Auftraggebers entspricht, ist zu prüfen, unter welchen Konditionen (Gehalt, Kündigungsfristen, Zusatzleistungen) er an der vakanten Position interessiert ist. Es empfiehlt sich, auch die familiäre Situation eines Kandidaten zu berücksichtigen und dies in einem Gespräch zu thematisieren.

Die Informationen aus der Vita eines Kandidaten, dem Interview und eventuell vorhandene Ergebnisse von Testverfahren werden in einem Gutachten zusammengefasst und dem Auftraggeber zur Verfügung gestellt. Je nach Vereinbarung kann die Arbeit des Personalberaters noch weitere Leistungen beinhalten, wie die Beratung bei Vertragsverhandlungen.

Personalberater kommen vor allem, aber keinesfalls ausschließlich dann zum Einsatz, wenn Positionen im Bereich des Topmanagements zu besetzen sind. Viele Personalberater haben sich auf bestimmte Bereiche (Branchen, Hierarchieebenen) spezialisiert und verfügen in diesem Bereich über ein gutes Netzwerk, was die Suche und Ansprache potenzieller Kandidaten erleichtert.

3.2
Potenzialanalyse

Unter Potenzialanalysen versteht man eine Zusammenstellung von Verfahren, mit denen erfasst werden kann, über welche Leistungsreserven bzw. welche Entwicklungsmöglichkeiten ein Mensch verfügt. Es geht also nicht um die Beurteilung seiner bisherigen Leistungen, sondern um die Einschätzung seiner *zukünftigen* Leistungsfähigkeit. Das Potenzial und die Eignung für erweiterte Aufgaben, oft auch für Führungsaufgaben, stehen im Fokus dieses Verfahrens.

Während über die Ziele einer Potenzialanalyse noch weitgehend Einigkeit besteht, ist die Umsetzung als Verfahren von Unternehmen zu Unternehmen verschieden. Manche setzen ein Assessment Center ein (Orientierungs Center, Development Center, Entwicklungs AC), andere verstehen darunter eine Beurteilung durch den Vorgesetzten oder durch Kollegen und Mitarbeiter (360°-Feedback) und wieder andere kombinieren verschiedene Verfahren. Als Zielgruppe gelten Führungsnachwuchskräfte und Führungskräfte der unteren Ebenen.

3.3
Management Audit

Das Management Audit wird zur Diagnostik von Kompetenzen und Potenzial der bereits im Unternehmen tätigen Führungskräfte und Top-Manager eingesetzt.

Management Audit, Management Appraisal, Management Assessment oder Management Review – all dies sind verwandte Bezeichnungen für Potenzialanalyseverfahren, die in der Regel durch externe Beratungen durchgeführt werden (Wübbelmann, 2005). Genauer versteht man unter Management Audit «die systematische Erfassung von Qualität und Potenzial des Management eines Unternehmens oder eines Bereichs» (Sarges, 2005).

Anlässe für diese Form der Potenzialanalyse sind in der Regel Veränderungsprozesse im Unternehmen, die z. B. durch Merger, strategische Neuausrichtungen, Sanierung oder ein Wechsel an der Unternehmensspitze ausgelöst werden.

Ziel eines Management Audits ist es, Informationen über die Kompetenzen und Potenziale des Top-Managements zuverlässig und strukturiert zu erfassen, um Entscheidungen über optimale Positionsbesetzungen treffen oder Entwicklungsmaßnahmen ableiten zu können. Damit ist ein Management Audit eine Grundlage für Besetzungs- und Platzierungsfragen, die z. B. durch Fusionen und Übernahmen anstehen oder es dient als Grundlage der Nachfolgeplanung auf Geschäftsführungs- und Vorstandsebene.

Zentrale Methode im Audit ist ein ausführliches, oft mehrstündiges Einzelinterview. An die Qualität des Interviews sind besonders hohe Anforderungen gestellt. Es sollten die Prinzipien des Multimodalen Interviews, wie Anforderungsbezug, Strukturiertheit und Biographiebezug berücksichtigt werden. Das Interview wird mit anderen Verfahren und um andere Perspektiven ergänzt. Bestandteil des Management Audits sind auch psychologische Testverfahren, die Leistungseinschätzung durch die Führungskraft, 360°-Feedback oder Simulationen wie Fallstudien, Präsentationen oder Rollenspiele.

Die Ergebnisse des Audits werden in der Regel in einem Gutachten zusammengefasst und häufig in Form eines Profils dargestellt. Wenn ganze Unternehmensteile auditiert werden, ist es üblich, die betroffenen Personen in einer Portfolio-Darstellung (Leistung – Potenzial) zusammengefasst darzustellen. Aus den Ergebnissen des Audits werden Schlussfolgerungen für den zukünftigen Einsatz der Manager und/oder für Entwicklungsmaßnahmen abgeleitet. Um die Qualität und die Akzeptanz eines Management Audits sicherzustellen, sollten Ziele und Ablauf des Audits den betroffenen Managern im Vorfeld klar und transparent kommuniziert werden. Weiterhin sollte das Audit nicht als alleinige Datenquelle für wichtige Karriereentscheidungen herangezogen werden. Auch nachweisbare unternehmerische Erfolge in der Vergangenheit sollten angemessen berücksichtigt werden. Schließlich sollte bereits im Vorfeld eines Audits geklärt werden, wie im Falle ungünstiger Ergebnisse weiter zu verfahren ist und welche Ressourcen für die weitere Kompetenzentwicklung der auditierten Manager zur Verfügung stehen.

3.4
Outplacementberatung

Mit Outplacement wird die Beratung eines «entlassenen oder von Entlassung bedrohten Menschen bei der Suche nach einer neuen beruflichen Tätigkeit» bezeichnet (Eilles-Matthiessen & Janssen, 2005). Je nach Ausgangssituation des Betroffenen kann die Beratungsleistung eine Auseinandersetzung mit der aktuellen Situation umfassen, um die emotionalen Folgen der Kündigung aufzuarbeiten oder auch «nur» die Unterstützung bei der Entwicklung einer Bewerbungsstrategie oder die Zusammenstellung der Bewerbungsunterlagen. Bei Bedarf führen Outplacementberater auch eine berufliche Standortbestimmung durch, da manchen Klienten nicht klar ist, was sie wirklich können und welche Erfahrungen und Kompetenzen sie mitbringen. Bei dieser Bestandsaufnahme kommen häufig auch psychologische Testverfahren zum Einsatz.

4 Die Beurteilung von Schlüsselqualifikationen

4.1
Zur Anwendung des Kompetenzmodells

Eine Besonderheit des Modells besteht darin, dass überfachliche Kompetenzen nicht nur definiert, sondern zusätzlich anhand von positiven und negativen Indikatoren konkretisiert werden. Indikatoren sind verhaltensnahe Beschreibungen, die auf eine hohe oder geringe Ausprägung des entsprechenden Merkmals schließen lassen. Diese sollten prinzipiell beobachtbar sein, d.h. aufgrund biographischer Informationen, Interviews, Bewerbungsunterlagen oder der Leistung in situativen Übungen eingeschätzt werden können.

Bei der Formulierung der Indikatoren haben wir darauf geachtet, dass die negativen Indikatoren nicht einfach eine Umkehrung der positiven darstellen, sondern dass es sich um eigene beobachtbare Verhaltensbeispiele handelt. Bei einigen Schlüsselqualifikationen gibt es zwei Möglichkeiten der negativen Ausprägung, ein «zuviel» und ein «zuwenig». Zum Beispiel Networking, definiert als «Fähigkeit und Bereitschaft für sich und andere nützliche und interessante Kontakte zu knüpfen». In der negativen Ausprägung dieses Merkmals gibt es Indikatoren für mangelndes Networking, etwa «hat im Berufsleben kaum oder nur offizielle Kontakte». Daneben gibt es auch ein zuviel des Networkens, nämlich das undifferenzierte und aufdringliche Knüpfen von Kontakten, ausschließlich, um den Nutzen für die eigene Person zu maximieren.

Der Vorteil einer verhaltensnahen Definition von Schlüsselqualifikationen besteht darin, Klarheit über die Bedeutung einer interessierenden Schlüsselqualifikation zu erlangen. Einander ähnliche Schlüsselqualifikationen können gegeneinander abgegrenzt werden. Die Bedeutung eines Begriffes kann anhand der Indikatoren illustriert werden, die Verwendung der Begriffe als «leere Worthülse» wird verhindert. Daneben haben verhaltensnahe Definitionen von Schlüsselqualifikationen eine Reihe praktischer Vorteile: Sie können im Rahmen von Anforderungsanalysen eingesetzt oder im Rahmen von Beobachterschulungen als Beobachtungsbeispiele verwendet werden. Daneben können sie zur Konkretisierung der Anforderungen und Kriterien einer Position im Gespräch mit einem Bewerber herangezogen werden.

Da die Schlüsselqualifikationen nicht vollständig trennscharf sind, lassen sich auf Ebene der Indikatoren Überschneidungen beobachten. So kann die Beobachtung «die Person verliert unter Zeitdruck leicht den Überblick» ein Hinweis auf mangelnde Belastbarkeit, auf Schwächen im Systematisch-Analytischen Denken oder einfach auf Defizite im Bereich der Arbeitstechniken sein. Auch ist es möglich, dass es ich um eine *momentane* Konzentrationsschwäche handelt, die nichts über die allgemeine Leistungsfähigkeit aussagt.

Als erstes Fazit lässt sich damit festhalten:

> Da Indikatoren nicht spezifisch für eine Schlüsselqualifikation sind, sollten zur Einschätzung überfachlicher Kompetenzen immer mehrere Indikatoren und mehrere Datenquellen (Interview, Beobachtungsdaten, Testergebnisse) herangezogen werden.

Liegt noch kein Anforderungsprofil vor, so kann das Kompetenzmodell dazu genutzt werden, ein solches zu erstellen. Es kann als Raster zur Systematisierung der überfachlichen Anforderungen sowie zur Definition derselben verwendet werden. Die Indikatoren, die wir vorschlagen, können entweder so übernommen oder als Grundlage zur Entwicklung eigener, positionsspezifischer Indikatoren dienen.

Innerhalb des Modells wurden die Schlüsselqualifikationen den Kompetenzfeldern nach dem Prinzip «Vom Allgemeinen zum Besonderen» zugeordnet. Im Kompetenzfeld Megatrends sind daher nur noch solche Schlüsselqualifikationen aufgeführt, die über die Anforderungen der anderen Felder hinausgehen. Ein Beispiel soll dieses Prinzip verdeutlichen:

Für die Besetzung einer Führungsposition sind z. B. die Kompetenzen Networking, Konfliktfähigkeit, Zielsetzungsfähigkeit und Risikobereitschaft wichtig. Nicht alle dieser Schlüsselqualifikationen sind dem Bereich Führung zugeordnet. Die Merkmale Networking und Konfliktfähigkeit sind dem Kompetenzfeld Umgang mit Anderen und da wiederum dem Bereich Soziale Kompetenzen zugeordnet. Denn: Konfliktfähigkeit und Networking sind keine *spezifischen* Anforderungen an Führungskräfte mehr. Diese Kompetenzen werden inzwischen auch von Arbeitnehmern ohne Führungsfunktion erwartet. Anders verhält es sich mit dem Merkmal Zielsetzungsfähigkeit, das in der vorliegenden Klassifikation definiert wurde als die Fähigkeit, auf die individuellen Kompetenzen der Mitarbeiter abgestimmte konkrete, realistische und herausfordernde Ziele zu setzen. In dieser Weise definiert, ist Zielsetzungsfähigkeit eine Kompetenz, die spezifisch für Führungsfunktionen ist und daher dem Bereich Führung zugeordnet wurde.

Soll das Modell im Rahmen der Personalauswahl eingesetzt werden, dann stellt sich die Frage nach der optimalen Ausprägung, die ein Bewerber in der entsprechenden Schlüsselqualifikation aufweisen sollte. Im Einzelfall kann diese Frage nur durch eine sorgfältige Anforderungsanalyse beantwortet werden, da eine Schlüsselqualifikation immer nur in Relation zu dem entsprechenden Anforderungsprofil als «gut» oder «optimal» bezeichnet werden kann. Generell sollte der Unterschied zwischen *Wichtigkeit* und *notwendigem Ausprägungsgrad* einer Anforderung berücksichtigt werden (Wottawa, 1995). Dabei ist die maximale Ausprägung einer Schlüsselqualifikation nicht immer optimal!

Das Merkmal Risikobereitschaft z. B. kann für eine Position sehr wichtig sein, sollte aber nicht in maximaler Ausprägung vorliegen, da daraus Schaden für die Organisation entstehen kann. Das Merkmal Durchsetzungsfähigkeit, um ein anderes Beispiel zu nennen, sollte, ebenso wie die meisten Schlüsselqualifikationen aus dem Bereich der Sozialen Kompetenzen, eher situationsabhängig variabel als maximal ausgeprägt sein. Aber auch die maximale Ausprägung intellektueller Kompetenzen kann zu Problemen führen, wenn ein Stelleninhaber unterfordert ist und ihm keine Möglichkeiten zur Erweiterung seines Aufgaben- und Verantwortungsgebietes geboten werden.

Als zweites Fazit kann daher festgehalten werden:

> Die hohe Ausprägung einer Schlüsselqualifikation ist nicht immer optimal. Bei einigen Schlüsselqualifikationen ist eine mittlere Ausprägung wünschenswert, für andere kommt es eher auf die situationsadäquate Variabilität an.

Neben der Unterscheidung zwischen Wichtigkeit und notwendigem Ausprägungsgrad sollte auch bedacht werden, ob und inwiefern Kompensationsmöglichkeiten zwischen den einzelnen Kompetenzen eines Anforderungsprofils vorliegen. Kompensation bedeutet, dass die (zu) geringe Ausprägung einer Schlüsselqualifikation durch andere Kompetenzen ausgeglichen werden kann. Inwieweit dies möglich ist, muss im Einzelfall entschieden werden. Im Bereich Führung gibt es Mindestanforderungen an die intellektuelle Leistungsfähigkeit und an die Leistungsmotivation. Auch sollten Führungskräfte über sehr gute Kommunikative Kompetenzen verfügen, schließlich ist Mitarbeiterführung – kurz gefasst – nichts anderes als die gezielte Verhaltensbeeinflussung durch Kommunikation. Jenseits dieser Mindestanforderungen können im Einzelfall allerdings Kompensationsmöglichkeiten vorliegen. So kann ein Mangel an Erfahrung durch Eigeninitiative und Lernbereitschaft kompensiert werden, umgekehrt kann langjährige Erfahrung das Fehlen (formaler) Qualifikationsnachweise ausgleichen. Neben der Möglichkeit, mangelnde Kompetenzen durch andere zu kompensieren, sollten auch die Veränderbarkeit und die Entwicklungsmöglichkeiten überfachlicher Kompetenzen durch Training oder Coaching in Rechnung gestellt werden. Hier gilt: Entwicklungsmöglichkeiten durch Training oder andere Interventionen sind am ehesten möglich und nachweisbar dort, wo Lernziele klar und operational auf der Verhaltensebene definiert wurden (Schuler, 2006). Je mehr Klarheit über die Weiterentwicklung auf der Ebene des konkreten Verhaltens vorliegt, umso zielgenauer und erfolgversprechender können Trainings konzipiert werden.

Als drittes Fazit kann daher festgehalten werden:

> Die (zu) geringe Ausprägung einer Schlüsselqualifikation kann im Einzelfall durch andere Kompetenzen kompensiert werden. Auch die Veränderbarkeit durch Training oder Coaching sollten beachtet werden.

4.2
Auswahlkriterien der Testverfahren

Der Markt für Testverfahren ist recht unübersichtlich. Sarges und Wottawa (2004) gehen davon aus, dass es im deutschen Sprachraum weit über 1000 Testverfahren gibt. Berufsbezogene Testverfahren werden von zwei Anbietergruppen angeboten: zum einen von psychologischen Testverlagen und zum anderen von Beratungsgesellschaften, bei denen man aus dem Ausland lizenzierte oder selbst entwickelte Verfahren kaufen kann (Hossiep & Mühlhaus, 2005). Im Folgenden finden Sie Tests aus beiden Gruppen. Die Auswahl der Verfahren erfolgte anhand von folgenden Kriterien:

- Das Verfahren ist grundsätzlich für den Einsatz in Personalauswahl und Personalentwicklung geeignet.

- Das Verfahren sollte den wissenschaftlichen Standards psychologischer Diagnostik entsprechen. Informationen über die Qualität der Verfahren geben die oben beschriebenen Testgütekriterien.

- Das Verfahren soll geeignet sein, die entsprechende Schlüsselqualifikation angemessen abzubilden.

Die angestrebte eindeutige Zuordnung von Verfahren zu Schlüsselqualifikationen war allerdings nicht immer möglich. Einige Verfahren erfassen Merkmale, die nicht im Kern den hier definierten Schlüsselqualifikationen entsprechen, sondern mit ihnen in Zusammenhang stehen oder ein ähnliches Merkmal erfassen. In diesem Fall wurde das Verfahren dennoch aufgenommen, wenn keine weiteren, besser geeigneten Verfahren vorlagen.

- Das Verfahren soll aktuell sein.

Damit soll gewährleistet sein, dass die Normierungsstichproben nicht zu alt sind, damit eine Anwendung für individualdiagnostische Zwecke möglich bleibt.

- Das Verfahren soll allgemein zugänglich sein.

Es wurden nur solche Verfahren aufgenommen, die zum Zeitpunkt der Fertigstellung dieses Buches allgemein zugänglich waren. Damit wurden Verfahren, die lediglich als Forschungsinstrumente vorliegen ebenso ausgeschlossen wie Verfahren, die zwar angekündigt, aber noch nicht veröffentlicht sind. Auch Verfahren, deren Anwendung zwingend durch ein Beratungsunternehmen vorgenommen werden muss, also nur in Kombination mit weiteren Dienstleistungen zu erwerben sind, wurden nicht aufgenommen.

Leider liegen nicht zu allen Schlüsselqualifikationen veröffentlichte diagnostische Verfahren vor. Diese Schlüsselqualifikationen, wie z. B. Gewinnorientierung, Soziale Unabhängigkeit oder Umsetzungs- und Handlungsorientierung können jedoch anhand biographischer Daten im Rahmen eines Interviews beurteilt werden. In anderen Bereichen, etwa im Bereich der Intellektuellen Kompetenzen gibt es dagegen eine Vielzahl von diagnostischen Verfahren, die in der Personalauswahl eingesetzt werden können. Hier wurde lediglich eine Auswahl aus den vorliegenden Verfahren zusammengestellt.

Die Testverfahren sind grundsätzlich für Erwachsene aller Altersstufen anwendbar. Es empfiehlt sich jedoch, im Einzelfall zu prüfen, inwieweit spezielle Altersnormen bzw. Normen für bestimmte Berufsgruppen vorliegen.

4.3
Informationen zu den Testverfahren

Zur übersichtlichen Arbeit mit diesem Buch in der Praxis haben wir uns bei der Darstellung der psychologischen Tests und der anderen Verfahren für eine strukturierte und knappe Form entschieden. Hinter jeder Schlüsselqualifikation findet der Anwender psychologische Tests und andere Verfahren, die zu deren Beurteilung geeignet sind. Tests, die gleichzeitig mehrere Kompetenzen erfassen, werden hinter jeder Schlüsselqualifikation angeführt, um dem Praktiker eine Anwendung des Buches auch als Nachschlagewerk zu erleichtern. Einige Testverfahren, wie z. B. der F-DUP, tauchen daher mehrfach auf. Die Angaben zu den einzelnen Verfahren stützen sich in der Regel auf die Informationen der entsprechenden Testverlage oder auf die Veröffentlichungen der Beratungsinstitute. Ein Verzeichnis von Testrezensionen findet man unter www.zpid.de.

Die Darstellung der Verfahren beinhaltet folgende Punkte:

- Name des Verfahrens
- Schlüsselqualifikation
- Testautoren
- Testart
- Kurzbeschreibung
- Zeitbedarf: Entsprechend den Angaben der Testautoren wird bei standardisierten Verfahren über die Zeit informiert, die zur Durchführung eines Verfahrens benötigt wird.
- Bezugsquelle: Bei standardisierten Verfahren wird über die Bezugsquelle informiert, bei der man weitere Informationen über die Verfahren erhalten kann.

Die folgende Tabelle zeigt das vollständige Modell der Schlüsselqualifikationen, welches eine Definition der Schlüsselqualifikation und verhaltensnahe Indikatoren beinhaltet.
Zusätzlich wurden jeder Schlüsselqualifikation verwandte Merkmale zugeordnet. Innerhalb der Kompetenzfelder wurden die Schlüsselqualifikationen alphabetisch geordnet. Jeder Schlüsselqualifikation wurden anschließend geeignete diagnostische Bausteine zugeordnet. Die hier aufgeführten Testverfahren sind jedoch nur einige Beispiele und erheben nicht den Anspruch auf Vollständigkeit.

4.4 Basiskompetenzen

4.4.1 Intellektuelle Kompetenzen

Der Bereich der Intellektuellen Kompetenzen beinhaltet die verschiedenen Formen der menschlichen Intelligenz. Was wird als Intelligenz bzw. intelligentes Verhalten bezeichnet? Im Alltag gibt es ein fast einheitliches Verständnis von diesem Begriff:

Ein intelligenter Mensch verfügt über eine hohe Auffassungsgabe, kann neuartige Probleme erfolgreich lösen und aus seinen Fehlern und Erfolgen lernen. Weitere Eigenschaften, die mit Intelligenz verknüpft sind, sind Systematisch-Analytisches und Kreatives Denken. Daneben gehören auch spezielle Faktoren, wie räumliches Vorstellungsvermögen und mathematisches Verständnis, zu den Intellektuellen Kompetenzen.

Es gibt Kompetenzen, die nicht auf den ersten Blick mit Intelligenz in Verbindung gebracht werden, aber im Hinblick auf die vielfältigen beruflichen Anforderungen als wesentliche Bestandteile intellektueller Fähigkeiten zu sehen sind. So ist die Fähigkeit, konzentriert an einer Aufgabe zu arbeiten, ohne sich ablenken zu lassen kein Aspekt der Intelligenz im engeren Sinne aber für viele berufliche Leistungen von großer Bedeutung.

Zur Erfassung der Intellektuellen Kompetenzen werden aus dem Bereich der standardisierten Testverfahren Leistungstests eingesetzt. Dazu gehören Konzentrationstests und Intelligenztests. Letztere lassen sich in zwei Gruppen unterteilen:

Tests zur Erfassung der *allgemeinen* intellektuellen Leistungsfähigkeit, die in Form des Intelligenzquotienten (IQ) quantifiziert wird.
Die zweite Gruppe umfasst Tests, die *spezielle* geistige Fähigkeiten (z. B. Technisches Verständnis, Kreatives Denken) erfassen und Aussagen über die Ausprägung dieser erlaubt.

Schlüsselqualifikationen

- Auffassungsgabe
- Konzentrationsfähigkeit
- Kreatives Denken

- Mathematisches Verständnis
- Problemlösefähigkeit
- Räumliches Vorstellungsvermögen
- Systematisch-Analytisches Denken und
- Technisches Verständnis

Auffassungsgabe

Definition	Positive Indikatoren Die Person...	Negative Indikatoren Die Person...	Verwandte Merkmale
Fähigkeit, Sachverhalte schnell zu begreifen und sich anzueignen.	• versteht auch komplexe Sachverhalte schnell • ist in der Lage, Wesentliches von Unwesentlichem zu trennen • erkennt schnell den Gesamtzusammenhang einer Aufgabenstellung.	• benötigt viel Zeit, um sich neue Informationen anzueignen • fragt bei Erläuterungen häufig nach • führt Aufgaben nur schrittweise durch und holt sich zwischendurch Unterstützung/ Hilfe.	Konzentrationsvermögen Systematisch-Analytisches Denken

Verfahren
Adaptiver Matrizen Test (AMT) Advanced Progressive Matrices (APM) Berufseignungstest (BET) Call me Intelligenz-Struktur-Test (I-S-T 2000 R) Wechsler Intelligenztest für Erwachsene (WIE) Wilde-Intelligenz-Test (WIT)

Name des Verfahrens	Adaptiver Matrizen Test (AMT)
Schlüsselqualifikation	Auffassungsgabe
Autor/Literatur	Hornke, L. F., Etzel, S. & Rettig, K. (1997)

4.4 Basiskompetenzen

Testart	Standardisiertes Testverfahren – Leistungstest – Intelligenztest
Kurzbeschreibung	Der AMT ist ein computergestütztes, sprachfreies und adaptives Testverfahren und dient der Erfassung der allgemeinen Intelligenz. Aus einem Pool von ca. 250 Matrizenitems werden adaptiv diejenigen dem Bewerber dargeboten, die seinem Leistungsniveau entsprechen.
Zeitbedarf	Zwischen 10 und 30 Minuten, kein Speed-Test.
Bezugsquelle	Dr. G. Schuhfried GmbH

Name des Verfahrens	Raven's Advanced Progressive Matrices (APM)
Schlüsselqualifikation	Auffassungsgabe
Autor/Literatur	Raven, J. C, Raven, J. & Court, J. H. (1998)
Testart	Standardisiertes Testverfahren – Leistungstest
Kurzbeschreibung	Der APM ist ein computergestütztes Verfahren zur Erfassung der Fähigkeit des sprachfreien logischen Denkens bei Personen mit überdurchschnittlich hoher Leistungsfähigkeit. Aufgabe der Bewerber ist es, aus sechs Antwortalternativen den Platzhalter in einer Matrize mit neun geometrischen Figuren passend zu ersetzen.
Zeitbedarf	Je nach Länge der Testversion zwischen 7 und 60 Minuten.
Bezugsquelle	Dr. G. Schuhfried GmbH Harcourt Test Services
Weitere Informationen	Die Übersetzung des Tests in andere Sprachen ist möglich.

Name des Verfahrens	Berufseignungstest (BET) 4. überarbeitete und ergänzte Auflage
Schlüsselqualifikation	Auffassungsgabe
Autor/Literatur	Schmale, H. & Schmidtke, H. (2001)
Testart	Standardisiertes Testverfahren – Leistungstest

4. Die Beurteilung von Schlüsselqualifikationen

Kurzbeschreibung	Der Berufseignungstest ist eine Testbatterie zur Überprüfung verschiedener Grundfunktionen der beruflichen Eignung. Er besteht aus insgesamt 12 Einzeltests, die unterschiedlich kombiniert werden können. Neben Auffassungsgabe werden auch Fähigkeiten, wie räumliches Vorstellungsvermögen und rechnerische und sprachliche Fähigkeiten erfasst.
Zeitbedarf	Ca. 120 Minuten für den gesamten Test.
Bezugsquelle	Testzentrale Hogrefe
Weitere Informationen	Der Einsatzbereich ist begrenzt auf die Altersspanne von 14 bis 39 Jahren.

Name des Verfahrens	**Call me**
Schlüsselqualifikation	Auffassungsgabe
Autor/Literatur	Montel, C. & Wottawa, H. (2001)
Testart	Computergestützter Einzeltest
Kurzbeschreibung	Call me wurde entwickelt als Verfahren zur Auswahl von Call Center-Mitarbeitern. Er eignet sich vor allem dafür, Bewerber ohne Call Center Erfahrung positiv einzuschätzen, wenn sie aufgrund schneller Lernfähigkeit und Auffassungsgabe gut für einen Einsatz im Call Center geeignet wären. Call me simuliert die Lage eines Call Center Mitarbeiters während der Einarbeitung bei einer Direktbank. Folgende Aufgaben werden durchgeführt: Die Bewerber machen sich mit der Windows-Programmoberfläche vertraut und lernen die Shortcuts zum Aufruf der einzelnen Eingabemasken, um anschließend die Inhalte eines (fiktiven) Gesprächs zwischen einem Call Center-Agenten und einem Kunden in die entsprechenden Eingabemasken einzugeben und Multiple-Choice-Fragen zu den Produkten der Direktbank zu beantworten. Als Ergebnisse werden die Anzahl der richtigen Aufgabenlösungen bzw. der richtigen Eingaben in die Eingabemasken, die Bearbeitungszeit und die Anzahl der Suchschritte ausgewertet.
Zeitbedarf	Etwa 60 Minuten.
Bezugsquelle	eligo GmbH

4.4 Basiskompetenzen

Name des Verfahrens	Intelligenz-Struktur-Test 2000 R (I-S-T 2000 R)
Schlüsselqualifikation	Auffassungsgabe
Autor/Literatur	Liepmann, D., Beauducel, A. , Brocke, B. & Amthauer, R. (1999) 2. erweiterte und überarbeitete Auflage
Testart	Standardisiertes Testverfahren – Intelligenzstrukturtest
Kurzbeschreibung	Mit Hilfe des I-S-T 2000 R können elf unterschiedliche Dimensionen von Intelligenz, wie rechnerische Intelligenz und schlussfolgerndes Denken erfasst werden. Das Verfahren beinhaltet verschiedene Aufgabentypen, wie Satzergänzung, Analogien, Figurauswahl, Würfelaufgaben, Rechenaufgaben ohne verbalen Anteil sowie einen Test zum Allgemeinwissen. Als Ergebnis kann sowohl der Gesamt-IQ als auch ein Intelligenzstrukturprofil ausgegeben werden.
Zeitbedarf	Die Durchführung benötigt zwischen ca. 77 Minuten (Grundmodul) und 130 Minuten (einschließlich Wissenstest).
Bezugsquelle	Testzentrale Hogrefe Der Hogrefe Verlag bietet für den I-S-T 2000 R Seminare an.

Name des Verfahrens	Wechsler Intelligenztest für Erwachsene (WIE) Deutsche Bearbeitung und Adaptation des WAIS-III von David Wechsler
Schlüsselqualifikation	Auffassungsgabe
Autor/Literatur	Herausgeber: Aster von, M., Neubauer, A. & Horn, R. (2006)
Testart	Intelligenztest
Kurzbeschreibung	Der Intelligenztest umfasst 14 Untertests mit aktualisierten Iteminhalten; einige Untertests können wahlweise eingesetzt werden. Die Ergebnisinterpretation ist hierarchisch auf vier Ebenen verteilt. Neben dem Gesamt-IQ, Verbal- und Handlungs-IQ gibt es die Möglichkeit, verschiedene Teilleistungsbereiche zu bestimmen.
Zeitbedarf	Ca. 60–90 Minuten.
Bezugsquelle	Harcourt Test Services

4. Die Beurteilung von Schlüsselqualifikationen

Name des Verfahrens	Wilde-Intelligenz-Test (WIT) 2., revidierte Auflage
Schlüsselqualifikation	Auffassungsgabe
Autor/Literatur	Jäger, A. O. & Althoff, K. (1983, 1994)
Testart	Standardisiertes Testverfahren – Leistungstest – Intelligenzstrukturtest
Kurzbeschreibung	Der WIT dient der differenzierten Erfassung der Intelligenzstruktur eines breiten Spektrums unterschiedlicher Fähigkeiten. Er setzt sich aus 15 Untertests zusammen, die eine Diagnose des sprachlichen, zahlengebundenen und formallogischen Denken, des räumlichen Vorstellens, der Wortflüssigkeit, Wahrnehmungsgeschwindigkeit sowie Merkfähigkeit ermöglichen.
Zeitbedarf	3–4 Stunden. Bei Verwendung nur einiger ausgewählter Subtests für eine spezielle Fragestellung ist der Test entsprechend kürzer.
Bezugsquelle	Dr. G. Schuhfried GmbH Testzentrale Hogrefe

Konzentrationsfähigkeit

Definition	Positive Indikatoren Die Person...	Negative Indikatoren Die Person...	Verwandte Merkmale
Fähigkeit, Aufmerksamkeit auf eng umgrenzte Sachverhalte auszurichten, ohne sich durch Störungen von der Bearbeitung der Aufgabe abhalten zu lassen.	• kann längeren Ausführungen folgen • kann auch unter ungünstigen Bedingungen (Lärm, Wartehalle) effektiv arbeiten.	• lässt sich ablenken • macht unter Zeitdruck viele Fehler • vergisst Teilschritte einer Aufgabe.	Auffassungsgabe

Verfahren

Arbeitsleistungsserie (ALS)
Cognitrone (COG)
Frankfurter Aufmerksamkeits-Inventar (FAIR)
Frankfurter Adaptiver Konzentrationsleistungstest (FAKT-II)
Inventar komplexer Aufmerksamkeit (INKA)
Konzentrations-Leistungs-Test; revidierte Fassung (KLT-R)
Test d2 Aufmerksamkeits-Belastungs-Test

Name des Verfahrens	Arbeitsleistungsserie (ALS)
Schlüsselqualifikation	Konzentrationsfähigkeit (bei geistiger Tempoarbeit)
Autor/Literatur	Schuhfried, G. (ohne Jahresangabe)
Testart	Standardisiertes Testverfahren – Leistungstest – Konzentrationstest
Kurzbeschreibung	Die ALS ist ein computergestützter Test zur Erfassung von Konzentrationsfähigkeit, psychischer Sättigung und Ermüdbarkeit. Bei dem ALS handelt es sich um die computergestützte Anwendung und Auswertung des Pauli-Tests (Arnold, 1975).
Zeitbedarf	Je nach Testform beträgt die Bearbeitungszeit 15 bis 25 Minuten.
Bezugsquelle	Dr. G. Schuhfried GmbH

Name des Verfahrens	Cognitrone (COG)
Schlüsselqualifikation	Konzentrationsfähigkeit
Autor/Literatur	Schuhfried, G. Manual: Wagner, M. und Karner, T. (2000)
Testart	Standardisiertes Testverfahren – Leistungstest – Konzentrationstest
Kurzbeschreibung	COG ist ein computergestützter, allgemeiner Leistungstest zur Erfassung von Aufmerksamkeit und Konzentration. Auf dem Bildschirm wird eine Reihe von Dreiecken dargeboten, deren Spitze nach oben oder nach unten zeigen kann.

	Der Proband soll eine Reaktionstaste drücken, wenn eine vorher angegebene Anzahl von Dreiecken nach unten zeigt.
Zeitbedarf	Die Bearbeitungszeit ist abhängig von der gewählten Form und liegt bei 10 bis 20 Minuten.
Bezugsquelle	Dr. G. Schuhfried GmbH

Name des Verfahrens	**Frankfurter Aufmerksamkeits-Inventar (FAIR)**
Schlüsselqualifikation	Konzentrationsfähigkeit
Autor/Literatur	Moosbrugger, H. & Oehlschlägel, J. (1996)
Testart	Standardisiertes Testverfahren – Leistungstest – Konzentrationstest
Kurzbeschreibung	Ein Papier-Bleistift-Test zur Untersuchung des individuellen Aufmerksamkeitsverhaltens. Aufgabe der Probanden ist es, 640 Testitems, diskriminatorisch zu beurteilen. Die Testitems bestehen aus Zeichen, die sich aus Kreisen und Quadraten zusammensetzen. Als Ergebnisse werden folgende Aspekte des Aufmerksamkeitsverhaltens ausgewertet: Menge der konzentriert bearbeiteten Testitems, der Anteil der unkonzentriert abgegebenen Urteile, das Ausmaß der kontinuierlich aufrechterhaltenen Konzentration.
Zeitbedarf	Die gesamte Bearbeitungsdauer liegt bei etwa 10 Minuten.
Bezugsquelle	Testzentrale Hogrefe

Name des Verfahrens	**Frankfurter Adaptiver Konzentrationsleistungstest (FAKT-II)**
Schlüsselqualifikation	Konzentrationsfähigkeit
Autor/Literatur	Moosbrugger, H. & Goldhammer, F. 2. Auflage des FAKT von Moosbrugger und Heyden (1997)
Testart	Standardisiertes Testverfahren – Leistungstest – Konzentrationstest
Kurzbeschreibung	Der FAKT-II ist ein computerbasierter Test zur adaptiven Ermittlung der individuellen Konzentrationsfähigkeit und des Leistungsverlaufs bei Erwachsenen und die grundlegend

	neu bearbeitete und neu normierte Realisierung des Konzeptes von 1997. Die Adaptivität des Testverfahrens bezieht sich sowohl auf das Arbeitstempo als auch auf die Länge der Übungsphase und auf die Testlänge. Aufgabe des Probanden ist es, die auf dem Computerbildschirm dargebotenen visuellen Zeichen anhand von Zielitems zu diskriminieren und diese über die Tastatur entsprechend zu markieren. Drei verschiedene Testwerte können mit dem FAKT-II bestimmt werden: Konzentrationsleistungswert, der Arbeitsgenauigkeitswert und der Arbeitsgleichmäßigkeitswert.
Zeitbedarf	Die Bearbeitungsdauer liegt bei etwa zehn Minuten. Verlaufsuntersuchungen bis zu 30 Minuten sind möglich.
Bezugsquelle	Testzentrale Hogrefe

Name des Verfahrens	**Inventar komplexer Aufmerksamkeit (INKA)**
Schlüsselqualifikation	Konzentrationsfähigkeit
Autor/Literatur	Heyde, G. (1995) 2., überarbeitete und erweiterte Auflage
Testart	Standardisiertes Testverfahren – Leistungstest
Kurzbeschreibung	INKA ist ein Verfahren zur Erfassung komplexer Konzentrationsleistung. Diese wird mit insgesamt 18 Aufgaben, deren Schwierigkeit im Laufe der Bearbeitung steigt, erfasst. Die Bewerber durchsuchen dabei Reihen zufällig ausgewählter Konsonanten nach bestimmten Buchstaben oder Buchstabenpaaren, die sie vorab dekodieren und sich anschließend merken mussten.
Zeitbedarf	Die Durchführungsdauer beträgt ca. 25 Minuten.
Bezugsquelle	Harcourt Test Services Testzentrale Hogrefe

Name des Verfahrens	**Konzentrations-Leistungs-Test; revidierte Fassung (KLT-R)**
Schlüsselqualifikation	Konzentrationsfähigkeit
Autor/Literatur	Düker, H. & Lienert, G. A. (Neubearbeitung von Lukesch, H. & Mayrhofer, S., 2001)

Testart	Leistungstest – Konzentrationstest
Kurzbeschreibung	Der KLT-R erfasst die Langzeitanspannung: Sowohl Quantität als auch Qualität der Dauerbeanspruchungen und des Leistungsverlaufs einer Testperson werden erfasst. Insgesamt neun Blöcke à 20 Rechenaufgaben werden dem Bewerber zur Bearbeitung vorgelegt. Der KLT-R existiert in zwei Schwierigkeitsstufen, von denen nur die schwierigere für den Einsatz bei Erwachsenen geeignet ist.
Zeitbedarf	Ca. 20 Minuten.
Bezugsquelle	Testzentrale Hogrefe

Name des Verfahrens	**Test d2 Aufmerksamkeits-Belastungs-Test**
Schlüsselqualifikation	Konzentrationsfähigkeit
Autor/Literatur	Brickenkamp, R. (2002) 9., überarbeitete und neu normierte Auflage
Testart	Standardisiertes Testverfahren – Leistungstest – Konzentrationstest
Kurzbeschreibung	Der Test d2 stellt eine Weiterentwicklung des standardisierten Verfahrens zur individuellen Messung von Aufmerksamkeits- und Konzentrationsleistungen dar. Als Durchstreichtest misst er neben Tempo auch die Sorgfalt des Arbeitsverhaltens bei der Unterscheidung von visuell ähnlichen Reizen (Detail-Diskrimination). Die Aufgabe des Probanden besteht darin, in einer Reihe ähnlicher Zeichen jedes d, das mit zwei Strichen versehen ist, so schnell und so sorgfältig wie möglich (Fehlervermeidung) durchzustreichen. Im Test werden 14 Zeilen bearbeitet, wobei für jede Zeile 20 Sekunden zur Verfügung stehen.
Zeitbedarf	Ca. 8 Minuten.
Bezugsquelle	Testzentrale Hogrefe
Weitere Informationen	Das Verfahren liegt auch in englischer, französischer, dänischer und portugiesischer Sprache vor. Darüber hinaus hat die brasilianische Ausgabe eine eigene Normierung.

Kreatives Denken

Definition	Positive Indikatoren Die Person…	Negative Indikatoren Die Person…	Verwandte Merkmale
Fähigkeit, bestehende Zusammenhänge neu zu kombinieren oder unkonventionelle bzw. neuartige Ideen zu entwickeln.	• stellt übliche Verfahrensweisen in Frage • sieht Angelegenheit unter neuem oder bisher unüblichem Blickwinkel • kann praktische Probleme lösen, wenn die dafür benötigten Gegenstände fehlen • macht unkonventionelle Lösungsvorschläge.	• trotz der vorhandenen Fachkenntnisse fallen ihm bei Problemen keine Lösungsmöglichkeiten ein • verfolgt eingefahrene Denkmuster • zeigt bei praktischen Problemen überwiegend funktionales Denken («ein Stuhl ist zum Sitzen da»).	Problemlösefähigkeit

Verfahren

Analyse des Schlussfolgernden und Kreativen Denkens (ASK)
Bits & Bytes
Utopia (2003, aktuelles Update)

Name des Verfahrens	Analyse des Schlussfolgernden und Kreativen Denkens (ASK)
Schlüsselqualifikation	Kreatives Denken
Autor/Literatur	Schuler, H. & Hell, B. (2005)
Testart	Leistungstest – Berufsbezogenes Verfahren
Kurzbeschreibung	Der Test erfasst die beiden Fähigkeiten Schlussfolgerndes und Kreatives Denken in zwei separaten Modulen.
Zeitbedarf	Ca. 40 Minuten für das Modul Kreatives Denken.
Besonderheiten bei der Durchführung	Zielgruppe sind Erwachsene mit Bildungsvoraussetzung Abitur.
Bezugsquelle	Testzentrale Hogrefe

Name des Verfahrens	Bits & Bytes
Schlüsselqualifikation	Kreatives Denken
Autor/Literatur	Etzel, S. & Küppers, A. (2002)
Testart	Computergestützter Einzeltest
Kurzbeschreibung	Bits & Bytes erfasst das grundsätzliche Potenzial für das breite Spektrum an Anforderungen der IT-Branche. Neben den o. a. psychologischen Merkmalen erfasst es auch die Fähigkeit, praktische Problemstellungen in geeignete Algorithmen umzusetzen. Zur Erfassung des Kreativen Denkens werden die freien Antworten aus dem Subtest «Kreativität» automatisch ausgewertet, wie es nur in einer computergestützten Umgebung möglich ist.
Zeitbedarf	Je nach Variante 30 bis 90 Minuten.
Bezugsquellen	pro facts assessment & training

Name des Verfahrens	Utopia (2003, aktuelles Update)
Schlüsselqualifikation	Kreatives Denken (Flexibilität im Denken)
Autor/Literatur	Vogt, H. (1997)
Testart	PC-Planspiel
Kurzbeschreibung	In diesem Planspiel übernehmen die Bewerber die Regierung der fiktiven Insel Utopia, deren Entwicklung gefördert werden und in Richtung vorgegebener Ziele vorangetrieben werden soll. Ausgewertet wird u. a. der Umgang mit einer Reihe von Zielkonflikten sowie der Fülle von Daten und Informationen und der Umgang mit sich verändernden Rahmenbedingungen und Störfaktoren.
Zeitbedarf	90 Minuten.
Bezugsquellen	Scharley & Partner

Mathematisches Verständnis

Definition	Positive Indikatoren Die Person...	Negative Indikatoren Die Person...	Verwandte Merkmale
Fähigkeit, mathematische Grundfertigkeiten angemessen einzusetzen.	• beherrscht rechnerische Grundoperationen wie z. B. den Dreisatz • kann Tabellen, Statistiken und Graphiken lesen und richtig interpretieren • kann Sachverhalte auch numerisch ausdrücken • kann Zahlen in Inhalte «rückübersetzen».	• macht auch bei einfachen Rechenoperationen viele Fehler • kann die Bedeutung von grundlegenden wirtschaftlichen Kennzahlen nicht verstehen • zeigt Unlust und Widerstand im Umgang mit Zahlen und numerischem Material.	Analytisches Denken Technisches Verständnis

Verfahren

Mathematik in der Praxis (MIP)
Mathematiktest

Name des Verfahrens	Mathematik in der Praxis (MIP)
Schlüsselqualifikation	Mathematisches Verständnis
Autor/Literatur	Bratfisch, O. & Hagman, E. (ohne Jahresangabe)
Testart	Leistungstest – spezielle Intelligenztests
Kurzbeschreibung	Der MIP dient der Erfassung der Fähigkeit, die Grundrechenarten (Addition, Subtraktion, Multiplikation, Division) in der Praxis bzw. in alltäglichen Situationen anwenden zu können. Dabei kommt es sowohl auf die Richtigkeit als auch auf die Schnelligkeit an.
Zeitbedarf	Ca. 13 Minuten.
Bezugsquelle	Dr. G. Schuhfried GmbH

Name des Verfahrens	Mathematiktest – Grundkenntnisse für Ausbildung und Beruf
Schlüsselqualifikation	Mathematisches Verständnis
Autor/Literatur	Ibrahimovic N., Bulheller, S. & Häcker, H. O. (2005) 2., überarbeitete und erweiterte Auflage
Testart	Leistungstest – Berufsbezogene Verfahren
Kurzbeschreibung	Der Test dient der Erfassung der mathematischen Grundfertigkeiten, wie sie in gewerblichen, kaufmännischen, technischen oder sozialen Berufen benötigt werden. Er gliedert sich in vier Aufgabengruppen: textfreie Aufgaben, Textaufgaben, geometrische Aufgaben und Aufgaben zum Graphik- und Tabellenverständnis
Zeitbedarf	Ca. 60 Minuten.
Bezugsquelle	Harcourt Test Services Testzentrale Hogrefe

Problemlösefähigkeit

Definition	Positive Indikatoren Die Person…	Negative Indikatoren Die Person…	Verwandte Merkmale
Fähigkeit, Probleme zu erkennen, zu analysieren und Lösungsmöglichkeiten zu entwickeln.	• erkennt Probleme • benennt Probleme und macht Vorschläge zur Problemlösung • greift Problemlösungsvorschläge von anderen auf • holt Hilfe bei Problemen, die er nicht allein bewältigen kann.	• kritisiert, macht aber keine Lösungsvorschläge • erkennt nicht die eventuellen Konsequenzen von Problemen.	Kreatives Denken Komplexitätsmanagement

Verfahren

Atlantis
Fragebogen zur Diagnose unternehmerischer Potenziale (F-DUP)
Managementarbeitsprobe (MAP)

Name des Verfahrens	Atlantis
Schlüsselqualifikation	Problemlösefähigkeit
Autor/Literatur	Hirsig, R. & de With, A. E. (1998)
Testart	Planspiel
Kurzbeschreibung	Atlantis simuliert einen fiktiven Computer-Arbeitsplatz, von dem aus Instrumente zur Erforschung von Erzvorkommen auf dem Meeresgrund gesteuert werden können. Diese Instrumente sollen in der Simulation zur Suche eines vermissten Flugzeugs eingesetzt werden. Dabei werden in Abhängigkeit der jeweiligen Aktivitäten neue, die Situation verändernde Informationen zur Verfügung gestellt.
Zeitbedarf	Zwischen 75 und 90 Minuten.
Bezugsquelle	Cat (Computer anwendende Techniken)
Weitere Informationen	Atlantis (in seiner deutschen, französischen und italienischen Version) kann man nicht kaufen. Die Nutzungsrechte werden vergeben, wenn auch eine aus wissenschaftlicher Sicht gute Zusammenarbeit möglich ist.

Name des Verfahrens	Fragebogen zur Diagnose unternehmerischer Potenziale (F-DUP)
Schlüsselqualifikation	Problemlösefähigkeit
Autor/Literatur	Müller, G. F. et al (2002)
Testart	Selbstbeschreibungsfragebogen als computergestützte oder Paper-Pencil-Version
Kurzbeschreibung	F-DUP ist eine Weiterentwicklung des amerikanischen Entrepreneurial Potential Questionnaire. Mit 54 Selbstbeschreibungsfragen werden sieben Schlüsselqualifikationen erfasst, die auf unternehmerisches Potenzial schließen lassen.
Zeitbedarf	Langform: 25–30 Minuten, Kurzform: 15–20 Minuten.
Bezugsquellen	Alpha-Test GmbH Prof. Dr. Günter F. Müller

4. Die Beurteilung von Schlüsselqualifikationen

Name des Verfahrens	Managementarbeitsprobe (MAP)
Schlüsselqualifikation	Problemlösefähigkeit
Autor/Literatur	Etzel, S. & Küppers, A. (2000)
Testart	Computergestützter Einzeltest
Kurzbeschreibung	Managementarbeitsprobe ist ein computergestütztes Testverfahren zur Diagnostik von Planungskompetenz und Problemlösen. Das Szenario ist so gestaltet, dass der Bewerber die Rolle eines Mitarbeiters einer Werbeagentur übernimmt und in dieser Funktion bestimmte Aufgaben zu bearbeiten hat. In dem Subtest Problemlösen wird der Bewerber gefordert, getätigte Investitionen und die resultierenden Umsatzentwicklungen der Werbeagentur zu analysieren. Der Subtest Planungskompetenz ist vergleichbar mit einem Postkorbverfahren. Hierbei hat der Bewerber die Aufgabe, verschiedenste Informationen zu erfassen und so zu organisieren, dass eine strategische Terminplanung und -koordination gelingt.
Zeitbedarf	Die Bearbeitungsdauer variiert zwischen einer und vier Stunden, je nach Zusammenstellung des modularen Verfahrens.
Bezugsquelle	Testzentrale Hogrefe

Räumliches Vorstellungsvermögen

Definition	Positive Indikatoren Die Person...	Negative Indikatoren Die Person...	Verwandte Merkmale
Fähigkeit, dreidimensionale Repräsentationen von Gegenständen zu entwickeln und diese zueinander in Beziehung zu setzen.	• kann sich einen Gegenstand aufgrund einer Zeichnung räumlich vorstellen • zeichnet Objekte ohne Fehler nach und berücksichtigt dabei die Hinweisreize für Tiefe.	• kann sich nur schwer einen gezeichneten Gegenstand vorstellen • erkennt anhand einer Zeichnung nicht, ob und wie ein Gegenstand gedreht ist.	

4.4 Basiskompetenzen

Verfahren

Adaptiver Raumvorstellungs-Test (A3DW)
Berufseignungstest (BET)
Dreidimensionaler Würfeltest (3DW)
Intelligenz-Struktur-Analyse (ISA)
Schnitte

Name des Verfahrens	Adaptiver Dreidimensionaler Würfeltest (A3DW)
Schlüsselqualifikation	Räumliches Vorstellungsvermögen
Autor/Literatur	Gittler, G. (1999)
Testart	Standardisiertes Testverfahren – Leistungstest
Kurzbeschreibung	Der A3DW ist ein computergestützter Test zur Erfassung des räumlichen Vorstellungsvermögens (Power-Test). Aufgabe des Bewerbers ist es zu überprüfen, ob einer von sechs Alternativwürfeln mit einem vorgegebenen Originalwürfel übereinstimmt.
Zeitbedarf	10–30 Minuten.
Bezugsquelle	Dr. G. Schuhfried GmbH

Name des Verfahrens	Berufseignungstest (BET) 3. überarbeitete und aktualisierte Auflage
Schlüsselqualifikation	Räumliches Vorstellungsvermögen
Autor/Literatur	Schmale, H. & Schmidtke, H. (2001)
Testart	Standardisiertes Testverfahren – Leistungstest
Kurzbeschreibung	Der Berufseignungstest ist eine Testbatterie zur Überprüfung verschiedener Grundfunktionen der beruflichen Eignung. Er besteht aus insgesamt 12 Einzeltests, die unterschiedlich kombiniert werden können. Neben Auffassungsgabe werden auch Fähigkeiten wie räumliches Vorstellungsvermögen und rechnerische und sprachliche Fähigkeiten erfasst.
Zeitbedarf	Ca. 120 Minuten für den gesamten Test.
Bezugsquelle	Testzentrale Hogrefe
Weitere Informationen	Der Einsatzbereich ist begrenzt auf die Altersspanne von 14 bis 39 Jahren.

Name des Verfahrens	Dreidimensionaler Würfeltest (3DW)
Schlüsselqualifikation	Räumliches Vorstellungsvermögen
Autor/Literatur	Gittler, G. (1990)
Testart	Standardisiertes Testverfahren – Leistungstest
Kurzbeschreibung	Dieses Verfahren ist ein rasch-skalierter Power-Test zur Erfassung des räumlichen Vorstellungsvermögens. Der Test besteht aus 18 Aufgaben. Die Aufgabe des Bewerbers besteht darin, einen vorgegebenen Originalwürfel mit sechs Alternativwürfeln zu vergleichen und den übereinstimmenden zu identifizieren.
Zeitbedarf	Etwa 22 Minuten für die Papier-Bleistift-Form.
Besonderheiten bei der Durchführung	Da ein hohes Maß an Konzentration bei der Testdurchführung notwendig ist, sollte eine geeignete Arbeitsatmosphäre sichergestellt werden.
Bezugsquelle	Testzentrale Hogrefe

Name des Verfahrens	Intelligenz-Struktur-Analyse (ISA)
Schlüsselqualifikation	Räumliches Vorstellungsvermögen
Autor/Literatur	ITB Institut für Test- und Begabungsforschung GmbH, Bonn, Gittler, G. Institut für Psychologie der Universität Wien (1998)
Testart	Standardisiertes Testverfahren – Leistungstest – Intelligenztest
Kurzbeschreibung	Die ISA ist ein computergestützter Test zur Messung der allgemeinen Intelligenz. Die Aufgabengruppen dieses Verfahrens erfassen verschiedene Bereiche der Intelligenz. Vier Aufgabengruppen erfassen verbale Fähigkeiten, zwei numerische, zwei figural-räumliche Fähigkeiten und eine das mittelfristige Behalten.
Zeitbedarf	Bearbeitungszeit beträgt ca. 110 Minuten.
Bezugsquelle	Dr. G. Schuhfried GmbH Harcourt Test Services GmbH

Name des Verfahrens	**Schnitte**
Schlüsselqualifikation	Räumliches Vorstellungsvermögen
Autor/Literatur	Fay, E. & Quaiser-Pohl, C. (2000)
Testart	Standardisiertes Testverfahren – Leistungstest
Kurzbeschreibung	Schnitte ist ein Test zur Erfassung des räumlichen Vorstellungsvermögens im oberen Leistungsbereich. Die Aufgabe des Probanden besteht darin, dreidimensionale geometrische Körper, z. B. Zylinder oder Kegel, gedanklich zu «schneiden» und herauszufinden, welche neue Schnittfigur bei einem solchen Schnitt entsteht bzw. entstehen kann. Die Schnitte werden auf unterschiedliche Weise mit einer Ebene oder mit einem anderen Körper gemacht. Das Testverfahren wird eingesetzt zur Diagnostik der Raumvorstellung bei Bewerbern für technische oder naturwissenschaftliche Studiengänge sowie für die Rekrutierung von Bewerbern für Ausbildungsberufe dieser Bereiche. Weitere Berufsbeispiele sind Städteplaner, CAD-Konstrukteure oder auch Piloten.
Zeitbedarf	Ca. 30 Minuten (zzgl. 15 Min. für Instruktion und Beispielaufgaben).
Besonderheiten bei der Durchführung	Wegen der Komplexität der Aufgabenstellung und zur Sicherstellung der Durchführungsobjektivität ist es besonders wichtig, dass der Testleiter sich intensiv mit dem Test und seiner Durchführung sowie den Items und den Konstruktionsprinzipien des Tests auseinandersetzt. Zur Unterstützung ist die Instruktion relativ ausführlich gehalten und wird mit Beispielaufgaben und einer Darstellung der Lösungswege ergänzt.
Bezugsquelle	Harcourt Test Services

Systematisch-Analytisches Denken

Definition	Positive Indikatoren Die Person...	Negative Indikatoren Die Person...	Verwandte Merkmale
Fähigkeit, Abläufe und Prozesse in ihre einzelnen Teile zu zerlegen und deren Zusammenwirken zu analysieren.	• argumentiert logisch und nachvollziehbar • erkennt Abhängigkeiten einzelner Teile • antizipiert eventuelle Probleme • kann mit Zahlen, deskriptiver Statistik und graphisch dargebotenem Material umgehen.	• argumentiert nur aufgrund persönlicher Erfahrungen, ohne auf allgemeine Gesetzmäßigkeiten und Zusammenhänge zu abstrahieren • arbeitet ineffizient, da Wichtiges nicht von Unwichtigem unterschieden wird und übergreifende Zusammenhänge nicht erkannt werden • plant nicht erfolgreich, da die Wirkung und Abhängigkeiten wesentlicher Elemente nicht berücksichtigt werden.	Auffassungsgabe Konzentrationsvermögen

Verfahren

Analyse des Schlussfolgernden und Kreativen Denkens (ASK)
Bonner Postkorb Module (BPM)
Intelligenz-Struktur-Analyse (ISA)
Intelligenz-Struktur-Test 2000 R (I-S-T 2000 R)
Management-Fallstudien (MFA)
Syllogismen
Wechsler Intelligenztest für Erwachsene (WIE)

4.4 Basiskompetenzen

Name des Verfahrens	Analyse des Schlussfolgernden und Kreativen Denkens (ASK)
Schlüsselqualifikation	Systematisch-Analytisches Denken
Autor/Literatur	Schuler, H. & Hell, B. (2005).
Testart	Leistungstest – Berufsbezogenes Verfahren
Kurzbeschreibung	Der Test erfasst die beiden Fähigkeiten Schlussfolgerndes und Kreatives Denken in zwei separaten Modulen.
Zeitbedarf	Ca. 40 Minuten für das Modul Kreatives Denken.
Besonderheiten bei der Durchführung	Zielgruppe Erwachsene mit Bildungsvoraussetzung Abitur.
Bezugsquelle	Testzentrale Hogrefe

Name des Verfahrens	Bonner Postkorb Module (BPM)
Schlüsselqualifikation	Systematisch-Analytisches Denken
Autor/Literatur	Musch, J., Rahn, B. & Lieberei, W. (2001)
Testart	Situatives Verfahren – Postkorb
Kurzbeschreibung	Das Verfahren Bonner Postkorb Module (BPM) beinhaltet die vier verschiedenen Postkörbe «CaterTrans», «Chronos», «Minos» und «AeroWings». Sie alle stellen situative Arbeitsproben im betrieblichen Kontext dar. Erfasst werden neben analytischen und organisationalen Kompetenzen des Bewerbers auch seine Fähigkeit, Entscheidungen zu treffen. Grundsätzlich bestehen die Postkörbe aus einer Reihe verschiedenster Schriftstücke, z. B. Notizen, Memos, Verträge, Mitteilungen, Briefe. Sie alle beinhalten für eine Führungskraft typische Problemstellungen. Aufgabe des Bewerbers ist es, in einer vorgegebenen Zeit alle Informationen zu verarbeiten, entsprechende Handlungen zu initiieren und Maßnahmen zu ergreifen, die auch im Rahmen seiner Terminsgestaltung anderer betrieblicher Rahmenbedingungen zu einer ökonomischen und sinnvollen, prioritätsorientierten Lösung führen.
Zeitbedarf	60 Minuten pro Postkorbübung.
Bezugsquelle	Testzentrale Hogrefe

Name des Verfahrens	**Intelligenz-Struktur-Analyse (ISA)**
Schlüsselqualifikation	Systematisch-Analytisches Denken
Autor/Literatur	ITB Institut für Test- und Begabungsforschung GmbH, Bonn, Gittler, G. Institut für Psychologie der Universität Wien (1998)
Testart	Standardisiertes Testverfahren – Leistungstest – Intelligenztest
Kurzbeschreibung	Die ISA ist ein computergestützter Test zur Messung der allgemeinen Intelligenz. Die Aufgabengruppen dieses Verfahrens erfassen verschiedene Bereiche der Intelligenz. Vier Aufgabengruppen erfassen verbale Fähigkeiten, zwei numerische, zwei figural-räumliche Fähigkeiten und eine das mittelfristige Behalten.
Zeitbedarf	Bearbeitungszeit beträgt ca. 110 Minuten.
Bezugsquelle	Dr. G. Schuhfried GmbH Harcourt Test Services GmbH

Name des Verfahrens	**Intelligenz-Struktur-Test 2000 R (I-S-T 2000 R)**
Schlüsselqualifikation	Systematisch-Analytisches Denken
Autor/Literatur	Liepmann, D., Beauducel, A., Brocke, B. & Amthauer, R. (1999) 2. erweiterte und überarbeitete Auflage
Testart	Standardisiertes Testverfahren – Intelligenzstrukturtest
Kurzbeschreibung	Mit Hilfe des I-S-T 2000 R können elf unterschiedliche Dimensionen von Intelligenz, wie rechnerische Intelligenz und schlussfolgerndes Denken erfasst werden. Das Verfahren beinhaltet verschiedene Aufgabentypen, wie Satzergänzung, Analogien, Figurauswahl, Würfelaufgaben, Rechenaufgaben ohne verbalen Anteil sowie einen Test zum Allgemeinwissen. Als Ergebnis kann sowohl der Gesamt-IQ als auch ein Intelligenzstrukturprofil ausgegeben werden.
Zeitbedarf	Die Durchführung benötigt zwischen ca. 77 Minuten (Grundmodul) und 130 Minuten (einschließlich Wissenstest).
Bezugsquelle	Testzentrale Hogrefe Der Hogrefe Verlag bietet für den I-S-T 2000 R Seminare an.

4.4 Basiskompetenzen

Name des Verfahrens	Management-Fallstudien (MFA)
Schlüsselqualifikation	Systematisch-Analytisches Denken
Autor/Literatur	Fennekels, G. P. & D'Souza, S. (1999)
Testart	Situatives Verfahren
Kurzbeschreibung	Management-Fallstudien ist ein computergestütztes, vier verschiedene Instrumente umfassendes Verfahren. Die vier einzelnen Verfahren sind Führungssituationen, Konfliktsituationen, Soziale Situationen und Zeitmanagement, Planung und Selbstorganisation. In allen Verfahren werden dem Bewerber entsprechend der Thematik Situationen, Fälle oder Vorgänge vorgegeben, auf die er reagieren bzw. die er entsprechend koordinieren und lösen muss. Es werden Anforderungen im Sinne von aktivem Gestalten von zwischenmenschlichen Konfliktsituationen, Initiative ergreifen, Abläufe gestalten oder auch systematisches Herangehen an Aufgaben analysiert und in Form einer Stärken-Schwächen-Analyse beschrieben.
Zeitbedarf	Ca. 120 Minuten.
Bezugsquelle	Testzentrale Hogrefe

Name des Verfahrens	Syllogismen
Schlüsselqualifikation	Systematisch-Analytisches Denken
Autor/Literatur	Srp, G. (1994)
Testart	Standardisierter Adaptiver Computertest – Leistungstest
Kurzbeschreibung	Syllogismen ist ein computergestützter Test zur Erfassung von logischem Denken im sprachlichen Bereich (Syllogismus: der Schluss vom Allgemeinen auf das Besondere). Hierbei werden Syllogismen präsentiert, die jeweils aus zwei Prämissen und einer Konklusion bestehen. Im Itempool befinden sich insgesamt 75 Syllogismen. Diese sind so formuliert, dass sie unabhängig vom Allgemeinwissen der Bewerber Schlussfolgerndes Denken erfassen. Aufgabe der Bewerber ist es, per Mausklick die dargebotene Konklusion als richtig oder falsch zu kennzeichnen. Es ist ein Verfahren, welches die Schwierigkeit sowie die Anzahl der dargebotenen Items an das Leistungsniveau des Bewerbers anpasst.

Zeitbedarf	Ca. 20–30 Minuten.
Besonderheiten bei der Durchführung	Aufgrund des dargebotenen Materials ist bei der Personalauswahl eine höhere soziale Validität zu vermuten als bei klassischen Intelligenztests.
Bezugsquelle	Harcourt Test Services

Name des Verfahrens	**Wechsler Intelligenztest für Erwachsene (WIE) Deutsche Bearbeitung und Adaptation des WAIS-III von David Wechsler**
Schlüsselqualifikation	Systematisch-Analytisches Denken
Autor/Literatur	Herausgeber: Aster von, M., Neubauer, A. & Horn, R. (in Anwendung seit 2006)
Testart	Intelligenztest
Kurzbeschreibung	Der Intelligenztest umfasst 14 Untertests mit aktualisierten Iteminhalten; einige Untertests können wahlweise eingesetzt werden. Die Ergebnisinterpretation ist hierarchisch auf vier Ebenen verteilt. Neben dem Gesamt-IQ, Verbal- und Handlungs-IQ gibt es die Möglichkeit, verschiedene Teilleistungsbereiche zu bestimmen. Der WIE ist einsetzbar für Menschen aller Altersstufen, maximal 89 Jahre.
Zeitbedarf	Ca. 60–90 Minuten.
Bezugsquelle	Harcourt Test Services

Technisches Verständnis

Definition	Positive Indikatoren Die Person…	Negative Indikatoren Die Person…	Verwandte Merkmale
Verstehen und Erfassen technischer Fragestellungen und Konstruktionsprinzipien.	• hat ein «Händchen» für Maschinen • bastelt gerne an Maschinen • macht sich schnell mit der Benutzung technischer Geräte (PC, Mobiltelefon) vertraut • zeigt Verständnis für die Probleme der Fertigung.	• vermeidet Arbeiten mit technischen Apparaten • kann keine Konstruktionszeichnung lesen • ist nicht in der Lage, maßstabsgerecht Zeichnungen von technischen Gegenständen anzufertigen.	Auffassungsgabe Innovationsbereitschaft Systematisch-Analytisches Denken

Verfahren

Berufseignungstest (BET)
Mechanisch-Technisches Auffassungsvermögen (MTA)

Name des Verfahrens	Berufseignungstest (BET) 3. überarbeitete und aktualisierte Auflage
Schlüsselqualifikation	Technisches Verständnis
Autor/Literatur	Schmale, H. & Schmidtke, H. (2001).
Testart	Standardisiertes Testverfahren – Leistungstest
Kurzbeschreibung	Der Berufseignungstest ist eine Testbatterie zur Überprüfung verschiedener Grundfunktionen der beruflichen Eignung. Er besteht aus insgesamt 12 Einzeltests, die unterschiedlich kombiniert werden können. Neben Auffassungsgabe werden auch Fähigkeiten wie räumliches Vorstellungsvermögen und rechnerische und sprachliche Fähigkeiten erfasst.
Zeitbedarf	Ca. 120 Minuten für den gesamten Test.
Bezugsquelle	Testzentrale Hogrefe
Weitere Informationen	Der Einsatzbereich ist begrenzt auf die Altersspanne von 14 bis 39 Jahren.

Name des Verfahrens	Mechanisch-Technisches Auffassungsvermögen (MTA)
Schlüsselqualifikation	Technisches Verständnis
Autor/Literatur	Liedl, K. (1998)
Testart	Standardisiertes Testverfahren – Leistungstest
Kurzbeschreibung	Dieser computergestützte Fähigkeits- und Eignungstest misst das mechanisch-technische Verständnis. Aufgabe der Bewerber ist es, aus vier dargestellten Plänen denjenigen herauszufinden, der einen vorher gezeigten Bewegungsablauf je nach Aufgabe entweder zulässt oder nicht zulässt.
Zeitbedarf	Bearbeitungszeit 20–30 Minuten.
Besonderheiten bei der Durchführung	Der Test besitzt animierte Items (die einzelnen Apparate bewegen sich).
Bezugsquelle	Dr. G. Schuhfried GmbH

4.4.2 Motivation/Engagement

Motivierte Mitarbeiter sind eine wichtige Voraussetzung für erfolgreiches Handeln von Organisationen. Nur motivierte Mitarbeiter arbeiten mit Engagement und Interesse an einer Aufgabe und zeigen Eigeninitiative, um ihren Arbeitsplatz und ihr Umfeld erfolgreich zu gestalten. Sie sind bereit, sich lebenslang Wissen neu anzueignen, dieses anzuwenden und weiterzugeben. Motiviert zu handeln heißt, ein Ziel zu haben, sich anzustrengen, um dieses Ziel zu erreichen und so lange dabei zu bleiben, bis es realisiert wird.

Dabei unterscheidet man intrinsische und extrinsische Motivation. Extrinsische Motivation ist auf ein Ergebnis ausgerichtet, das mit der erfolgreichen Bewältigung der Aufgabe in Zusammenhang steht. Dabei kann es sich um Anerkennung oder Incentives wie einen Bonus, Mitarbeiteraktien o. ä. handeln. Bei der intrinsischen Motivation werden in der Handlung selbst Anreize gesehen, die engagiertes Handeln auslösen. Dazu gehört z. B. der Aha-Effekt bei der Lösung eines Problems (Scheffer & Kuhl, 2006).

Zur Erfassung von Motivation und Engagement bieten sich Informationen aus biographischen Daten sowie der Einsatz von psychologischen Testverfahren und Simulationen an. Beim Einsatz von Selbstbeschreibungsfragebögen erfasst man in erster Linie die extrinsische Motivation. Hier gilt es, der sozialen Erwünschtheit von Motivation gerade im Auswahlprozess besondere Aufmerksamkeit zu schenken und die Fragebogenergebnisse in einem sich anschließenden Gespräch zu hinterfragen.

Schlüsselqualifikationen:

- Eigeninitiative
- Leistungsbereitschaft/-motivation und
- Lern- und Veränderungsbereitschaft

Eigeninitiative

Definition	Positive Indikatoren Die Person...	Negative Indikatoren Die Person...	Verwandte Merkmale
Bereitschaft, aktiv Vorschläge und Ideen zu entwickeln, selbstständig Aufgaben zu übernehmen und Projekte in Gang zu setzen.	• sucht sich eigenständige Arbeitsaufgaben • schlägt neue Aufgaben/Projekte vor oder gibt Anstöße für Veränderungen • macht Vorschläge zur Verbesserung von Arbeitsabläufen • beschafft sich alle für die Bearbeitung eines Projektes nötigen Informationen.	• bringt sich nicht aktiv selbst ein, übernimmt keine Steuerungsfunktion • benötigt den Anstoß von außen, um aktiv zu werden • fragt Details der Aufgabenerledigung nach, anstatt selbstständig Entscheidungen zu treffen • stellt beim Einstellungsgespräch keine Fragen über ausgeschriebene Stelle, das Unternehmen etc.	Selbstorganisation Selbstständiges Arbeiten Soziale Unabhängigkeit

Verfahren

Management-Fallstudien (MFA)

Name des Verfahrens	Management-Fallstudien (MFA)
Schlüsselqualifikation	Eigeninitiative
Autor/Literatur	Fennekels, G. P. & D'Souza, S. (1999)
Testart	Situatives Verfahren
Kurzbeschreibung	Management-Fallstudien ist ein computergestütztes, vier verschiedene Instrumente umfassendes Verfahren. Die vier einzelnen Verfahren sind Führungssituationen, Konfliktsituationen, Soziale Situationen und Zeitmanagement, Planung und Selbstorganisation. In allen Verfahren werden dem Bewerber entsprechend der Thematik Situationen, Fälle oder Vorgänge vorgegeben, auf die er reagieren bzw. die er entsprechend koordinieren und lösen muss. Es werden Anforderungen im Sinne von aktivem Gestalten von zwischenmenschlichen Konfliktsituationen, Initiative ergreifen, Abläufe gestalten oder auch systematisches Herangehen an Aufgaben analysiert und in Form einer Stärken-Schwächen-Analyse beschrieben.
Zeitbedarf	Ca. 120 Minuten.
Bezugsquelle	Testzentrale Hogrefe

Leistungsbereitschaft/-motivation

Definition	Positive Indikatoren Die Person...	Negative Indikatoren Die Person...	Verwandte Merkmale
Bereitschaft, sich in hohem Maße mit der beruflichen Aufgabe zu identifizieren und damit verbundener Einsatz, selbstgesuchte oder übertragene Aufgaben besonders gut auszuführen.	• sucht sich herausfordernde und schwierige Aufgaben • vereinbart klare Ziele, an denen der eigene Erfolg gemessen werden kann • fragt in Bewerbungs-	• stellt keine hohen Leistungsstandards an sich • achtet genau darauf, nicht zu viele Stunden zu arbeiten • vermeidet den Vergleich ihrer Leistungen mit gesteckten Zielen.	Selbstständiges Arbeiten Sorgfalt Belastbarkeit Durchhaltevermögen

situationen nach Möglichkeiten der beruflichen Karriere
- verfügt über sehr gute Zeugnisse, sehr gute Referenzen, Promotion
- hat Zusatzqualifikationen in der Berufsbiographie erworben
- pflegt ein wettbewerbsorientiertes Hobby.

Verfahren

Achievement Motivation Inventory (AMI)
Arbeitsbezogenes Verhaltens- und Erlebensmuster (AVEM)
Arbeitshaltungen (AHA)
Bochumer Inventar zur berufsbezogenen Persönlichkeitsbeschreibung (BIP)
Fragebogen zur Diagnose unternehmerischer Potenziale (F-DUP)
Inventar zur Persönlichkeitsdiagnostik in Situationen (IPS)
Leistungsmotivationsinventar (LMI)
Motivindex (MIX)
Multi-Motiv-Gitter (MMG)
Objektiver Leistungsmotivationstest (OLMT)

Name des Verfahrens	Achievement Motivation Inventory (AMI)
Schlüsselqualifikation	Leistungsbereitschaft/-motivation
Autor/Literatur	Schuler, H., Thornton III, G. B., Frintrup, A. & Mueller-Hanson, R. (in Anwendung seit 2004)
Testart	Leistungstest – Berufsbezogenes Verfahren
Kurzbeschreibung	Das Achievement Motivation Inventory ist ein englischsprachiges Testverfahren zur Erfassung der berufsbezogenen Leistungsmotivation und basiert auf dem «Leistungsmotivationsinventar (LMI)» von Schuler & Prochaska, 2001). Es umfasst 17 verschiedene Facetten der Leistungsmotivation.
Zeitbedarf	Ca. 30 Minuten.
Bezugsquelle	Testzentrale Hogrefe

Name des Verfahrens	**Arbeitsbezogenes Verhaltens- und Erlebensmuster (AVEM)**
Schlüsselqualifikation	Leistungsbereitschaft/-motivation
Autor/Literatur	Schaarschmidt, U. & Fischer, A. W. (1996).
Testart	Standardisiertes Testverfahren – Selbstbeschreibungsfragebogen
Kurzbeschreibung	AVEM ist ein mehrdimensionales Verfahren, mit dem Selbsteinschätzungen zum Verhalten und Erleben bzgl. Arbeit und Beruf ermittelt werden. Es setzt sich aus elf Dimensionen zusammen, z. B. Subjektive Bedeutsamkeit der Arbeit, beruflicher Ehrgeiz, Distanzierungsfähigkeit, Resignationstendenz bei Misserfolg und Offensive Problembewältigung. Diese werden mit jeweils sechs Items erfasst, die auf einer fünfstufigen Antwortskala («trifft völlig zu» bis «trifft überhaupt nicht zu») beurteilt werden. Ziel ist die Zuordnung individueller Profile zu verschiedenen Typen («Gesundheitsideal», «Schonung», «überhöhtes Engagement», «eingeschränkte Distanzierungsfähigkeit»). Im Vordergrund steht hier der Gesundheitsaspekt.
Zeitbedarf	Die Bearbeitungszeit beträgt ca. 10 Minuten.
Besonderheiten bei der Durchführung	Die Papier-Bleistift-Form des AVEM kann sowohl manuell als auch computergestützt erfolgen.
Bezugsquelle	Dr. G. Schuhfried GmbH Harcourt Test Services Testzentrale Hogrefe

Name des Verfahrens	**Arbeitshaltungen (AHA)**
Schlüsselqualifikation	Leistungsbereitschaft/-motivation
Autor/Literatur	Kubinger, K. & Ebenhöh, H. (ohne Jahresangabe)
Testart	Objektiver Persönlichkeitstest
Kurzbeschreibung	Bei dem Testverfahren Arbeitshaltungen handelt es sich um eine objektive Testbatterie zur Erfassung von verschiedenen Dimensionen der Persönlichkeit. Die Erfassung geschieht mittels Bearbeitung einfacher Aufgaben. Der Test besteht aus drei Subtests: Subtest 1 erfasst «Impulsivität/Reflexivität», Subtest 2 misst «Anspruchsniveau und Frustrationstoleranz», Subtest 3 erfasst «Leistungsmotivation».

Zeitbedarf	Subtest 1 und 2 jeweils ca. 15 Minuten, Subtest 3 ca. 20 bis max. 45 Minuten.
Bezugsquelle	Dr. G. Schuhfried GmbH

Name des Verfahrens	**Bochumer Inventar zur berufsbezogenen Persönlichkeitsbeschreibung (BIP) 2. vollständig überarbeitete Auflage**
Schlüsselqualifikation	Leistungsbereitschaft/-motivation
Autor/Literatur	Hossiep, R. & Paschen, M. (2003)
Testart	Standardisiertes Testverfahren – Selbstbeschreibungsfragebogen
Kurzbeschreibung	Der BIP ist ein Verfahren zur Erfassung von im Berufsleben relevanten Persönlichkeitsfacetten. Diese werden mit insgesamt 210 Items erfasst, die 14 Dimensionen zugeordnet sind: Gewissenhaftigkeit, Flexibilität, Handlungsorientierung, Leistungsmotivation, Gestaltungsmotivation, Führungsmotivation, Sensitivität, Kontaktfähigkeit, Soziabilität, Teamorientierung, Durchsetzungsstärke, Emotionale Stabilität, Belastbarkeit, Selbstbewusstsein. Die Antwortskala ist sechsstufig.
Zeitbedarf	Die Durchführungszeit beträgt ca. 45 Minuten.
Bezugsquelle	Testzentrale Hogrefe

Name des Verfahrens	**Fragebogen zur Diagnose unternehmerischer Potenziale (F-DUP)**
Schlüsselqualifikation	Leistungsbereitschaft/-motivation
Autor/Literatur	Müller, G. F. et al (2002)
Testart	Selbstbeschreibungsfragebogen als computergestützte oder Paper-Pencil-Version
Kurzbeschreibung	F-DUP ist eine Weiterentwicklung des amerikanischen Entrepreneurial Potential Questionnaire. Mit 54 Selbstbeschreibungsfragen werden sieben Schlüsselqualifikationen erfasst, die auf unternehmerisches Potenzial schließen lassen.

4. Die Beurteilung von Schlüsselqualifikationen

Zeitbedarf	Langform: 25–30 Minuten, Kurzform: 15–20 Minuten.
Bezugsquellen	Alpha-Test GmbH Prof. Dr. Günter F. Müller

Name des Verfahrens	Inventar zur Persönlichkeitsdiagnostik in Situationen (IPS)
Schlüsselqualifikation	Leistungsbereitschaft/-motivation
Autor/Literatur	Schaarschmidt, U. & Fischer, A. W. (1997)
Testart	Computergestütztes, standardisiertes Testverfahren – Selbstbeschreibungsfragebogen
Kurzbeschreibung	Das IPS ist ein mehrdimensionales Verfahren zur Erfassung des Verhaltens und Erlebens in den drei Anforderungsbereichen sozial-kommunikatives Verhalten, Handlungsfähigkeit und -bereitschaft und Gesundheits- und Erholungsverhalten. Es werden 15 verschiedene Situationen dargeboten, zu denen eine Einschätzung des eigenen Verhaltens auf einer vierstufigen Skala gefordert wird. Des Weiteren soll die Zufriedenheit mit dieser Reaktion auf einer fünfstufigen Skala angegeben werden. Es ergeben sich somit vier Skalen, denen insgesamt 18 Dimensionen zugeordnet sind.
Zeitbedarf	Die Bearbeitungszeit beträgt ca. 15 Minuten.
Bezugsquelle	Dr. G. Schuhfried GmbH

Name des Verfahrens	Leistungsmotivationsinventar (LMI)
Schlüsselqualifikation	Leistungsbereitschaft/-motivation
Autor/Literatur	Schuler, H. & Prochaska, M. unter Mitarbeit von Frintrup, A. (2001)
Testart	Standardisiertes Testverfahren – Selbstbeschreibungsfragebogen
Kurzbeschreibung	Das LMI gliedert sich in 17 Dimensionen oder «Leistungsorientierungen», sie werden mit je zehn Items erfasst. Die berufsrelevanten Dimensionen sind Beharrlichkeit, Dominanz, Engagement, Erfolgszuversicht, Flexibilität, Flow, Furchtlosigkeit, Internalität, Kompensatorische Anstrengung, Leistungsstolz, Lernbereitschaft, Schwierigkeitspräferenz,

4.4 Basiskompetenzen

	Selbstständigkeit, Selbstkontrolle, Statusorientierung, Wettbewerbsorientierung und Zielsetzung.
Zeitbedarf	Langform: ca. 30 bis 40 Minuten, Kurzform: ca. 10 Minuten.
Bezugsquelle	Testzentrale Hogrefe

Name des Verfahrens	**Motivindex (MIX)**
Schlüsselqualifikation	Leistungsbereitschaft/-motivation
Autor/Literatur	Scheffer, D. (2005)
Testart	Online Performanztest
Kurzbeschreibung	Der MIX erfasst die drei wichtigsten impliziten (teilweise unbewussten) Motive bzw. «Antriebsaggregate» von Menschen. Er leistet eine vollautomatisierte Online-Auswertung von aufgeschriebenen Interpretationen mehrdeutiger Szenen und bietet damit eine gegenüber verwandten Verfahren wie bspw. dem «Thematischen Apperzeptionstest (TAT)» oder dem «Operanten Motivtest (OMT)» erheblich höhere Ökonomie, Objektivität und Reliabilität.
Zeitbedarf	20 Minuten.
Bezugsquellen	Cubia AG

Name des Verfahrens	**Multi-Motiv-Gitter (MMG)**
Schlüsselqualifikation	Leistungsbereitschaft/-motivation
Autor/Literatur	Schmalt, H.-D., Sokolowski, K. & Langens, T. (in Anwendung seit 2000)
Testart	Persönlichkeitstest
Kurzbeschreibung	Das Multi-Motiv-Gitter dient der Erfassung unterschiedlicher Motivstrukturen. Dazu werden dem Probanden 14 Alltagssituationen bildlich dargestellt; jede Situation wird mit einer Reihe von Aussagen begleitet, die die unterschiedlichen Motivkomponenten widerspiegeln. Der Proband beantwortet jede Aussage mit dem Maß seiner Zustimmung. Insgesamt werden sechs Motivkennwerte erfasst: Motiv für Macht,

	Anschluss und Leistung. Alle drei Motivthematiken werden in ihrer aufsuchenden (Hoffnung) und in ihrer meidenden (Furcht) Ausrichtung ermittelt.
Zeitbedarf	Ca. 20 Minuten inklusive Vorbereitung (5 Minuten).
Bezugsquelle	Testzentrale Hogrefe Harcourt Test Services

Name des Verfahrens	Objektiver Leistungsmotivationstest (OLMT)
Schlüsselqualifikation	Leistungsbereitschaft/-motivation
Autor/Literatur	Schmidt-Atzert, L. (ohne Jahresangabe)
Testart	Objektiver Persönlichkeitstest
Kurzbeschreibung	Der OLMT erfasst die Leistungsmotivation unter unterschiedlichen Rahmenbedingungen und gibt Informationen über die jeweilige Anstrengung eines Probanden bei der Bearbeitung von Aufgaben. Der Test besteht aus drei Subtests, die jeweils unterschiedliche Anreize als relevante Bedingungen für Leistungshandeln formulieren: Anreiz durch die Aufgabe selbst, Anreiz durch selbst gesetzte Ziele und Anreiz durch Konkurrenz.
Zeitbedarf	Inklusive Instruktion ca. 20 Minuten.
Bezugsquelle	Dr. G. Schuhfried GmbH

Lern- und Veränderungsbereitschaft

Definition	Positive Indikatoren Die Person...	Negative Indikatoren Die Person...	Verwandte Merkmale
Bereitschaft, formelle und informelle Lernsituationen aufzusuchen und zu nutzen, um die berufsbezogenen Kompetenzen weiter zu entwickeln.	• stellt viele Fragen • ist aufgeschlossen gegenüber neuen Dingen • ändert ihr Verhalten, wenn altes Verhalten ineffizient ist oder zu Fehlern führt • interessiert sich für Themen außerhalb des direkten Arbeitsumfelds • analysiert Fehler und nutzt sie als Lernchance.	• reagiert mit Desinteresse oder Ablehnung, wenn Veränderungen eingeführt werden • verharrt innerlich auf dem Standpunkt: das haben wir schon immer so gemacht • braucht Druck von außen, um sich zu verändern • übt seit Jahren die gleiche Tätigkeit aus • zeigt in der Biographie keine Beispiele für die Bereitschaft, neue Sachverhalte zu lernen.	Zuhören Leistungsbereitschaft

Verfahren

Choices Architect
Fragebogen zur Auswahl von Führungskräften (FAF)
Leistungsmotivationsinventar (LMI)

Name des Verfahrens	Choices Architect
Schlüsselqualifikation	Lern- und Veränderungsbereitschaft
Autor/Literatur	Lombardo, M. M. & Eichinger, R. W. (2000)
Testart	Fremdbeurteilungsverfahren mit Hilfe von Karten auf denen die einzuschätzenden Items – als Aussage formuliert und gedruckt sind.
Kurzbeschreibung	Anhand von 81 Verhaltensweisen wird mit Hilfe des Choices Architect die Fähigkeit von Personen analysiert, aus

	«Erfahrungen zu lernen» und in herausfordernden Managementsituationen zu bestehen. Die Einschätzung kann durch die Führungskraft oder andere Personen, die den Einzuschätzenden gut kennen, erfolgen.
Zeitbedarf	Keine Angabe
Bezugsquellen	Wildenmann Gruppe

Name des Verfahrens	Fragebogen zur Auswahl von Führungskräften (FAF)
Schlüsselqualifikation	Lern- und Veränderungsbereitschaft
Autor/Literatur	Podufal, K. & Schubert, M. (2000)
Testart	Internetbasierter Selbstbeschreibungsfragebogen
Kurzbeschreibung	Grundlage der Konstruktion des FAF sind die Megatrends und die sich daraus ergebenden veränderten wirtschaftlichen und gesellschaftlichen Rahmenbedingungen, die neue/andere Anforderungen an Fach- und Führungskräfte stellen. Anhand von 120 Items erlaubt der Test 14 Dimensionen, die sich aus den Veränderungen ergeben, zu erfassen.
Zeitbedarf	45 Minuten.
Bezugsquellen	Alpha-Test GmbH

Name des Verfahrens	Leistungsmotivationsinventar (LMI)
Schlüsselqualifikation	Lern- und Veränderungsbereitschaft
Autor/Literatur	Schuler, H. & Prochaska, M. unter Mitarbeit von Frintrup, A. (2001)
Testart	Standardisiertes Testverfahren – Selbstbeschreibungsfragebogen
Kurzbeschreibung	Das LMI gliedert sich in 17 Dimensionen oder «Leistungsorientierungen», sie werden mit je zehn Items erfasst. Die berufsrelevanten Dimensionen sind Beharrlichkeit, Dominanz, Engagement, Erfolgszuversicht, Flexibilität, Flow, Furchtlosigkeit, Internalität, Kompensatorische Anstrengung, Leistungsstolz, Lernbereitschaft, Schwierigkeitspräferenz, Selbstständigkeit, Selbstkontrolle, Statusorientierung, Wettbewerbsorientierung und Zielsetzung.

Zeitbedarf	Langform: ca. 30 bis 40 Minuten, Kurzform: ca. 10 Minuten.
Bezugsquelle	Testzentrale Hogrefe

4.4.3
Emotionale Kompetenzen

Emotionen sind temporäre Zustände, die eine bestimmte Qualität haben (positiv oder negativ), eine bestimmte Intensität aufweisen und sich auf ein bestimmtes «Objekt» richten. Dies kann ein anderer Mensch sein, eine Situation, eine Erinnerung oder eine Zukunftsvorstellung. So erleben wir zum Beispiel Stolz auf eine vergangene Leistung, Angst vor einer bevorstehenden Prüfung, Ärger auf den Nachbarn, Empörung über eine politische Entscheidung, um einige Beispiele zu nennen. Eine wichtige Funktion von Gefühlen ist ihre Signalfunktion, d.h. sie signalisieren uns, ob etwas für uns «gut» oder «bedrohlich» ist. Gefühle und der angemessene Ausdruck von Gefühlen sind zudem wichtig zur Steuerung von Kontakten und Beziehungen, auch solcher im Arbeitsleben. Daher sind emotionale Kompetenzen eng mit sozialen Kompetenzen verbunden. Sind wir alleine, dann ist die Fähigkeit, Gefühle zu steuern wichtig, etwa wenn es darum geht, bei einer unangenehmen oder ermüdenden Aufgabe Langeweile zu überwinden. Hierbei ist die Fähigkeit zur Steuerung von Emotionen eng mit Kompetenzen aus dem Bereich der Motivation verknüpft.

Kompetenzen aus dem Bereich der Emotionsregulation können durch biographische Informationen, das Interview, standardisierte Tests und Simulationen beurteilt werden.

Schlüsselqualifikationen:

- Emotionsmanagement
- Emotionswahrnehmung/Empathie

Emotionsmanagement

Definition	Positive Indikatoren Die Person…	Negative Indikatoren Die Person…	Verwandte Merkmale
Fähigkeit, eigene Gefühle oder Gefühle anderer auszuhalten oder zu beeinflussen sowie die Fähigkeit, Emotionen angemessen auszudrücken.	• kann sich selbst beruhigen, z. B. Ärger oder Wut durch Entspannungstechniken abmildern • kann eigene negative Gefühle (z. B. Unlust bei langweiligen Arbeiten) überwinden • kann negative Gefühle (z. B. Schmerz, Trauer) aushalten, ohne sie z. B. durch Alkohol betäuben zu müssen • kann positive Gefühle bewusst hervorrufen (z. B. durch Gedanken an motivierende Ziele, Visionen, vergangene Erfolge) • kann Ärger angemessen ausdrücken • kann andere beruhigen, wenn diese aufgeregt oder ängstlich sind.	• Vermeidet Gespräche/ Situationen mit emotionalen Inhalten • argumentiert ausschließlich auf der Sachebene • reagiert hilflos, wenn sie mit den Emotionen anderer konfrontiert ist • zeigt so genannten «inadäquaten Affekt», lacht z. B., wenn sie etwas Trauriges erzählt • lässt sich von momentanen Gefühlen der Lustlosigkeit leicht von ihren Vorhaben abbringen • zeigte in der Vergangenheit wiederholt unkontrollierte Wutausbrüche • sagt öfter Dinge, die sie hinterher bereut • neigt bei emotionalen Belastungen zu Missbrauch von Substanzen (Alkohol, Nikotin, Psychopharmaka, übermäßiges Essen).	

Verfahren

Fragebogen zur Diagnose unternehmerischer Potenziale (F-DUP)
Skalen zum Erleben von Emotionen (SEE)

Name des Verfahrens	Fragebogen zur Diagnose unternehmerischer Potenziale (F-DUP)
Schlüsselqualifikation	Emotionsmanagement
Autor/Literatur	Müller, G. F. et al (2002)
Testart	Selbstbeschreibungsfragebogen als computergestützte oder Paper-Pencil-Version
Kurzbeschreibung	F-DUP ist eine Weiterentwicklung des amerikanischen Entrepreneurial Potential Questionnaire. Mit 54 Selbstbeschreibungsfragen werden sieben Schlüsselqualifikationen erfasst, die auf unternehmerisches Potenzial schließen lassen.
Zeitbedarf	Langform: 25–30 Minuten, Kurzform: 15–20 Minuten.
Bezugsquellen	Alpha-Test GmbH Prof. Dr. Günter F. Müller

Name des Verfahrens	Skalen zum Erleben von Emotionen (SEE)
Schlüsselqualifikation	Emotionsmanagement
Autor/Literatur	Behr, M. & Becker, M. (2004)
Testart	Persönlichkeitstest
Kurzbeschreibung	Die Skalen zum Erleben von Emotionen umfassen insgesamt 42 Items, die sich sieben Faktoren/unabhängigen Skalen zuordnen lassen. Im Einzelnen werden erfasst: Akzeptanz eigener Emotionen Erleben von Emotionsüberflutung Erleben von Emotionsmangel Körperbezogene Symbolisierung von Emotionen Imaginative Symbolisierung von Emotionen Erleben von Emotionsregulation Erleben von Selbstkontrolle Zusammenfassend messen die Skalen wie Personen die eigenen Gefühle wahrnehmen, sie bewerten und wie sie mit ihnen umgehen.
Zeitbedarf	10 bis 15 Minuten.
Bezugsquelle	Testzentrale Hogrefe
Weitere Informationen	Es liegen auch fremdsprachliche Versionen vor: Italienisch, Türkisch, Französisch, Englisch

Emotionswahrnehmung/Empathie

Definition	Positive Indikatoren Die Person...	Negative Indikatoren Die Person...	Verwandte Merkmale
Fähigkeit, bei sich und anderen Menschen unterschiedliche Gefühlsqualitäten wahrzunehmen und sich in die Situation des anderen hineinzuversetzen.	• kann die eigene aktuelle Gefühlslage präzise beschreiben • erkennt, in welcher Gefühlslage sich andere befinden • nimmt Veränderungen in der Stimmung einer Person oder der Atmosphäre eines Gesprächs wahr • erkennt, wenn eine andere Person stolz auf etwas ist und äußert Anerkennung • hilft anderen, wenn diese Unterstützung brauchen (z. B. hilft einem Kollegen, der in Zeitdruck ist, muntert eine Kollegin auf, wenn dieser eine Enttäuschung erlebt hat) • äußert Mitgefühl, wenn einer anderen Person etwas zugestoßen ist.	• reagiert nicht auf veränderte Gefühle anderer Menschen (geht z. B. nicht darauf ein, wenn jemand Angst äußert) • äußert sich nur undifferenziert über den eigenen Gefühlszustand, auch wenn in einer vertraulichen Situation eine differenzierte Äußerung passend wäre • nimmt nicht wahr, dass sie andere verletzt oder beleidigt hat • zeigt keine Gefühle, wenn sie vom Leid oder der Not anderer erfährt oder dieses selbst verursacht • verletzt die Gefühle anderer, indem sie sich über deren «Schwächen» (z. B. Übergewicht oder einen Sprachfehler) lustig macht.	

Verfahren

Bochumer Inventar zur berufsbezogenen Persönlichkeitsbeschreibung (BIP)
Computer Aided Single Assessment (CASA)
Fragebogen zur Diagnose unternehmerischer Potenziale (F-DUP)
Skalen zum Erleben von Emotionen (SEE)
Skalen zur Service- und Kundenorientierung (SKASUK)

4.4 Basiskompetenzen

Name des Verfahrens	Bochumer Inventar zur berufsbezogenen Persönlichkeitsbeschreibung (BIP)
Schlüsselqualifikation	Emotionswahrnehmung/Empathie
Autor/Literatur	Hossiep, R. & Paschen, M. (2003)
Testart	Standardisiertes Testverfahren – Selbstbeschreibungsfragebogen
Kurzbeschreibung	Der BIP ist ein Verfahren zur Erfassung von im Berufsleben relevanten Persönlichkeitsfacetten. Diese werden mit insgesamt 210 Items erfasst, die 14 Dimensionen zugeordnet sind: Gewissenhaftigkeit, Flexibilität, Handlungsorientierung, Leistungsmotivation, Gestaltungsmotivation, Führungsmotivation, Sensitivität, Kontaktfähigkeit, Soziabilität, Teamorientierung, Durchsetzungsstärke, Emotionale Stabilität, Belastbarkeit, Selbstbewusstsein. Die Antwortskala ist sechsstufig.
Zeitbedarf	Die Durchführungszeit beträgt ca. 45 Minuten.
Bezugsquelle	Testzentrale Hogrefe

Name des Verfahrens	Computer Aided Single Assessment (CASA)
Schlüsselqualifikation	Emotionswahrnehmung/Empathie
Autor/Literatur	Schneider, C. & Müskens, W. (1999)
Testart	Computergestütztes Testsystem
Kurzbeschreibung	CASA besteht zurzeit aus acht Testbausteinen, die Bereiche erfassen, die sich als relevant für die Vorhersage erfolgreichen Führungsverhaltens erwiesen haben. Die Frage- und Antwort-Formate variieren je nach Testbaustein und Gegenstandsbereich. Die Testbausteine können einzeln erworben und eingesetzt werden.
Zeitbedarf	Die Bearbeitungsdauer für die einzelnen Testbausteine variieren zwischen 15 und 90 Minuten.
Bezugsquellen	E. M. Media Alpha-Test GmbH

4. Die Beurteilung von Schlüsselqualifikationen

Name des Verfahrens	Fragebogen zur Diagnose unternehmerischer Potenziale (F-DUP)
Schlüsselqualifikation	Emotionswahrnehmung/Empathie
Autor/Literatur	Müller, G. F. et al (2002)
Testart	Selbstbeschreibungsfragebogen als computergestützte oder Paper-Pencil-Version
Kurzbeschreibung	F-DUP ist eine Weiterentwicklung des amerikanischen Entrepreneurial Potential Questionnaire. Mit 54 Selbstbeschreibungsfragen werden sieben Schlüsselqualifikationen erfasst, die auf unternehmerisches Potenzial schließen lassen.
Zeitbedarf	Langform: 25–30 Minuten, Kurzform: 15–20 Minuten.
Bezugsquellen	Alpha-Test GmbH Prof. Dr. Günter F. Müller

Name des Verfahrens	Skalen zum Erleben von Emotionen (SEE)
Schlüsselqualifikation	Emotionswahrnehmung/Empathie
Autor/Literatur	Behr, M. & Becker, M. (2004)
Testart	Persönlichkeitstest
Kurzbeschreibung	Die Skalen zum Erleben von Emotionen umfassen insgesamt 42 Items, die sich sieben Faktoren/unabhängigen Skalen zuordnen lassen. Im Einzelnen werden erfasst: Akzeptanz eigener Emotionen Erleben von Emotionsüberflutung Erleben von Emotionsmangel Körperbezogene Symbolisierung von Emotionen Imaginative Symbolisierung von Emotionen Erleben von Emotionsregulation Erleben von Selbstkontrolle Zusammenfassend messen die Skalen wie Personen die eigenen Gefühle wahrnehmen, sie bewerten und wie sie mit ihnen umgehen.
Zeitbedarf	10 bis 15 Minuten.
Bezugsquelle	Testzentrale Hogrefe
Weitere Informationen	Es liegen auch fremdsprachliche Versionen vor: Italienisch, Türkisch, Französisch, Englisch

Name des Verfahrens	Skalen zur Service- und Kundenorientierung (SKASUK)
Schlüsselqualifikation	Emotionswahrnehmung/Empathie
Autor/Literatur	Sonnenberg, H.-G. (ohne Jahresangabe)
Testart	Persönlichkeitstest
Kurzbeschreibung	Die Skalen erfassen die Neigung und die Eignung von Menschen für Tätigkeiten im Bereich der Kundenorientierung, in dem sie Einstellungen und Interessen in diesem Bereich erfassen. Es werden kompetenzorientierte Konzepte (Extraversion, Empathie, Self-Monitoring und Frustrationstoleranz) sowie motivationale Konzepte (Streben nach sozialer Anerkennung, Leistungsmotivation, Hilfeleistungsmotivation und Dominanz) erfasst. Der Test umfasst insgesamt 94 Items (acht Skalen), zu denen der Proband sein Ausmaß an Zustimmung (vierstufige Skala) abgibt.
Zeitbedarf	Ca. 20 Minuten.
Bezugsquelle	Dr. G. Schuhfried GmbH

4.4.4
Handlungskompetenzen

Theoretisches Wissen ist für die Bewältigung beruflicher Anforderungen nicht ausreichend. Vielfach ist die Fähigkeit, Dinge in die Tat umzusetzen, also Handlungskompetenzen, ebenso notwendig. Sie stellt neben den Intellektuellen Kompetenzen (dem Können), der Motivation/Engagement (dem Wollen) und den Emotionalen Kompetenzen den vierten Bereich der Basisanforderungen dar.

Kompetentes Handeln zeichnet sich unter anderem dadurch aus, dass Pläne und Projekte tatsächlich in die Tat umgesetzt werden. Des Weiteren ist es wichtig, vor der Umsetzung Ziele und Pläne zu formulieren und diese auf realistische Durchführbarkeit zu überprüfen. Dazu gehört, aus verschiedenen Alternativen eine bewusste Auswahl zu treffen, Prioritäten zu setzen und mit den eigenen Ressourcen ökonomisch umzugehen, so dass auch in belastenden und schwierigen Situationen (Stress) ein überlegtes und zielorientiertes Handeln möglich ist. Handlungskompetenz ist ebenso dadurch gekennzeichnet, dass Resultate und Ziele verglichen als auch Fehler kontrolliert und korrigiert werden. Nicht zuletzt ist es für diesen Kompetenzbereich bedeutend, Pläne und Ziele auch über längere

Zeiträume zu verfolgen und sich durch Hindernisse nicht von dem Ziel abbringen zu lassen.

Zur Erfassung von Handlungskompetenzen werden neben der Arbeitsprobe auch Tests und Simulationen, wie Postkorb, Konstruktionsübungen und Fallstudien, eingesetzt.

Schlüsselqualifikationen:

- Belastbarkeit (Stressbewältigung)
- Durchhaltevermögen
- Entscheidungsfähigkeit
- Frustrationstoleranz
- Realisierungsorientiertes Denken
- Selbstmanagement
- Sorgfalt/Gewissenhaftigkeit
- Umsetzungs- und Handlungsorientierung

Belastbarkeit (Stressbewältigung)

Definition	Positive Indikatoren Die Person…	Negative Indikatoren Die Person…	Verwandte Merkmale
Fähigkeit, belastende Situationen zu bewältigen und ökonomisch mit den eigenen Ressourcen umzugehen.	• kennt aktive Stressbewältigungsstrategien und wendet sie an • reagiert auf stressige Situationen äußerlich gelassen • arbeitet auch unter Belastung (z. B. Zeitdruck) gleich bleibend ruhig und zielorientiert	• klagt häufig über Arbeitsüberlastung oder Zeitdruck • reagiert unangemessen emotional, wenn andere eine Anfrage an sie richten • setzt unter Druck keine Prioritäten • macht unter Zeit- und Arbeitsdruck viele Fehler	Selbstmanagement Balancing

- erledigt wichtige und dringliche Aufgaben zuerst.
- verliert bei Belastungen den Überblick und neigt zu unproduktivem Aktionismus.

Verfahren

Arbeitsbezogenes Verhaltens- und Erlebensmuster (AVEM)
Bochumer Inventar zur berufsbezogenen Persönlichkeitsbeschreibung (BIP)
Fragebogen zum Umgang mit Belastungen im Verlauf (UBV)
Fragebogen zur Analyse belastungsrelevanter Anforderungsbewältigung (FABA)
Inventar zur Persönlichkeitsdiagnostik in Situationen (IPS)
Simultankapazität (SIMKAP)
Stressverarbeitungsfragebogen (SVF)

Name des Verfahrens	Arbeitsbezogenes Verhaltens- und Erlebensmuster (AVEM)
Schlüsselqualifikation	Belastbarkeit (Stressbewältigung)
Autor/Literatur	Schaarschmidt, U. & Fischer, A. W. (1996)
Testart	Standardisiertes Testverfahren – Selbstbeschreibungsfragebogen
Kurzbeschreibung	AVEM ist ein mehrdimensionales Verfahren, mit dem Selbsteinschätzungen zum Verhalten und Erleben bzgl. Arbeit und Beruf ermittelt werden. Es setzt sich aus elf Dimensionen zusammen, z. B. Subjektive Bedeutsamkeit der Arbeit, beruflicher Ehrgeiz, Distanzierungsfähigkeit, Resignationstendenz bei Misserfolg und Offensive Problembewältigung. Diese werden mit jeweils sechs Items erfasst, die auf einer fünfstufigen Antwortskala («trifft völlig zu» bis «trifft überhaupt nicht zu») beurteilt werden. Ziel ist die Zuordnung individueller Profile zu verschiedenen Typen («Gesundheitsideal», «Schonung», «überhöhtes Engagement», «eingeschränkte Distanzierungsfähigkeit»). Im Vordergrund steht hier der Gesundheitsaspekt.
Zeitbedarf	Die Bearbeitungszeit beträgt ca. 10 Minuten.
Besonderheiten bei der Durchführung	Die Papier-Bleistift-Form des AVEM kann sowohl manuell als auch computergestützt erfolgen.
Bezugsquelle	Dr. G. Schuhfried GmbH Harcourt Test Services Testzentrale Hogrefe

Name des Verfahrens	Bochumer Inventar zur berufsbezogenen Persönlichkeitsbeschreibung (BIP)
Schlüsselqualifikation	Belastbarkeit (Stressbewältigung)
Autor/Literatur	Hossiep, R. & Paschen, M. (2003)
Testart	Standardisiertes Testverfahren – Selbstbeschreibungsfragebogen
Kurzbeschreibung	Der BIP ist ein Verfahren zur Erfassung von im Berufsleben relevanten Persönlichkeitsfacetten. Diese werden mit insgesamt 210 Items erfasst, die 14 Dimensionen zugeordnet sind: Gewissenhaftigkeit, Flexibilität, Handlungsorientierung, Leistungsmotivation, Gestaltungsmotivation, Führungsmotivation, Sensitivität, Kontaktfähigkeit, Soziabilität, Teamorientierung, Durchsetzungsstärke, Emotionale Stabilität, Belastbarkeit, Selbstbewusstsein. Die Antwortskala ist sechsstufig.
Zeitbedarf	Die Durchführungszeit beträgt ca. 45 Minuten.
Bezugsquelle	Testzentrale Hogrefe

Name des Verfahrens	Fragebogen zum Umgang mit Belastungen im Verlauf (UBV)
Schlüsselqualifikation	Belastbarkeit (Stressbewältigung)
Autor/Literatur	Reicherts, M. & Perrez, M. (in Anwendung seit 1993)
Testart	Medizinpsychologisches Verfahren
Kurzbeschreibung	Das Verfahren eignet sich für gesundheitsbezogene Fragestellungen; es erfasst psychologische Merkmale der Belastungsverarbeitung. Dem Probanden werden verschiedene alltagsnahe Problemsituationen präsentiert: Jede Situation umfasst drei Phasen (Beginn, Fortbestehen und positiver oder negativer Ausgang der Stress-Situation). Zu jeder Situation wird der Proband zu seiner Situationseinschätzung befragt sowie zu seinen emotionalen Reaktionen, seinen Bewältigungsintentionen und zu seinem kognitiven, emotionalen und instrumentellen Bewältigungsverhalten. Sowohl der Verlauf der Belastungsverarbeitung als auch die Beziehung der Aspekte untereinander können ausgewertet werden.

Zeitbedarf	Die Gesamtform mit 18 Belastungssituationen dauert ca. 3 Stunden, die Kurzform (4 Situationen) ca. 40 Minuten.
Bezugsquelle	Testzentrale Hogrefe

Name des Verfahrens	**Fragebogen zur Analyse belastungsrelevanter Anforderungen (FABA)**
Schlüsselqualifikation	Belastbarkeit (Stressbewältigung)
Autor/Literatur	Richter, P., Rudolf, M. & Schmidt, C. F. (in Anwendung seit 1996)
Testart	Persönlichkeitstest
Kurzbeschreibung	Das Verfahren zielt darauf ab, gewohnheitsmäßige Handlungsmuster zu diagnostizieren, die in Stresssituationen zu einer erhöhten Aktivierung führen und langfristig das Erkrankungsrisiko erhöhen können. Vier Faktoren/Skalen werden erfasst: Exzessives Arbeitsengagement und Erholungsunfähigkeit, Exzessives Kontrollbedürfnis, Dominanz, Ungeduld.
Zeitbedarf	Ca. 5 bis 10 Minuten.
Bezugsquelle	Harcourt Test Services

Name des Verfahrens	**Inventar zur Persönlichkeitsdiagnostik in Situationen (IPS)**
Schlüsselqualifikation	Belastbarkeit (Stressbewältigung)
Autor/Literatur	Schaarschmidt, U. & Fischer, A. W. (1997)
Testart	Computergestütztes, standardisiertes Testverfahren – Selbstbeschreibungsfragebogen
Kurzbeschreibung	Das IPS ist ein mehrdimensionales Verfahren zur Erfassung des Verhaltens und Erlebens in den drei Anforderungsbereichen sozial-kommunikatives Verhalten, Handlungsfähigkeit und -bereitschaft und Gesundheits- und Erholungsverhalten. Es werden 15 verschiedene Situationen dargeboten, zu denen eine Einschätzung des eigenen Verhaltens auf einer vierstufigen Skala gefordert wird. Des Weiteren soll die Zufriedenheit mit dieser Reaktion auf einer fünfstufigen Skala angegeben werden. Es ergeben sich somit vier Skalen, denen insgesamt 18 Dimensionen zugeordnet sind.

Zeitbedarf	Die Bearbeitungszeit beträgt ca. 15 Minuten.
Bezugsquelle	Dr. G. Schuhfried GmbH

Name des Verfahrens	**Simultankapazität (SIMKAP)**
Schlüsselqualifikation	Belastbarkeit (Stressbewältigung)
Autor/Literatur	Bratfisch, O. & Hagman. E. (ohne Jahresangabe)
Testart	Standardisiertes Testverfahren – Leistungstest
Kurzbeschreibung	Simultankapazität ist ein computergestütztes Verfahren zur Erfassung der Simultankapazität und Stresstoleranz. Simultankapazität wird definiert als diejenige Leistung, die bei der parallelen Durchführung von einerseits Routineaufgaben und andererseits kognitiv anspruchsvollen Aufgaben, wie Problemlösen, erreicht wird. Die Stresstoleranz wird als ein Maß für die Leistungsdifferenz bezeichnet, Aufgaben unter Normalbedingungen versus Aufgaben unter Stressbedingungen zu lösen. Operational aufgebaut auf der Definition dieser Konstrukte besteht der Test aus fünf Subtests, von denen drei die Baseline der Wahrnehmungsgeschwindigkeit/-genauigkeit messen. Im vierten Subtest werden vom Probanden einfache intellektuelle Leistungen gefordert. Der fünfte Subtest kombiniert die vier vorherigen Subtests.
Zeitbedarf	Ca. 35 Minuten.
Besonderheiten bei der Durchführung	Soundkarte inklusive Lautsprecher bzw. Kopfhörer werden benötigt.
Bezugsquelle	Dr. G. Schuhfried GmbH
Weitere Informationen	Die Übertragung des Tests in andere Sprachen ist möglich.

Name des Verfahrens	**Stressverarbeitungsfragebogen (SVF)**
Schlüsselqualifikation	Belastbarkeit (Stressbewältigung)
Autor/Literatur	Janke, W., Erdmann, G. & Boucsein, W. (1985)
Testart	Standardisiertes Testverfahren – Selbstbeschreibungsfragebogen

Kurzbeschreibung	Der SVF ist ein mehrdimensionaler Fragebogen zur Erfassung von Stressbewältigungsstrategien. Er umfasst folgende Skalen: Bagatellisierung, Herunterspielen durch Vergleich mit anderen, Schuldabwehr, Ablenkung von Situationen, Ersatzbefriedigung, Suche nach Selbstbestätigung, Situationskontrollversuche, Reaktionskontrollversuche, positive Selbstinstruktion, Bedürfnis nach sozialer Unterstützung, Vermeidungstendenz, Fluchttendenz, soziale Abkapselung, gedankliche Weiterbeschäftigung, Resignation, Selbstbemitleidung, Selbstbeschuldigung, Aggression, Medikamenteneinnahme. Die insgesamt 114 Items fragen mögliche Reaktionen in Situationen ab, in denen man innerlich erregt oder durch irgendetwas aus dem Gleichgewicht gebracht wird. Zur Beantwortung stehen fünf Antwortmöglichkeiten, die die persönliche Wahrscheinlichkeit für ein solches Verhalten wiedergeben. Sie reichen von «gar nicht» bis «sehr wahrscheinlich».
Zeitbedarf	Ca. 15–20 Minuten.
Bezugsquelle	Testzentrale Hogrefe Dr. G. Schuhfried GmbH

Durchhaltevermögen

Definition	Positive Indikatoren Die Person...	Negative Indikatoren Die Person...	Verwandte Merkmale
Fähigkeit, Aufgaben und Ziele über einen längeren Zeitraum bzw. unter schwierigen Bedingungen zu verfolgen.	• bleibt am Ball, auch wenn Schwierigkeiten und Probleme auftauchen • verzichtet auf angenehme Aktivitäten, wenn ein Ziel erreicht oder eine Aufgabe erledigt werden muss • hat im Leben schon einmal ein langfristiges Ziel verfolgt und erreicht.	• hat in der Vergangenheit viele Aktivitäten begonnen, ohne sie zu Ende zu führen (z. B. Ausbildung, Projekte, Hobbys…) • lässt sich durch äußere Einflüsse leicht vom Ziel ablenken • springt von einer Aufgabe zur anderen, ohne etwas abzuschließen.	Selbstmanagement Belastbarkeit (Stressbewältigung) Konzentrationsfähigkeit Durchsetzungsfähigkeit

Verfahren

ILICA
Leistungsmotivationsinventar (LMI)

Name des Verfahrens	ILICA
Schlüsselqualifikation	Durchhaltevermögen
Autor/Literatur	Möseneder, D. & Ebenhöh, J. (1996)
Testart	Standardisierte Computer-Simulation
Kurzbeschreibung	ILICA ist ein Simulationstest zur Erfassung von Entscheidungsverhalten, Planungsstrategien und Selbstverwaltungsfähigkeit. Im Vordergrund steht der persönliche Stil einer Person, mit Ablenkungen während einer angestrebten Zielerreichung als auch mit auftretenden Problemen und Frustrationen umzugehen. Die Aufgabe der Bewerber besteht in der Gestaltung eines fiktiven arbeitsfreien Tages, während dem der bevorstehende Urlaub geplant werden soll. Dabei stehen 40 Aktivitäten zur Verfügung, die sich aufteilen lassen in: Urlaubs-, Freizeit-, Alltags- und Soziale Aktivitäten. Einige der Aktivitäten sind durch die Instruktion oder einen Kalendereintrag mit festem Termin vorgegeben. Des Weiteren stehen bestimmte Hilfsfunktionen wie z. B. Kalender, Uhr, Telefon während des Testablaufes zur Verfügung. Im Ergebnis werden drei Typen erfasst: reflexiver Typ, impulsiver Typ und flexibler Typ.
Zeitbedarf	Ca. 35 Minuten.
Bezugsquelle	Harcourt Test Services

Name des Verfahrens	Leistungsmotivationsinventar (LMI)
Schlüsselqualifikation	Durchhaltevermögen
Autor/Literatur	Schuler, H. & Prochaska, M. unter Mitarbeit von Frintrup, A. (2001)
Testart	Standardisiertes Testverfahren – Selbstbeschreibungsfragebogen

Kurzbeschreibung	Das LMI gliedert sich in 17 Dimensionen oder «Leistungsorientierungen», sie werden mit je zehn Items erfasst. Die berufsrelevanten Dimensionen sind Beharrlichkeit, Dominanz, Engagement, Erfolgszuversicht, Flexibilität, Flow, Furchtlosigkeit, Internalität, Kompensatorische Anstrengung, Leistungsstolz, Lernbereitschaft, Schwierigkeitspräferenz, Selbstständigkeit, Selbstkontrolle, Statusorientierung, Wettbewerbsorientierung und Zielsetzung.
Zeitbedarf	Langform: ca. 30 bis 40 Minuten, Kurzform: ca. 10 Minuten.
Bezugsquelle	Testzentrale Hogrefe

Entscheidungsfähigkeit

Definition	Positive Indikatoren Die Person…	Negative Indikatoren Die Person…	Verwandte Merkmale
Fähigkeit, sich für eine Alternative zu entscheiden und Bereitschaft, die damit verbundene Verantwortung und Konsequenzen zu übernehmen.	• nutzt Handlungs- und Ermessensspielräume • trifft Entscheidungen auch wenn damit ein Risiko verbunden ist • vertritt Entscheidungen nach außen • begrenzt die Phase der Informationssammlung vor einer Entscheidung auf das Wesentliche.	• ändert häufig die Meinung • sitzt notwendige Entscheidungen am liebsten aus, bis jemand anderes entscheidet oder sich die Situation ändert • zeigt Unsicherheit, wenn eine wichtige Entscheidung ansteht • stellt getroffene Entscheidungen immer wieder in Frage.	Soziale Unabhängigkeit Risikobereitschaft Informationsmanagement

Verfahren

Arbeitshaltungen (AHA)
Bonner Postkorb Module (BPM)

4. Die Beurteilung von Schlüsselqualifikationen

Name des Verfahrens	Arbeitshaltungen (AHA)
Schlüsselqualifikation	Entscheidungsfähigkeit
Autor/Literatur	Kubinger, K. & Ebenhöh, H. (ohne Jahresangabe)
Testart	Objektiver Persönlichkeitstest
Kurzbeschreibung	Bei dem Testverfahren Arbeitshaltungen handelt es sich um eine objektive Testbatterie zur Erfassung von verschiedenen Dimensionen der Persönlichkeit. Die Erfassung geschieht mittels Bearbeitung einfacher Aufgaben. Der Test besteht aus drei Subtests: Subtest 1 erfasst «Impulsivität/Reflexivität», Subtest 2 misst «Anspruchsniveau und Frustrationstoleranz», Subtest 3 erfasst «Leistungsmotivation».
Zeitbedarf	Subtest 1 und 2 jeweils ca. 15 Minuten, Subtest 3 ca. 20 bis max. 45 Minuten.
Bezugsquelle	Dr. G. Schuhfried GmbH

Name des Verfahrens	Bonner Postkorb Module (BPM)
Schlüsselqualifikation	Entscheidungsfähigkeit
Autor/Literatur	Musch, J., Rahn, B. & Lieberei, W. (2001)
Testart	Situatives Verfahren – Postkorb
Kurzbeschreibung	Das Verfahren Bonner Postkorb Module (BPM) beinhaltet die vier verschiedenen Postkörbe «CaterTrans», «Chronos», «Minos» und «AeroWings». Sie alle stellen situative Arbeitsproben im betrieblichen Kontext dar. Erfasst werden neben analytischen und organisationalen Kompetenzen des Bewerbers auch seine Fähigkeit, Entscheidungen zu treffen. Grundsätzlich bestehen die Postkörbe aus einer Reihe verschiedenster Schriftstücke, z.B. Notizen, Memos, Verträge, Mitteilungen, Briefe u. v. m.; sie alle beinhalten für eine Führungskraft typische Problemstellungen. Aufgabe des Bewerbers ist es, in einer vorgegebenen Zeit alle Informationen zu verarbeiten, entsprechende Handlungen zu initiieren und Maßnahmen zu ergreifen, die auch im Rahmen seiner Termingestaltung anderer betrieblicher Rahmenbedingungen zu einer ökonomischen und sinnvollen, prioritätsorientierten Lösung führen.

Zeitbedarf	60 Minuten pro Postkorbübung.
Bezugsquelle	Testzentrale Hogrefe

Frustrationstoleranz

Definition	Positive Indikatoren Die Person…	Negative Indikatoren Die Person…	Verwandte Merkmale
Fähigkeit, unbefriedigende Erlebnisse, Zustände und Enttäuschungen angemessen zu verarbeiten.	• kann aktuelle Bedürfnisse aufschieben • akzeptiert Veränderungen und Hindernisse als «normal» und geht konstruktiv damit um • weiß, dass Misserfolge zum Leben gehören • kann Enttäuschungen schnell überwinden und sich Neuem zuwenden • hat Misserfolge/ Enttäuschungen in der eigenen Berufsbiographie konstruktiv überwunden und kann reflektiert darüber berichten.	• reagiert unangemessen emotional, wenn die eigenen Wünsche/ Bedürfnisse nicht erfüllt werden (z. B. übertriebene und/oder lang anhaltende Wut oder auch Trauer) • zeigt sich auch bei kleineren Alltagsärgernissen übermäßig emotional (aufbrausend oder auch pessimistisch) • kann sich nicht mit Misserfolgen abfinden.	Stressbewältigung Durchhaltevermögen Emotionsmanagement

Verfahren

Arbeitshaltungen (AHA)
ILICA
Skalen zur Service- und Kundenorientierung (SKASUK)

Name des Verfahrens	Arbeitshaltungen (AHA)
Schlüsselqualifikation	Frustrationstoleranz
Autor/Literatur	Kubinger, K. & Ebenhöh, H. (ohne Jahresangabe)
Testart	Objektiver Persönlichkeitstest
Kurzbeschreibung	Bei dem Testverfahren Arbeitshaltungen handelt es sich um eine objektive Testbatterie zur Erfassung von verschiedenen Dimensionen der Persönlichkeit. Die Erfassung geschieht mittels Bearbeitung einfacher Aufgaben. Der Test besteht aus drei Subtests: Subtest 1 erfasst «Impulsivität/Reflexivität», Subtest 2 misst «Anspruchsniveau und Frustrationstoleranz», Subtest 3 erfasst «Leistungsmotivation».
Zeitbedarf	Subtest 1 und 2 jeweils ca. 15 Minuten, Subtest 3 ca. 20 bis max. 45 Minuten.
Bezugsquelle	Dr. G. Schuhfried GmbH

Name des Verfahrens	ILICA
Schlüsselqualifikation	Frustrationstoleranz
Autor/Literatur	Möseneder, D. & Ebenhöh, J. (1996)
Testart	Standardisierte Computer-Simulation
Kurzbeschreibung	ILICA ist ein Simulationstest zur Erfassung von Entscheidungsverhalten, Planungsstrategien und Selbstverwaltungsfähigkeit. Im Vordergrund steht der persönliche Stil einer Person, mit Ablenkungen während einer angestrebten Zielerreichung als auch mit auftretenden Problemen und Frustrationen umzugehen. Die Aufgabe der Bewerber besteht in der Gestaltung eines fiktiven arbeitsfreien Tages, während dem der bevorstehende Urlaub geplant werden soll. Dabei stehen 40 Aktivitäten zur Verfügung, die sich aufteilen lassen in: Urlaubs-, Freizeit-, Alltags- und Soziale Aktivitäten. Einige der Aktivitäten sind durch die Instruktion oder einen Kalendereintrag mit festem Termin vorgegeben. Des Weiteren stehen bestimmte Hilfsfunktionen wie z. B. Kalender, Uhr, Telefon während des Testablaufes zur Verfügung. Im Ergebnis werden drei Typen erfasst: reflexiver Typ, impulsiver Typ und flexibler Typ.

Zeitbedarf	Ca. 35 Minuten.
Bezugsquelle	Harcourt Test Services

Name des Verfahrens	**Skalen zur Service- und Kundenorientierung (SKASUK)**
Schlüsselqualifikation	Frustrationstoleranz
Autor/Literatur	Sonnenberg, H.-G. (ohne Jahresangabe)
Testart	Persönlichkeitstest
Kurzbeschreibung	Die Skalen erfassen die Neigung und die Eignung von Menschen für Tätigkeiten im Bereich der Kundenorientierung, in dem sie Einstellungen und Interessen in diesem Bereich erfassen. Es werden kompetenzorientierte Konzepte (Extraversion, Empathie, Self-Monitoring und Frustrationstoleranz) sowie motivationale Konzepte (Streben nach sozialer Anerkennung, Leistungsmotivation, Hilfeleistungsmotivation und Dominanz) erfasst. Der Test umfasst insgesamt 94 Items (acht Skalen), zu denen der Proband sein Ausmaß an Zustimmung (vierstufige Skala) abgibt.
Zeitbedarf	Ca. 20 Minuten.
Bezugsquelle	Dr. G. Schuhfried GmbH

Realisierungsorientiertes Denken

Definition	Positive Indikatoren Die Person...	Negative Indikatoren Die Person...	Verwandte Merkmale
Fähigkeit, sich am Machbaren zu orientieren und das in Angriff zu nehmen, was unter den gegebenen Bedingungen erreichbar und zweckmäßig ist.	• kann Wünsche und Ideale an realistischen Gegebenheiten orientieren • überprüft die Durchführbarkeit von Vorschlägen und Plänen • kann sich mit suboptimalen/ pragmatischen Lösungen abfinden.	• berichtet häufig von großen Zielen und Visionen, ohne konkrete Umsetzungsschritte zu unternehmen • ignoriert Fakten (z. B. finanzielle Rahmenbedingungen, Budget, Zeitrahmen) • macht häufig Vorschläge, die nicht umsetzbar sind • besteht rigide auf die Umsetzung von Plänen, auch wenn sich die Bedingungen geändert haben.	Umsetzungs- und Handlungsorientierung Problemlösefähigkeit

Verfahren

Zur Erfassung dieser Schlüsselqualifikation liegen zurzeit keine standardisierten Verfahren vor. Eventuell kann die Schlüsselqualifikation durch eine der in Kap. 2.5 beschriebenen Simulationen beobachtet werden. Im Einzelnen hängt dieses von der Ausgestaltung der Verfahren ab.

Selbstmanagement

Definition	Positive Indikatoren Die Person...	Negative Indikatoren Die Person...	Verwandte Merkmale
Fähigkeit, die eigene Arbeit zu organisieren, sich selbst zu motivieren und mit Schwierigkeiten im Arbeitsablauf umzugehen.	• setzt sich eigene realistische Ziele • nimmt unangenehme Teilaufgaben frühzeitig in Angriff • hält selbstgesetzte Arbeitszeiten ein • kontrolliert selbstständig den eigenen Arbeitsfortschritt • organisiert das Arbeitsumfeld, so dass die Aufgaben ohne vorhersehbare Störungen bewältigt werden können • kennt den eigenen Arbeitsstil und Gewohnheiten (z. B. Vorlieben, Leistungskurve) und passt seine Arbeitsabläufe darauf an.	• ist angewiesen auf äußeren Druck, um etwas fertig zu stellen • setzt keine Prioritäten • lässt sich durch andere Aufgaben oder durch Kollegen ablenken • verschiebt Aufgaben regelmäßig auf einen späteren Zeitpunkt • nutzt keine organisatorischen Hilfsmittel (z. B. Timer, To-do-Listen, Zeitpläne, Wiedervorlagen) • bevorzugt Tätigkeiten und Positionen mit festen Abläufen und Strukturen.	Eigeninitiative Durchhaltevermögen Leistungsbereitschaft Zeitmanagement

Verfahren

ILICA
Leistungsmotivationsinventar (LMI)
Management-Fallstudien (MFA)

Name des Verfahrens	ILICA
Schlüsselqualifikation	Selbstmanagement
Autor/Literatur	Möseneder, D. & Ebenhöh, J. (1996)
Testart	Standardisierte Computer-Simulation.
Kurzbeschreibung	ILICA ist ein Simulationstest zur Erfassung von Entscheidungsverhalten, Planungsstrategien und Selbstverwaltungsfähigkeit. Im Vordergrund steht der persönliche Stil einer Person, mit Ablenkungen während einer angestrebten Zielerreichung als auch mit auftretenden Problemen und Frustrationen umzugehen. Die Aufgabe der Bewerber besteht in der Gestaltung eines fiktiven arbeitsfreien Tages, während dem der bevorstehende Urlaub geplant werden soll. Dabei stehen 40 Aktivitäten zur Verfügung, die sich aufteilen lassen in: Urlaubs-, Freizeit-, Alltags- und Soziale Aktivitäten. Einige der Aktivitäten sind durch die Instruktion oder einen Kalendereintrag mit festem Termin vorgegeben. Des Weiteren stehen bestimmte Hilfsfunktionen wie z. B. Kalender, Uhr, Telefon während des Testablaufes zur Verfügung. Im Ergebnis werden drei Typen erfasst: reflexiver Typ, impulsiver Typ und flexibler Typ.
Zeitbedarf	Ca. 35 Minuten.
Bezugsquelle	Harcourt Test Services

Name des Verfahrens	Leistungsmotivationsinventar (LMI)
Schlüsselqualifikation	Selbstmanagement
Autor/Literatur	Schuler, H. & Prochaska, M. unter Mitarbeit von Frintrup, A. (2001)
Testart	Standardisiertes Testverfahren – Selbstbeschreibungsfragebogen
Kurzbeschreibung	Das LMI gliedert sich in 17 Dimensionen oder «Leistungsorientierungen», sie werden mit je zehn Items erfasst. Die berufsrelevanten Dimensionen sind Beharrlichkeit, Dominanz, Engagement, Erfolgszuversicht, Flexibilität, Flow, Furchtlosigkeit, Internalität, Kompensatorische Anstrengung, Leistungsstolz, Lernbereitschaft, Schwierigkeitspräferenz, Selbstständigkeit, Selbstkontrolle, Statusorientierung, Wettbewerbsorientierung und Zielsetzung.

Zeitbedarf	Langform: ca. 30 bis 40 Minuten, Kurzform: ca. 10 Minuten.
Bezugsquelle	Testzentrale Hogrefe

Name des Verfahrens	**Management-Fallstudien (MFA)**
Schlüsselqualifikation	Selbstmanagement
Autor/Literatur	Fennekels, G. P. & D'Souza, S. (1999)
Testart	Situatives Verfahren
Kurzbeschreibung	Management-Fallstudien ist ein computergestütztes, vier verschiedene Instrumente umfassendes Verfahren. Die vier einzelnen Verfahren sind Führungssituationen, Konflikt-situationen, Soziale Situationen und Zeitmanagement, Planung und Selbstorganisation. In allen Verfahren werden dem Bewerber entsprechend der Thematik Situationen, Fälle oder Vorgänge vorgegeben, auf die er reagieren bzw. die er entsprechend koordinieren und lösen muss. Es werden Anforderungen im Sinne von aktivem Gestalten von zwischenmenschlichen Konfliktsituationen, Initiative ergreifen, Abläufe gestalten oder auch systematisches Herangehen an Aufgaben analysiert und in Form einer Stärken-Schwächen-Analyse beschrieben.
Zeitbedarf	Ca. 120 Minuten.
Bezugsquelle	Testzentrale Hogrefe

Sorgfalt/Gewissenhaftigkeit

Definition	Positive Indikatoren Die Person…	Negative Indikatoren Die Person…	Verwandte Merkmale
Fähigkeit, sorgsam sowie genau zu arbeiten und dabei Fehler möglichst zu vermeiden bzw. zu beheben.	• kontrolliert die Arbeitsergebnisse erst auf Fehler, bevor sie anderen präsentiert werden • legt Wert auf möglichst fehlerfreie Ergebnisse.	• macht viele Flüchtigkeitsfehler • legt die Priorität deutlich auf schnelles statt auf genaues Arbeiten.	

Verfahren

Bochumer Inventar zur berufsbezogenen Persönlichkeitsbeschreibung (BIP)
Test d2 Aufmerksamkeits-Belastungs-Test
Utopia (2003, aktuelles Update)

Name des Verfahrens	Bochumer Inventar zur berufsbezogenen Persönlichkeitsbeschreibung (BIP)
Schlüsselqualifikation	Sorgfalt/Gewissenhaftigkeit
Autor/Literatur	Hossiep, R. & Paschen, M. (2003)
Testart	Standardisiertes Testverfahren – Selbstbeschreibungsfragebogen
Kurzbeschreibung	Der BIP ist ein Verfahren zur Erfassung von im Berufsleben relevanten Persönlichkeitsfacetten. Diese werden mit insgesamt 210 Items erfasst, die 14 Dimensionen zugeordnet sind: Gewissenhaftigkeit, Flexibilität, Handlungsorientierung, Leistungsmotivation, Gestaltungsmotivation, Führungsmotivation, Sensitivität, Kontaktfähigkeit, Soziabilität, Teamorientierung, Durchsetzungsstärke, Emotionale Stabilität, Belastbarkeit, Selbstbewusstsein. Die Antwortskala ist sechsstufig.
Zeitbedarf	Die Durchführungszeit beträgt ca. 45 Minuten.
Bezugsquelle	Testzentrale Hogrefe

4.4 Basiskompetenzen

Name des Verfahrens	**Test d2 Aufmerksamkeits-Belastungs-Test**
Schlüsselqualifikation	Sorgfalt/Gewissenhaftigkeit
Autor/Literatur	Brickenkamp, R. (2002). 9., überarbeitete und neu normierte Auflage
Testart	Standardisiertes Testverfahren – Leistungstest – Konzentrationstest
Kurzbeschreibung	Der Test d2 stellt eine Weiterentwicklung des standardisierten Verfahrens zur individuellen Messung von Aufmerksamkeits- und Konzentrationsleistungen dar. Als Durchstreichtest misst er neben Tempo auch die Sorgfalt des Arbeitsverhaltens bei der Unterscheidung von visuell ähnlichen Reizen (Detail-Diskrimination). Die Aufgabe des Probanden besteht darin, in einer Reihe ähnlicher Zeichen jedes d, das mit zwei Strichen versehen ist, so schnell und so sorgfältig wie möglich (Fehlervermeidung) durchzustreichen. Im Test werden 14 Zeilen bearbeitet, wobei für jede Zeile 20 Sekunden zur Verfügung stehen.
Zeitbedarf	Ca. 8 Minuten.
Bezugsquelle	Testzentrale Hogrefe
Weitere Informationen	Das Verfahren liegt auch in englischer, französischer, dänischer und portugiesischer Sprache vor. Darüber hinaus hat die brasilianische Ausgabe eine eigene Normierung.

Name des Verfahrens	**Utopia (2003, aktuelles Update)**
Schlüsselqualifikation	Sorgfalt/Gewissenhaftigkeit
Autor/Literatur	Vogt, H. (1997)
Testart	PC-Planspiel
Kurzbeschreibung	In diesem Planspiel übernehmen die Bewerber die Regierung der fiktiven Insel Utopia, deren Entwicklung gefördert werden und in Richtung vorgegebener Ziele vorangetrieben werden soll. Ausgewertet wird u.a. der Umgang mit einer Reihe von Zielkonflikten sowie der Fülle von Daten und Informationen und der Umgang mit sich verändernden Rahmenbedingungen und Störfaktoren.

4. Die Beurteilung von Schlüsselqualifikationen

Zeitbedarf	90 Minuten.
Bezugsquellen	Scharley & Partner

Umsetzungs- und Handlungsorientierung

Definition	Positive Indikatoren Die Person…	Negative Indikatoren Die Person…	Verwandte Merkmale
Fähigkeit, Pläne und Konzepte tatsächlich auszuführen und erfolgreich abzuschließen.	• hat in der Vergangenheit schon mehrere Pläne/Vorhaben erfolgreich umgesetzt • zeigt eine hohe Verbindlichkeit gegenüber dem Projekt und treibt die Umsetzung voran • geht nach der Planungsphase unmittelbar in die Umsetzung • nimmt Aufgaben schnell in Angriff (z. B. erledigt kleine Aufgaben sofort).	• bleibt lange in Planungs- und Entscheidungsphasen stecken • lässt sich von einem Vorhaben leicht wieder abbringen • fokussiert sehr stark auf Hindernisse und Probleme, die einer Umsetzung im Weg stehen.	Realisierungsorientiertes Denken Durchhaltevermögen Eigeninitiative

Verfahren

Zur Erfassung dieser Schlüsselqualifikation liegen zurzeit keine standardisierten Verfahren vor. Eventuell kann die Schlüsselqualifikation durch eine der in Kap. 2.5 beschriebenen Simulationen beobachtet werden. Im Einzelnen hängt dieses von der Ausgestaltung der Verfahren ab.

4.5
Kompetenzen im Umgang mit Anderen

4.5.1
Soziale Kompetenzen

Der Bereich Soziale Kompetenzen umfasst diejenigen Fähigkeiten, die es uns erlauben, in zwischenmenschlichen Beziehungen und sozialen Situationen erfolgreich und angemessen zu handeln.

Dazu gehören zum Beispiel das Wissen um oder über gemeinschaftliche Normen und Regeln, die Fähigkeit, sich situationsabhängig flexibel zu verhalten und die Fähigkeit, erfolgreich in Projektgruppen und Teams zu arbeiten, was neben Teamfähigkeit auch Konfliktfähigkeit und Durchsetzungsfähigkeit erfordert.

Letztendlich handelt es sich bei Sozialen Kompetenzen um die Fähigkeit, sich in einer sozialen Situation so zu verhalten, dass Ziele und Interessen aller beteiligten Akteure berücksichtigt werden. Ziele und Interessen umfassen dabei nicht nur die Sachebene, sondern betreffen auch die Beziehung zu anderen Menschen. Zudem sollte auch eine zeitliche Komponente, sowohl kurzfristige als auch langfristige Interessen, berücksichtigt werden wenn beurteilt werden soll, welches Verhalten in einer Situation sozial kompetent ist.

Viele Verhaltensindikatoren aus dem Bereich Soziale Kompetenzen sind hochgradig vom kulturellen Kontext abhängig. Gerade im Bereich der Sozialen Kompetenzen gilt zudem das Prinzip «maximal ist nicht optimal», denn bei den meisten Kompetenzen aus diesem Bereich ist eher eine situationsabhängige Variabilität als eine maximale Ausprägung sinnvoll.

Zur Beurteilung von Sozialen Kompetenzen werden situative Verfahren/Bausteine eingesetzt, wie Rollenspiele, Konstruktionsübungen, Critical Incidents und Gruppendiskussionen. Daneben gibt es inzwischen eine Reihe von standardisierten, überwiegend oder teilweise computergestützten Verfahren, die es erlauben, Soziale Kompetenzen zu messen.

Schlüsselqualifikationen:

- Beratungskompetenz
- Durchsetzungsfähigkeit
- Kooperationsfähigkeit/Teamfähigkeit
- Kritik- und Konfliktfähigkeit

4. Die Beurteilung von Schlüsselqualifikationen

- Networking
- Rollenkompetenz
- Soziale Unabhängigkeit
- Soziales Gedächtnis/Namensgedächtnis
- Stil und Umgangsformen

Beratungskompetenz

Definition	Positive Indikatoren Die Person...	Negative Indikatoren Die Person...	Verwandte Merkmale
Fähigkeit und Bereitschaft, im Arbeitsalltag Situationen mit Beratungscharakter zu erkennen und Beratungsaufgaben im Einklang mit den organisationsbezogenen Kernaufgaben wahrzunehmen.	• Verfügt über Grundtechniken der Gesprächsführung und Beratung (Zuhören, Fragetechniken, Strukturierung des Gespräches...) • schafft einen angemessenen äußeren Rahmen • erkennt die Grenzen ihrer Beratungsfunktion (und verweist ggf. auf weitere/ vertiefende Hilfsmöglichkeiten) • hat eine beratungsbezogene Weiterbildung abgeschlossen (z. B. Mediation, Coaching) und/ oder war in der Vergangenheit als Berater tätig	• hört nicht zu, fällt anderen ins Wort bzw. versetzt sich nicht in die Lage des anderen • versucht die eigene Meinung/Sichtweise anderen aufzudrängen • führt schwierige Gespräche jederzeit, an jedem Ort, auch unvorbereitet zwischen «Tür und Angel» • vermeidet es, sich Gesprächen mit schwierigen, emotionalen oder konflikthaften Inhalten zu stellen, oder • lässt sich auf ausführliche «quasitherapeutische» Gespräche ein, obwohl sie dazu	Kritik- und Konfliktfähigkeit Rollenkompetenz Sprachliche Ausdrucksfähigkeit Empathie Fähigkeit zum Perspektivwechsel Zuhören

- kann mit eigenen und fremden Emotionen in (schwierigen) Gesprächssituationen umgehen, wahrt eine angemessene Distanz.

nicht ausgebildet ist und dies auch nicht zu ihren Aufgaben gehört.

Verfahren

Für die Schlüsselqualifikation Beratungskompetenz liegen zurzeit keine standardisierten Testverfahren vor.
Beratungskompetenz lässt sich jedoch gut mit Simulationen, z. B. Rollenspiele, erfassen.

Durchsetzungsfähigkeit

Definition	Positive Indikatoren Die Person…	Negative Indikatoren Die Person…	Verwandte Merkmale
Fähigkeit, den eigenen Standpunkt auch gegen den Widerstand anderer durchzusetzen.	• übernimmt in Diskussionen eine führende Rolle • setzt in kontroversen Diskussionen die eigene Meinung durch • erreicht Verhandlungsziele durch überzeugendes Auftreten oder strategisch geschicktes Argumentieren.	• ändert ihre Meinung häufig, um sie der Gruppenmeinung anzupassen • äußert in kontroversen Diskussionen keinen eigenen Standpunkt • wird von anderen ausgenutzt oder für deren Interessen vereinnahmt.	Soziale Unabhängigkeit Kritik- und Konfliktfähigkeit Eigeninitiative Entscheidungsfähigkeit

Verfahren

Bochumer Inventar zur berufsbezogenen Persönlichkeitsbeschreibung (BIP)
Fragebogen zur Auswahl von Führungskräften (FAF)
Fragebogen zur Diagnose unternehmerischer Potenziale (F-DUP)
Führungs-Einstellungs-Test (Skalen Durchsetzungswille, Selbstbehauptung) (FET)
Selbstkonzept-Inventar (SKI)

Name des Verfahrens	Bochumer Inventar zur berufsbezogenen Persönlichkeitsbeschreibung (BIP)
Schlüsselqualifikation	Durchsetzungsfähigkeit
Autor/Literatur	Hossiep, R. & Paschen, M. (2003)
Testart	Standardisiertes Testverfahren – Selbstbeschreibungsfragebogen
Kurzbeschreibung	Der BIP ist ein Verfahren zur Erfassung von im Berufsleben relevanten Persönlichkeitsfacetten. Diese werden mit insgesamt 210 Items erfasst, die 14 Dimensionen zugeordnet sind: Gewissenhaftigkeit, Flexibilität, Handlungsorientierung, Leistungsmotivation, Gestaltungsmotivation, Führungsmotivation, Sensitivität, Kontaktfähigkeit, Soziabilität, Teamorientierung, Durchsetzungsstärke, Emotionale Stabilität, Belastbarkeit, Selbstbewusstsein. Die Antwortskala ist sechsstufig.
Zeitbedarf	Die Durchführungszeit beträgt ca. 45 Minuten.
Bezugsquelle	Testzentrale Hogrefe

Name des Verfahrens	Fragebogen zur Auswahl von Führungskräften (FAF)
Schlüsselqualifikation	Durchsetzungsfähigkeit
Autor/Literatur	Podufal, K. & Schubert, M. (2000)
Testart	Internetbasierter Selbstbeschreibungsfragebogen
Kurzbeschreibung	Grundlage der Konstruktion des FAF sind die Megatrends und die sich daraus ergebenden veränderten wirtschaftlichen und gesellschaftlichen Rahmenbedingungen, die neue/andere Anforderungen an Fach- und Führungskräfte stellen. Anhand von 120 Items erlaubt der Test, 14 Dimensionen, die sich aus den Veränderungen ergeben, zu erfassen.
Zeitbedarf	45 Minuten.
Bezugsquellen	Alpha-Test GmbH

Name des Verfahrens	**Fragebogen zur Diagnose unternehmerischer Potenziale (F-DUP)**
Schlüsselqualifikation	Durchsetzungsfähigkeit
Autor/Literatur	Müller, G. F. et al (2002)
Testart	Selbstbeschreibungsfragebogen als computergestützte oder Paper-Pencil-Version
Kurzbeschreibung	F-DUP ist eine Weiterentwicklung des amerikanischen Entrepreneurial Potential Questionnaire. Mit 54 Selbstbeschreibungsfragen werden sieben Schlüsselqualifikationen erfasst, die auf unternehmerisches Potenzial schließen lassen.
Zeitbedarf	Langform: 25–30 Minuten, Kurzform: 15–20 Minuten.
Bezugsquellen	Alpha-Test GmbH Prof. Dr. Günter F. Müller

Name des Verfahrens	**Führungs-Einstellungs-Test (FET)**
Schlüsselqualifikation	Durchsetzungsfähigkeit
Autor/Literatur	Schmidt, W. (2000)
Testart	Computergestütztes, standardisiertes Testverfahren – Selbstbeschreibungsfragebogen
Kurzbeschreibung	Der FET ist ein Fragebogen zur Erfassung von Persönlichkeitsmerkmalen, die zum Führungserfolg beitragen. Er setzt sich aus folgenden Skalen zusammen: • Durchsetzungswille • Selbstbehauptungswille • Selbstvertrauen • Gelassenheit • Kontaktoffenheit • Aggressive Extraversion • Konfliktbereitschaft • Irritierbarkeit • Überfordert fühlen • Ausgeglichenheit Insgesamt werden 100 Items bearbeitet, auf die mit «richtig» oder «falsch» geantwortet wird. Daraus ergibt sich ein Persönlichkeitsprofil, welches mit Normwerten und Beispielprofilen zu verschiedenen Vorgesetzten-Charakteristiken verglichen werden kann.

Zeitbedarf	Die Durchführung dauert ca. 10 - 15 Minuten.
Besonderheiten bei der Durchführung	Vor Beginn der Durchführung können auch einzelne Skalen ausgewählt und somit der Befragungsumfang reduziert werden.
Bezugsquelle	Dr. G. Schuhfried GmbH

Name des Verfahrens	Selbstkonzept-Inventar (SKI)
Schlüsselqualifikation	Durchsetzungsfähigkeit
Autor/Literatur	Georgi von, R. & Beckmann, D. (2004)
Testart	Persönlichkeitstest
Kurzbeschreibung	Das Selbstkonzept-Inventar ist ein Persönlichkeitsstrukturtest zur Erfassung unterschiedlicher Bereiche des übergeordneten Konstruktes Selbstkonzept. Folgende Dimensionen werden erfasst: Ich-Stärke, Attraktivität, Vertrauen, Ordnungsliebe und Durchsetzung. Neben dem Selbstbild lassen sich auch Fremd- und Idealbild für unterschiedliche Einsatzmöglichkeiten erfassen.
Zeitbedarf	Ca. 10 Minuten.
Bezugsquelle	Testzentrale Hogrefe

Kooperationsfähigkeit/Teamfähigkeit

Definition	Positive Indikatoren Die Person...	Negative Indikatoren Die Person...	Verwandte Merkmale
Fähigkeit und Bereitschaft, mit anderen effektiv und in guter Arbeitsatmosphäre zusammenzuarbeiten.	• geht in Diskussionen auf die Argumente anderer ein • informiert die Kollegen, wenn sie für diese	• ignoriert Argumente oder Einwände anderer • hält wichtige Informationen zurück	Emotionswahrnehmung/ Empathie Soziales Wissen Kritik- und Konfliktfähigkeit

- wichtige oder interessante Informationen erhalten hat
- verzichtet auf die Durchsetzung des eigenen Standpunktes, um die Arbeitsergebnisse nicht zu gefährden
- hält sich an Absprachen.

- besteht auf der Durchsetzung des eigenen Standpunktes, ohne die Rahmenbedingungen (z. B. Zeitdruck, Notwendigkeit eines Ergebnisses) zu beachten
- nutzt die Leistungen anderer, um sich selbst positiv darzustellen.

Verfahren

Bochumer Inventar zur berufsbezogenen Persönlichkeitsbeschreibung (BIP)
Fragebogen zur Arbeit im Team (FAT)
Fragebogen zur Auswahl von Führungskräften (FAF)
Inventar zur Persönlichkeitsdiagnostik in Situationen (IPS)

Name des Verfahrens	Bochumer Inventar zur berufsbezogenen Persönlichkeitsbeschreibung (BIP)
Schlüsselqualifikation	Kooperationsfähigkeit/Teamfähigkeit
Autor/Literatur	Hossiep, R. & Paschen, M. (2003)
Testart	Standardisiertes Testverfahren – Selbstbeschreibungsfragebogen
Kurzbeschreibung	Der BIP ist ein Verfahren zur Erfassung von im Berufsleben relevanten Persönlichkeitsfacetten. Diese werden mit insgesamt 210 Items erfasst, die 14 Dimensionen zugeordnet sind: Gewissenhaftigkeit, Flexibilität, Handlungsorientierung, Leistungsmotivation, Gestaltungsmotivation, Führungsmotivation, Sensitivität, Kontaktfähigkeit, Soziabilität, Teamorientierung, Durchsetzungsstärke, Emotionale Stabilität, Belastbarkeit, Selbstbewusstsein. Die Antwortskala ist sechsstufig.
Zeitbedarf	Die Durchführungszeit beträgt ca. 45 Minuten.
Bezugsquelle	Testzentrale Hogrefe

4. Die Beurteilung von Schlüsselqualifikationen

Name des Verfahrens	Fragebogen zur Arbeit im Team (FAT)
Schlüsselqualifikation	Kooperationsfähigkeit/Teamfähigkeit
Autor/Literatur	Kauffeld, S. (in Anwendung seit 2004)
Testart	Berufsbezogene Verfahren
Kurzbeschreibung	Der Fragebogen zur Arbeit im Team (FAT) diagnostiziert Teamentwicklungsbedarf auf unterschiedlichen hierarchischen Ebenen und gibt einen Überblick über den Stand der Gruppenentwicklung sowie Stärken und Schwächen des Teams. Vier Subskalen des Fragebogens erfassen die Dimensionen: Zielorientierung, Aufgabenbewältigung, Zusammenhalt und Verantwortungsübernahme. Veränderungen lassen sich über zwei Messzeitpunkte identifizieren, zusätzlich stehen Vergleichswerte zu anderen Teams zur Verfügung.
Zeitbedarf	Ca. 10 Minuten.
Bezugsquelle	Testzentrale Hogrefe

Name des Verfahrens	Fragebogen zur Auswahl von Führungskräften (FAF)
Schlüsselqualifikation	Kooperationsfähigkeit/Teamfähigkeit
Autor/Literatur	Podufal, K. & Schubert, M. (2000)
Testart	Internetbasierter Selbstbeschreibungsfragebogen
Kurzbeschreibung	Grundlage der Konstruktion des FAF sind die Megatrends und die sich daraus ergebenden veränderten wirtschaftlichen und gesellschaftlichen Rahmenbedingungen, die neue/andere Anforderungen an Fach- und Führungskräfte stellen. Anhand von 120 Items erlaubt der Test, 14 Dimensionen, die sich aus den Veränderungen ergeben, zu erfassen.
Zeitbedarf	45 Minuten.
Bezugsquellen	Alpha-Test GmbH

Name des Verfahrens	Inventar zur Persönlichkeitsdiagnostik in Situationen (IPS)
Schlüsselqualifikation	Kooperationsfähigkeit/Teamfähigkeit
Autor/Literatur	Schaarschmidt, U. & Fischer, A. W. (1997)
Testart	Computergestütztes, standardisiertes Testverfahren – Selbstbeschreibungsfragebogen
Kurzbeschreibung	Das IPS ist ein mehrdimensionales Verfahren zur Erfassung des Verhaltens und Erlebens in den drei Anforderungsbereichen sozial-kommunikatives Verhalten, Handlungsfähigkeit und -bereitschaft und Gesundheits- und Erholungsverhalten. Es werden 15 verschiedene Situationen dargeboten, zu denen eine Einschätzung des eigenen Verhaltens auf einer vierstufigen Skala gefordert wird. Des Weiteren soll die Zufriedenheit mit dieser Reaktion auf einer fünfstufigen Skala angegeben werden. Es ergeben sich somit vier Skalen, denen insgesamt 18 Dimensionen zugeordnet sind.
Zeitbedarf	Die Bearbeitungszeit beträgt ca. 15 Minuten.
Bezugsquelle	Dr. G. Schuhfried GmbH

Kritik- und Konfliktfähigkeit

Definition	Positive Indikatoren Die Person…	Negative Indikatoren Die Person…	Verwandte Merkmale
Fähigkeit und Bereitschaft, konstruktiv mit Kritik umzugehen und Konflikte wahrzunehmen, anzusprechen und zu akzeptieren.	• hört zu, wenn sie kritisiert wird und überdenkt die Punkte • erkennt eigene, innere Konflikte und Konflikte mit oder zwischen anderen Personen • spricht Konflikte an, sagt z. B., wenn sie das Verhalten eines anderen wie	• nimmt bei Kritik sofort eine «Verteidigungshaltung» ein • nimmt auch sachliche Kritik persönlich • rächt sich für Kritik (zu einem späteren Zeitpunkt) • leugnet oder bagatellisiert Konflikte	Durchsetzungsfähigkeit Soziale Unabhängigkeit Kooperationsfähigkeit/Teamfähigkeit Entscheidungsfähigkeit

«zu spät kommen» oder ähnliches als störend empfindet	• ändert häufig die eigene Meinung, um sie der Gruppenmeinung anzupassen
• sagt Dinge, die negative Reaktionen anderer hervorrufen können, wenn sie der eigenen Meinung entsprechen.	• erträgt die unangenehme Gewohnheit eines anderen wie z. B. «lautes Telefonieren am Arbeitsplatz» ohne dies anzusprechen.

Verfahren

Führungs-Einstellungs-Test (Skala Konfliktbereitschaft) FET
Management-Fallstudien (MFA)

Name des Verfahrens	Führungs-Einstellungs-Test (FET)
Schlüsselqualifikation	Kritik- und Konfliktfähigkeit
Autor/Literatur	Schmidt, W. (2000)
Testart	Computergestütztes, standardisiertes Testverfahren – Selbstbeschreibungsfragebogen
Kurzbeschreibung	Der FET ist ein Fragebogen zur Erfassung von Persönlichkeitsmerkmalen, die zum Führungserfolg beitragen. Er setzt sich aus folgenden Skalen zusammen: • Durchsetzungswille • Selbstbehauptungswille • Selbstvertrauen • Gelassenheit • Kontaktoffenheit • Aggressive Extraversion • Konfliktbereitschaft • Irritierbarkeit • Überfordert fühlen • Ausgeglichenheit Insgesamt werden 100 Items bearbeitet, auf die mit «richtig» oder «falsch» geantwortet wird. Daraus ergibt sich ein Persönlichkeitsprofil, welches mit Normwerten und Beispielprofilen zu verschiedenen Vorgesetzten-Charakteristiken verglichen werden kann.

4.5 Kompetenzen im Umgang mit Anderen

Zeitbedarf	Die Durchführung dauert ca. 10–15 Minuten.
Besonderheiten bei der Durchführung	Vor Beginn der Durchführung können auch einzelne Skalen ausgewählt und somit der Befragungsumfang reduziert werden.
Bezugsquelle	Dr. G. Schuhfried GmbH

Name des Verfahrens	**Management-Fallstudien (MFA)**
Schlüsselqualifikation	Kritik- und Konfliktfähigkeit
Autor/Literatur	Fennekels, G. P. & D'Souza, S. (1999)
Testart	Situatives Verfahren
Kurzbeschreibung	Management-Fallstudien ist ein computergestütztes, vier verschiedene Instrumente umfassendes Verfahren. Die vier einzelnen Verfahren sind Führungssituationen, Konfliktsituationen, Soziale Situationen und Zeitmanagement, Planung und Selbstorganisation. In allen Verfahren werden dem Bewerber entsprechend der Thematik Situationen, Fälle oder Vorgänge vorgegeben, auf die er reagieren bzw. die er entsprechend koordinieren und lösen muss. Es werden Anforderungen im Sinne von aktivem Gestalten von zwischenmenschlichen Konfliktsituationen, Initiative ergreifen, Abläufe gestalten oder auch systematisches Herangehen an Aufgaben analysiert und in Form einer Stärken-Schwächen-Analyse beschrieben.
Zeitbedarf	Ca. 120 Minuten.
Bezugsquelle	Testzentrale Hogrefe

Networking

Definition	Positive Indikatoren Die Person...	Negative Indikatoren Die Person...	Verwandte Merkmale
Fähigkeit und Bereitschaft, für sich und andere nützliche oder interessante Kontakte zu knüpfen.	• weiß, an wen sie sich wenden kann, um bestimmte Informationen zu bekommen • kennt die aktuelle Situation ihrer Kontakte und weiß, welche Infos, Kontakte etc. sie benötigen • behandelt vertrauliche Informationen diskret • nutzt virtuelle Netzwerke wie XING • hat in der Vergangenheit schon Menschen «zusammengebracht» • achtet auf ein ausgewogenes Verhältnis von Geben und Nehmen.	• hat im Berufsleben kaum oder nur «offizielle» Kontakte • wendet sich nur an andere, falls sie selbst etwas aktuell benötigt • besucht kaum Veranstaltung/Feiern, bei der sie andere Menschen trifft, oder • knüpft undifferenziert und wahllos Kontakte, indem sie z. B. auf Veranstaltungen jedem ihre Visitenkarte gibt • wählt Kontaktpersonen ausschließlich nach deren Status und Nutzen aus.	Kooperationsfähigkeit/ Teamfähigkeit Informationsmanagement

Verfahren

Bochumer Inventar zur berufsbezogenen Persönlichkeitsbeschreibung (BIP)
Shapes

Name des Verfahrens	Bochumer Inventar zur berufsbezogenen Persönlichkeitsbeschreibung (BIP)
Schlüsselqualifikation	Networking
Autor/Literatur	Hossiep, R. & Paschen, M. (2003)
Testart	Standardisiertes Testverfahren – Selbstbeschreibungsfragebogen
Kurzbeschreibung	Der BIP ist ein Verfahren zur Erfassung von im Berufsleben relevanten Persönlichkeitsfacetten. Diese werden mit insgesamt 210 Items erfasst, die 14 Dimensionen zugeordnet sind: Gewissenhaftigkeit, Flexibilität, Handlungsorientierung, Leistungsmotivation, Gestaltungsmotivation, Führungsmotivation, Sensitivität, Kontaktfähigkeit, Soziabilität, Teamorientierung, Durchsetzungsstärke, Emotionale Stabilität, Belastbarkeit, Selbstbewusstsein. Die Antwortskala ist sechsstufig.
Zeitbedarf	Die Durchführungszeit beträgt ca. 45 Minuten.
Bezugsquelle	Testzentrale Hogrefe

Name des Verfahrens	Shapes
Schlüsselqualifikation	Networking
Autor/Literatur	Lohff, S. & Preuß, A., (s. a. Laube, S., Waszak, A. & Deller, J., 2005)
Testart	Adaptiver Online-Selbstbeschreibungsfragebogen auf Grundlage der adalloc-Technologie
Kurzbeschreibung	Shapes ist ein adaptiver, computergestützter Fragebogen zur Kompetenzmessung von Managern, Unternehmern oder Experten. Das Instrument erfasst 19 Primärdimensionen und 18 berufsbezogene Kompetenzen. Dafür werden drei Items im Block präsentiert. Die Aufgabe des Bewerbers ist es, sechs Punkte entsprechend seiner Zustimmung auf die Items eines Blocks zu verteilen.
Zeitbedarf	10–15 Minuten.
Bezugsquellen	Cut-e GmbH

Rollenkompetenz

Definition	Positive Indikatoren Die Person...	Negative Indikatoren Die Person...	Verwandte Merkmale
Fähigkeit, berufsbezogene und außerberufliche Rollen zu erkennen, zu unterscheiden, situationsspezifisch zu aktivieren und damit rollenangemessenes Handeln zu ermöglichen.	• kann ihre verschiedenen berufsbezogenen und außerberuflichen Rollen benennen und unterscheiden • passt ihr Verhalten in gewissem Rahmen der äußeren Situation an und bleibt dennoch als konsistente Persönlichkeit erkennbar • passt Kleidungsstil und Auftreten der erade aktivierten Rolle an • kann Rollenkonflikte erkennen und managen.	• ist sich nicht über verschiedene berufliche und private Rollen im Klaren • vermischt im Alltag verschiedene Rollen (z. B. eine Führungskraft, die auch zu Hause Anweisungen erteilt; ein Manager, der als Seminarteilnehmer die Führungsrolle übernimmt und den Trainer ablösen will) • passt seine Vorlieben (Kleidung, Auftreten, Sprache, Umgangsformen) nicht der Situation an; beharrt auf «seinem Stil» • gerät häufig in Rollenkonflikte, ohne diese jedoch zu erkennen.	Emotionswahrnehmung/ Empathie Stil und Umgangsformen Balancing

Verfahren

Fragebogen zur Auswahl von Führungskräften (FAF)

Name des Verfahrens	Fragebogen zur Auswahl von Führungskräften (FAF)
Schlüsselqualifikation	Rollenkompetenz
Autor/Literatur	Podufal, K. & Schubert, M. (2000)

Testart	Internetbasierter Selbstbeschreibungsfragebogen
Kurzbeschreibung	Grundlage der Konstruktion des FAF sind die Megatrends und die sich daraus ergebenden veränderten wirtschaftlichen und gesellschaftlichen Rahmenbedingungen, die neue/andere Anforderungen an Fach- und Führungskräfte stellen. Anhand von 120 Items erlaubt der Test, 14 Dimensionen, die sich aus den Veränderungen ergeben, zu erfassen.
Zeitbedarf	45 Minuten.
Bezugsquellen	Alpha-Test GmbH

Soziale Unabhängigkeit

Definition	Positive Indikatoren Die Person…	Negative Indikatoren Die Person…	Verwandte Merkmale
Fähigkeit, sich ein Urteil über Sachverhalte zu bilden, ohne sich von der Meinung der Mehrheit beeinflussen zu lassen.	• informiert sich von verschiedenen Seiten, um sich eine Meinung zu bilden • sucht die Diskussion mit Leuten, die eine andere als die eigene Meinung vertreten • äußert in Diskussionen unpopuläre Gedanken, wenn diese der eigenen Auffassung entsprechen.	• passt die eigene Meinung der Gruppenmeinung an • glaubt Gerüchten sofort • widerspricht höhergestellten Personen nie • lässt sich von charismatisch auftretenden Personen manipulieren und für deren Zwecke missbrauchen.	Kritik- und Konfliktfähigkeit Eigeninitiative Entscheidungsfähigkeit Verantwortungsübernahme Problemlösefähigkeit

Verfahren

Zur Erfassung dieser Schlüsselqualifikation liegen zurzeit keine standardisierten Verfahren vor. Eventuell kann die Schlüsselqualifikation durch eine der in Kap. 2.5 beschriebenen Simulationen beobachtet werden. Im Einzelnen hängt dieses von der Ausgestaltung der Verfahren ab.

Soziales Gedächtnis/Namensgedächtnis

Definition	Positive Indikatoren Die Person...	Negative Indikatoren Die Person...	Verwandte Merkmale
Fähigkeit, sich Namen und Gesichter zu merken sowie sich an wichtige Informationen über andere Menschen oder Situationen zu erinnern.	• Erkennt Menschen, die sie erst einmal gesehen hat, wieder • spricht Personen nach dem Kennenlernen mit Namen an • greift beim zweiten oder dritten Zusammentreffen mit einer Person die Inhalte des ersten Gespräches wieder auf.	• vergisst, bei welcher Gelegenheit sie eine Person zuletzt gesehen hat • spricht Personen, die ihm vorgestellt wurden, nicht oder mit falschem Namen an • verwechselt Personen.	Konzentrationsfähigkeit Stil und Umgangsformen

Verfahren

Namen-Gesichter-Assoziationstest (NGA)

Name des Verfahrens	Namen-Gesichter-Assoziationstest (NGA)
Schlüsselqualifikation	Soziales Gedächtnis/Namensgedächtnis
Autor/Literatur	Kessler, J., Ehlen, P., Halber, M. & Bruckbauer, T. (2000)
Testart	Standardisiertes Testverfahren – Leistungstest – Lern- und Gedächtnistest
Kurzbeschreibung	Der Namen-Gesichter-Assoziationstest ist ein computergestütztes Verfahren zur Erfassung von unterschiedlichen Aspekten der Fähigkeit, Namen und Gesichter miteinander zu verbinden. Der Bewerber lernt zunächst eine Reihe von Gesichtern mit Vor- und Nachnamen. Seine Aufgabe ist es, sich die Namen der Personen zu merken und diese in den folgenden unterschiedlichen Abrufphasen zu erinnern.
Zeitbedarf	Bearbeitungsdauer ca. 15 bis 30 Minuten.

Besonderheiten bei der Durchführung	Die entsprechende Hardware und Umgebungsbedingungen sind zu beachten.
Bezugsquelle	Testzentrale Hogrefe

Stil und Umgangsformen

Definition	Positive Indikatoren Die Person...	Negative Indikatoren Die Person...	Verwandte Merkmale
Kenntnisse über die expliziten und impliziten Regeln, die in einer Gruppe, in einer Organisation oder in einer Situation gelten sowie Bereitschaft, diese umzusetzen.	• bewegt sich bei gesellschaftlichen Anlässen sicher und ohne anzuecken • sorgt für eine angenehme Gesprächsatmosphäre, z. B. indem sie versucht, andere Personen zu integrieren • kann Konversation betreiben • passt ihr Auftreten dem äußeren Anlass an • kennt Etikette, weiß z. B. in welcher Reihenfolge Menschen begrüßt werden • bedankt sich bei anderen, z. B., mit einer kurzen Mail für ein konstruktives Gespräch oder eine nützliche Information	• verhält sich bei gesellschaftlichen Anlässen ungeschickt oder unsicher • kleidet sich unangemessen • ist in belanglosen Gesprächen wortkarg, kurz angebunden oder zu persönlich • verletzt Regeln (raucht z. B., obwohl dies nicht erwünscht ist) • spricht «schwierige» Themen an, wie z. B. Politik oder Religion • verletzt Intimitätsgrenzen (z. B. spricht eigene private oder intime Themen unangemessen freizügig an oder erfragt solche bei anderen).	Soziales Gedächtnis/ Namensgedächtnis Rollenkompetenz Emotionswahrnehmung/ Empathie Sprachliche Ausdrucksfähigkeit

- nimmt Rücksicht auf andere (z. B. vermeidet lautes Telefonieren, bietet Älteren einen Platz an).

Verfahren

Zur Erfassung dieser Schlüsselqualifikation liegen zurzeit keine standardisierten Verfahren vor. Eventuell kann die Schlüsselqualifikation durch eine der in Kap. 2.5 beschriebenen situativen Verfahren beobachtet werden. Im Einzelnen hängt dieses von der Ausgestaltung der Verfahren ab.

4.5.2
Kommunikative Kompetenzen

Während die Sozialen Kompetenzen die Gestaltung von sozialen Situationen und Beziehungen fokussieren, umfasst der Bereich der Kommunikativen Kompetenzen diejenigen Fähigkeiten, die für einen verständlichen und situationsangemessenen Austausch von Informationen benötigt werden, z. B. Sachinformationen und Beziehungsbotschaften.

Grundlage Kommunikativer Kompetenzen ist die Fähigkeit, Sachverhalte so zu beschreiben, dass sie für den jeweiligen Gesprächspartner klar und verständlich sind. Dies gilt auch für Fremdsprachen, die im Zuge der Globalisierung an Bedeutung gewinnen. Daneben ist es wichtig, sich die Situation des «Empfängers» vor Augen zu führen und Informationen damit adressatengerecht aufzubereiten.

Zur Beurteilung der Kommunikativen Kompetenzen werden situative Verfahren wie Präsentationen, Fachvorträge und Interviews eingesetzt. Fremdsprachliche Fähigkeiten können über Fremdsprachentests und fremdsprachlich geführte Interviews, fremdsprachliche Rollenspiele oder Präsentationen beurteilt werden.

Schlüsselqualifikationen:

- Fähigkeit zum sprachlichen Stilwechsel
- Fremdsprachen
- Sprachliche Ausdrucksfähigkeit
- Zuhören

Fähigkeit zum sprachlichen Stilwechsel

Definition	Positive Indikatoren Die Person...	Negative Indikatoren Die Person...	Verwandte Merkmale
Fähigkeit, den eigenen Sprachstil in Hinblick auf Wortwahl, Komplexität und Sprechgeschwindigkeit dem Sprachniveau des Gesprächspartners anzugleichen.	• drückt komplizierte Sachverhalte einfach aus, wenn dies dem Gesprächspartner angemessen ist • verwendet keine Fachbegriffe oder seltene Fremdwörter, wenn der Gesprächspartner diese wahrscheinlich nicht kennt • verwendet präzise Fachbegriffe, wenn sie vor einem Fachpublikum spricht • kann auch komplizierte und differenzierte Gedankengänge nachvollziehbar darstellen.	• drückt sich kompliziert aus, auch wenn der Gesprächspartner dies möglicherweise nicht versteht • verwendet viele Fachbegriffe oder seltene Fremdwörter, auch wenn angenommen werden muss, dass der Gesprächspartner diese nicht versteht • drückt komplizierte Sachverhalte vor einem Fachpublikum unnötig vereinfachend aus.	Rollenkompetenz Emotionswahrnehmung/ Empathie Fähigkeit zum Perspektivwechsel

Verfahren

Zur Erfassung dieser Schlüsselqualifikation liegen zurzeit keine standardisierten Verfahren vor. Eventuell kann die Schlüsselqualifikation durch eine der in Kap. 2.5 beschriebenen situativen Verfahren beobachtet werden. Im Einzelnen hängt dieses von der Ausgestaltung der Verfahren ab.

Fremdsprachen

Definition	Positive Indikatoren Die Person…	Negative Indikatoren Die Person…	Verwandte Merkmale
Fähigkeit, sich in einer fremden Sprache flüssig und präzise mündlich und schriftlich auszudrücken.	• kennt unterschiedliche Bedeutungen eines fremdsprachlichen Begriffs • kennt Redewendungen und wendet sie richtig an • kann ein Gespräch fließend bestreiten • kann auch komplizierte Sachverhalte in einer fremden Sprache präzise ausdrücken. • verfasst (weitgehend) fehlerfreie Texte in der Fremdsprache • hat einen internationalen Hintergrund (z. B. im Ausland gelebt, mehrsprachig aufgewachsen).	• kann auch einfache Sachverhalte in der Fremdsprache nicht ausdrücken • hat Schwierigkeiten, fremdsprachige Vorträge zu verstehen • wendet Begriffe oder Redewendungen falsch an • macht viele Rechtschreibfehler • benutzt stereotype Formulierungen • macht Fehler in der Syntax.	Sprachliche Ausdrucksfähigkeit Interkulturelle Kompetenz

Verfahren

Linguaskill

4.5 Kompetenzen im Umgang mit Anderen

Name des Verfahrens	Linguaskill (1997)
Schlüsselqualifikation	Fremdsprachen (Englisch, Französisch, Spanisch und Niederländisch)
Autor/Literatur	Keine Angaben
Testart	Adaptiver, interaktiver, PC-gestützter Sprachanwendungstest
Kurzbeschreibung	Linguaskill wird vorrangig bei Personalbesetzungen im Bereich Büro- und Verwaltungsberufe eingesetzt, wenn ein bestimmter Grad an Sprachbeherrschung vorausgesetzt wird. Er besteht aus neun unterschiedlichen Aufgabentypen in je fünf Sprachbeherrschungsniveaus.
Zeitbedarf	Langform: 25–30 Minuten, Kurzform: 15–20 Minuten.
Bezugsquellen	Manpower GmbH

Sprachliche Ausdrucksfähigkeit

Definition	Positive Indikatoren Die Person…	Negative Indikatoren Die Person…	Verwandte Merkmale
Fähigkeit zum präzisen und differenzierten sprachlichen Ausdruck, die sich in Wortwahl, Wortflüssigkeit und nonverbalem Ausdruck äußert.	• bezeichnet Gegenstände oder Sachverhalte mit präzisen Begriffen • stellt komplizierte Sachverhalte differenziert, aber verständlich dar • verfügt über einen breiten Wortschatz • verwendet Fremdwörter und synonyme Begriffe richtig • hat einen ansprechenden Schreibstil	• benutzt häufig gleiche Begriffe für verschiedene Sachverhalte • benutzt häufig einfache Oberbegriffe wie «Ding» oder «Zeug» • kann komplizierte Gedankengänge nicht nachvollziehbar darstellen • schreibt nur einfache stereotyp gegliederte Sätze oder unstrukturierte, schwer lesbare Texte	Fähigkeit zum sprachlichen Stilwechsel Kreatives Denken Systematisch-Analytisches Denken

- unterstreicht seine Äußerungen durch angemessenen nonverbalen Ausdruck (Körpersprache und Mimik).
- verwendet keine oder unangemessene nonverbale Ausdrucksmöglichkeiten (z. B. wirkt sehr distanziert, zeigt keinerlei Mimik oder «zappelt» herum und «gestikuliert wild»).

Verfahren

Lexikon-Wissen-Test (LEWITE)
Wilde Intelligenz-Test (WIT)
Wortschatztest (WST)

Name des Verfahrens	Lexikon-Wissen-Test (LEWITE)
Schlüsselqualifikation	Sprachliche Ausdrucksfähigkeit
Autor/Literatur	Wagner-Menghin, M. (ohne Jahresangabe)
Testart	Spezielle Intelligenztests
Kurzbeschreibung	LEWITE ist ein adaptives, multifunktionales Verfahren zur Erfassung Kristalliner Intelligenz (gc) sowie der Persönlichkeitsvariable Selbstvertrauen. Die einzelnen Aufgaben werden am Bildschirm präsentiert. Bei jeder Aufgabe wird zunächst eingeschätzt, ob ein bestimmtes Wort dem Probanden bekannt ist; im Anschluss füllt der Proband eine Lückentext mit 2x4 Antwortalternativen aus. Durch diese Vorgehensweise ist die Ratewahrscheinlichkeit sehr gering.
Zeitbedarf	15 bis 20 Minuten.
Bezugsquelle	Dr. G. Schuhfried GmbH

4.5 Kompetenzen im Umgang mit Anderen

Name des Verfahrens	Wilde-Intelligenz-Test (WIT) 2., revidierte Auflage
Schlüsselqualifikation	Sprachliche Ausdrucksfähigkeit
Autor/Literatur	Jäger, A. O. & Althoff, K. (1983, 1994)
Testart	Standardisiertes Testverfahren – Leistungstest – Intelligenzstrukturtest
Kurzbeschreibung	Der WIT dient der differenzierten Erfassung der Intelligenzstruktur eines breiten Spektrums unterschiedlicher Fähigkeiten. Er setzt sich aus 15 Untertests zusammen, die eine Diagnose des sprachlichen, zahlengebundenen und formallogischen Denken, des räumlichen Vorstellens, der Wortflüssigkeit, Wahrnehmungsgeschwindigkeit sowie Merkfähigkeit ermöglichen.
Zeitbedarf	3–4 Stunden. Bei Verwendung nur einiger ausgewählter Subtests für eine spezielle Fragestellung ist der Test entsprechend kürzer.
Bezugsquelle	Dr. G. Schuhfried GmbH Testzentrale Hogrefe

Name des Verfahrens	Wortschatztest aktiv und passiv (WST)
Schlüsselqualifikation	Sprachliche Ausdrucksfähigkeit
Autor/Literatur	Ibrahimovic, N. & Bulheller, S. (ohne Jahresangabe)
Testart	Leistungstest
Kurzbeschreibung	Der Test besteht aus zwei Teilen, die jeweils 30 Aufgaben umfassen. Im ersten Teil werden 30 Begriffe vom Probanden schriftlich definiert (aktiver Wortschatztest), im zweiten Teil (passiver Wortschatztest) besteht die Aufgabe darin, den 30 Aufgaben aus vorgegebenen Beschreibungen die richtigen Definitionen zuzuordnen.
Zeitbedarf	Ca. 13 Minuten für Teil 1, ca. 10 Minuten für Teil 2.
Bezugsquelle	Harcourt Test Services

Zuhören

Definition	Positive Indikatoren Die Person...	Negative Indikatoren Die Person...	Verwandte Merkmale
Fähigkeit, sich auf das, was andere sagen, einzulassen, diese ausreden zu lassen und deren Gedanken oder Gefühle nachzuvollziehen.	• lässt andere ausreden • kann die Gedanken oder Gefühle, die ein anderer geäußert hat, präzise wiedergeben • knüpft mit der eigenen Argumentation an die Argumente des Gesprächspartners an.	• unterbricht andere häufig in einem Gespräch • redet «am anderen vorbei», indem sie sich z. B. in Diskussionen nur auf die eigene Argumentation konzentriert • kann nicht oder nur sehr ungenau wiederholen, was andere in einem Gespräch gesagt haben • nimmt sich keine Zeit für die Gespräche mit anderen.	Emotionswahrnehmung/ Empathie Stil und Umgangsformen Fähigkeit zum Perspektivwechsel Beratungskompetenz

Verfahren

Zur Erfassung dieser Schlüsselqualifikation bieten sich das gesamte Auswahlgespräch sowie Gruppendiskussionen und auch Rollenspiele an.

4.5.3 Führung

Die Aufgaben von Führungskräften können in Fachaufgaben, Managementaufgaben und Mitarbeiterführung unterteilt werden. Managementaufgaben beziehen sich auf die Gestaltung von Prozessen und Strukturen und beinhalten Tätigkeiten, wie Planung, Organisation oder Entscheidung. Mitarbeiterführung beinhaltet dagegen das Management von Beziehungen und die Gestaltung von Kommunikationsprozessen. Typische Aufgaben aus diesem Bereich sind Zielvereinbarung, Ausbildung, Anleitung, Motivation, Kontrolle sowie Förderung, Entwicklung oder Beurteilung des Mitarbeiters.

4.5 Kompetenzen im Umgang mit Anderen

Die Kompetenzen einer (potenziellen) Führungskraft werden häufig im Rahmen eines Assessment Centers mit situativen Verfahren, mit Hilfe von Planspielen und computergestützter Diagnostik erfasst. Mit steigender Position werden Branchenkontakte, Netzwerke, die Passung in die Unternehmenskultur und nachweisbare Erfolge in der Vergangenheit wichtiger.

Die dem Bereich Führung zugeordneten Schlüsselqualifikationen betreffen hier nur den Bereich der Mitarbeiterführung. Weitere für Führungskräfte wichtige Schlüsselqualifikationen finden sich im Bereich der Motivation, im Bereich der Sozialen Kompetenzen, der Handlungskompetenzen und im Kompetenzfeld Megatrends.

Schlüsselqualifikationen:

- Delegation
- Leistungsförderung und Feedback
- Motivation
- Zielsetzung

Delegation

Definition	Positive Indikatoren Die Person…	Negative Indikatoren Die Person…	Verwandte Merkmale
Bereitschaft, Mitarbeitern Aufgaben zu übertragen und diesen bei der Bearbeitung angemessene Entscheidungs- und Handlungsspielräume zu überlassen.	• berücksichtigt bei der Auswahl der zu delegierenden Aufgaben die Fähigkeiten und Neigungen der Mitarbeiter • erläutert Ziele und allgemeine Strategien und überlässt Mitarbeitern die Entscheidung über Wege der Zielerreichung.	• führt auch kleinere Arbeitsschritte selbst aus • erledigt bei Fragen des Mitarbeiters Aufgabe selbst anstatt dem Mitarbeiter die Aufgabe zu erläutern • erwartet von Mitarbeitern, bei allen Entscheidungen ihre Zustimmung einzuholen.	Zielsetzung Rollenkompetenz Motivation Leistungsförderung und Feedback

4. Die Beurteilung von Schlüsselqualifikationen

Verfahren

Computer Aided Single Assessment (CASA)
Führungs-Einstellungs-Test (FET)
Management-Fallstudien (MFA)

Name des Verfahrens	Computer Aided Single Assessment (CASA)
Schlüsselqualifikation	Delegation
Autor/Literatur	Harder, U., Schneider, C. & Müskens, W. (1999)
Testart	Computergestütztes Testsystem
Kurzbeschreibung	CASA besteht zurzeit aus acht Testbausteinen, die Bereiche erfassen, die sich als relevant für die Vorhersage erfolgreichen Führungsverhaltens erwiesen haben. Die Frage- und Antwort-Formate variieren je nach Testbaustein und Gegenstandsbereich. Die Testbausteine können einzeln erworben und eingesetzt werden.
Zeitbedarf	Die Bearbeitungsdauer für die einzelnen Testbausteine variieren zwischen 15 und 90 Minuten.
Bezugsquellen	E. M. Media Alpha-Test GmbH

Name des Verfahrens	Führungs-Einstellungs-Test (FET)
Schlüsselqualifikation	Delegation
Autor/Literatur	Schmidt, W. (2000)
Testart	Computergestütztes, standardisiertes Testverfahren – Selbstbeschreibungsfragebogen
Kurzbeschreibung	Der FET ist ein Fragebogen zur Erfassung von Persönlichkeitsmerkmalen, die zum Führungserfolg beitragen. Er setzt sich aus folgenden Skalen zusammen: • Durchsetzungswille • Selbstbehauptungswille • Selbstvertrauen • Gelassenheit

4.5 Kompetenzen im Umgang mit Anderen

- Kontaktoffenheit
- Aggressive Extraversion
- Konfliktbereitschaft
- Irritierbarkeit
- Überfordert fühlen
- Ausgeglichenheit

Insgesamt werden 100 Items bearbeitet, auf die mit «richtig» oder «falsch» geantwortet wird. Daraus ergibt sich ein Persönlichkeitsprofil, welches mit Normwerten und Beispielprofilen zu verschiedenen Vorgesetzten-Charakteristiken verglichen werden kann.

Zeitbedarf	Die Durchführung dauert ca. 10–15 Minuten.
Besonderheiten bei der Durchführung	Vor Beginn der Durchführung können auch einzelne Skalen ausgewählt und somit der Befragungsumfang reduziert werden.
Bezugsquelle	Dr. G. Schuhfried GmbH

Name des Verfahrens	Management-Fallstudien (MFA)
Schlüsselqualifikation	Delegation
Autor/Literatur	Fennekels, G. P. & D'Souza, S. (1999)
Testart	Situatives Verfahren
Kurzbeschreibung	Management-Fallstudien ist ein computergestütztes, vier verschiedene Instrumente umfassendes Verfahren. Die vier einzelnen Verfahren sind Führungssituationen, Konfliktsituationen, Soziale Situationen und Zeitmanagement, Planung und Selbstorganisation. In allen Verfahren werden dem Bewerber entsprechend der Thematik Situationen, Fälle oder Vorgänge vorgegeben, auf die er reagieren bzw. die er entsprechend koordinieren und lösen muss. Es werden Anforderungen im Sinne von aktivem Gestalten von zwischenmenschlichen Konfliktsituationen, Initiative ergreifen, Abläufe gestalten oder auch systematisches Herangehen an Aufgaben analysiert und in Form einer Stärken-Schwächen-Analyse beschrieben.
Zeitbedarf	Ca. 120 Minuten.
Bezugsquelle	Testzentrale Hogrefe

Leistungsförderung und Feedback

Definition	Positive Indikatoren Die Person...	Negative Indikatoren Die Person...	Verwandte Merkmale
Fähigkeit, Anerkennung und Kritik angemessen auszudrücken.	• nimmt gute Leistungen wahr und zeigt Anerkennung • setzt Feedback ein, um die berufliche Entwicklung ihrer Mitarbeiter zu fördern • formuliert Kritik konkret, verhaltensbezogen, konstruktiv und wertschätzend.	• kritisiert Mitarbeiter im Beisein von Dritten • drückt keinerlei Kritik aus und weist den Mitarbeiter auch nicht darauf hin, wenn dieser einen schweren Fehler gemacht hat, oder • kritisiert die Persönlichkeit des Mitarbeiters oder Verhaltensweisen, die dieser nicht (ohne weiteres) ändern kann.	Fähigkeit zum Perspektivwechsel Sprachliche Ausdrucksfähigkeit Kritik- und Konfliktfähigkeit Motivation

Verfahren

Shapes

Name des Verfahrens	Shapes
Schlüsselqualifikation	Leistungsförderung und Feedback
Autor/Literatur	Lohff, S. & Preuß, A., (s. a. Laube, S., Waszak, A. & Deller, J., 2005).
Testart	Adaptiver Online-Selbstbeschreibungsfragebogen auf Grundlage der adalloc-Technologie
Kurzbeschreibung	Shapes ist ein adaptiver, computergestützter Fragebogen zur Kompetenzmessung von Managern, Unternehmern oder Experten. Das Instrument erfasst 19 Primärdimensionen und 18 berufsbezogene Kompetenzen. Dafür werden drei Items im Block präsentiert. Die Aufgabe des Bewerbers ist es, sechs

	Punkte entsprechend seiner Zustimmung auf die Items eines Blocks zu verteilen.
Zeitbedarf	10–15 Minuten.
Bezugsquellen	Cut-e GmbH

Motivation

Definition	Positive Indikatoren Die Person…	Negative Indikatoren Die Person…	Verwandte Merkmale
Fähigkeit, Mitarbeiter durch Zielsetzung, Anerkennung oder Überzeugung zum engagierten Umsetzen der Arbeitsziele zu motivieren.	• kennt die Bedürfnisse (Motivatoren) der Mitarbeiter • spricht überzeugt und überzeugend über eine Aufgabe, ein Projekt oder ein Ziel • setzt herausfordernde, aber erreichbare Ziele • ermutigt Mitarbeiter zu Engagement und Selbstständigkeit, indem sie den Wert ihrer Leistungsbeiträge zur Aufgabe/zum Projekt betont • schafft ein motivierendes Arbeitsklima (z. B. Entscheidungsspielräume, Gratifikationen, Boni, Incentives).	• versäumt es, Mitarbeitern Anerkennung auszusprechen oder Mitarbeitern das Gefühl zu vermitteln, für die Organisation wichtig zu sein • wirkt desinteressiert am Stand einer Aufgabe oder eines Projekts • verweist immer auf Probleme oder Hindernisse, die einem Projekt/ einer Idee im Wege stehen können • bindet Mitarbeiter nicht in Entscheidungsprozesse ein • sieht überwiegend Fehler und Defizite anstatt Leistungen und Erfolge.	Delegation Zielsetzung Feedback Rollenkompetenz Leistungsbereitschaft Team- und Kooperationsfähigkeit

Verfahren

Fragebogen zur Auswahl von Führungskräften (FAF)

Name des Verfahrens	Fragebogen zur Auswahl von Führungskräften (FAF)
Schlüsselqualifikation	Motivation
Autor/Literatur	Podufal, K. & Schubert, M. (2000)
Testart	Internetbasierter Selbstbeschreibungsfragebogen
Kurzbeschreibung	Grundlage der Konstruktion des FAF sind die Megatrends und die sich daraus ergebenden veränderten wirtschaftlichen und gesellschaftlichen Rahmenbedingungen, die neue/andere Anforderungen an Fach- und Führungskräfte stellen. Anhand von 120 Items erlaubt der Test, 14 Dimensionen, die sich aus den Veränderungen ergeben, zu erfassen.
Zeitbedarf	45 Minuten.
Bezugsquellen	Alpha-Test GmbH

Zielsetzung

Definition	Positive Indikatoren Die Person…	Negative Indikatoren Die Person…	Verwandte Merkmale
Fähigkeit, aus den Organisationszielen konkrete, realistische und herausfordernde Ziele für die Mitarbeiter abzuleiten und diese klar zu kommunizieren.	• passt die Ziele und den Grad der Zielformulierung auf den jeweiligen Mitarbeiter an • erklärt dem Mitarbeiter, bis zu welchem Zeitpunkt ein Projekt abgeschlossen oder eine Aufgabe erledigt sein soll • führt regelmäßige Mitarbeitergespräche, um den Stand der Zielerreichung zu prüfen	• vereinbart unspezifische Ziele, bei denen nicht festgestellt werden kann, wann sie erreicht sind • «vergisst» vereinbarte Ziele • kennt die individuellen Kompetenzen der Mitarbeiter nicht • überfordert/ unterfordert Mitarbeiter mit bestimmten Aufgaben.	Delegation Motivation Feedback Leistungsbereitschaft Rollenkompetenz

- spricht Zielabweichungen frühzeitig an
- hilft den Mitarbeitern, Prioritäten hinsichtlich ihrer Ziele zu setzen.

Verfahren

Computer Aided Single Assessment (CASA)
Leistungsmotivationsinventar (LMI)

Name des Verfahrens	Computer Aided Single Assessment (CASA)
Schlüsselqualifikation	Zielsetzung
Autor/Literatur	Harder, U., Schneider, C. & Müskens, W. (1999)
Testart	Computergestütztes Testsystem
Kurzbeschreibung	CASA besteht zurzeit aus acht Testbausteinen, die Bereiche erfassen, die sich als relevant für die Vorhersage erfolgreichen Führungsverhaltens erwiesen haben. Die Frage- und Antwort-Formate variieren je nach Testbaustein und Gegenstandsbereich. Die Testbausteine können einzeln erworben und eingesetzt werden.
Zeitbedarf	Die Bearbeitungsdauer für die einzelnen Testbausteine variieren zwischen 15 und 90 Minuten.
Bezugsquellen	E. M. Media Alpha-Test GmbH

Name des Verfahrens	Leistungsmotivationsinventar (LMI)
Schlüsselqualifikation	Zielsetzung
Autor/Literatur	Schuler, H. & Prochaska, M. unter Mitarbeit von Frintrup, A. (2001)
Testart	Standardisiertes Testverfahren – Selbstbeschreibungsfragebogen

Kurzbeschreibung	Das LMI gliedert sich in 17 Dimensionen oder «Leistungsorientierungen», sie werden mit je zehn Items erfasst. Die berufsrelevanten Dimensionen sind Beharrlichkeit, Dominanz, Engagement, Erfolgszuversicht, Flexibilität, Flow, Furchtlosigkeit, Internalität, Kompensatorische Anstrengung, Leistungsstolz, Lernbereitschaft, Schwierigkeitspräferenz, Selbstständigkeit, Selbstkontrolle, Statusorientierung, Wettbewerbsorientierung und Zielsetzung.
Zeitbedarf	Langform: ca. 30 bis 40 Minuten, Kurzform: ca. 10 Minuten.
Bezugsquelle	Testzentrale Hogrefe

4.6 Kompetenzen aufgrund gesellschaftlicher Veränderungen (Megatrends)

4.6.1 Diversity

Ziel des Diversity-Ansatzes ist es, die Unterschiedlichkeit der Mitarbeiter eines Unternehmens anzuerkennen und jeden Mitarbeiter unabhängig von Geschlecht, Nationalität, Religion, Zugehörigkeit zu einer gesellschaftlichen Gruppe oder sexuelle Orientierung in seiner Individualität wertzuschätzen.

Warum bedarf es dafür eines gesonderten Ansatzes?

Das Umfeld, in dem wir aufgewachsen sind, liefert den Rahmen und das Regelwerk innerhalb dessen wir Verhaltensweisen verstehen und bewerten. Menschen, die in unterschiedlichen Kontexten aufgewachsen sind, haben unterschiedliche Einstellungen und Auffassungen z. B. von Hierarchie, Zeit, Umgang mit Frauen, Kommunikations- und Arbeitsstil und Umgangsformen, um nur einige Beispiele zu nennen. Der Diversity-Ansatz hat zum Ziel, andere Verhaltensweisen bzw. Menschen anderer Herkunft nicht negativ zu bewerten, sondern sie als kulturspezifische Verhaltensweisen zu erkennen und als solche zu respektieren. Das eigene Verhaltensrepertoire muss dabei hinterfragt, erweitert und nicht als überall angemessenes Idealverhalten betrachtet werden.

Die hierfür notwendigen Kompetenzen umfassen Ambiguitätstoleranz, Interkulturelle Kompetenzen und die Fähigkeit zum kulturellen Perspektivwechsel. Sie basieren auf den allgemeinen Sozialen und Kommunikativen Kompetenzen und lassen sich am besten mit Tests, Critical Incidents oder anderen interaktiven Verfahren (z. B. Rollenspiele) erfassen.

Schlüsselqualifikationen:

- Ambiguitätstoleranz
- Fähigkeit zum Perspektivwechsel
- Interkulturelle Kompetenzen

Ambiguitätstoleranz

Definition	Positive Indikatoren Die Person...	Negative Indikatoren Die Person...	Verwandte Merkmale
Fähigkeit, unsichere, mehrdeutige und komplexe Situationen zu ertragen.	• bleibt in unbekannten Situationen handlungsfähig • kann gelassen mit offenen, unklaren Situationen umgehen • kann Einigungsprozesse, die zwischen unterschiedlichen Menschen länger dauern, gut ertragen.	• bevorzugt Aufgaben oder Arbeitsplätze, bei denen es klare Regeln und feste Abläufe gibt • achtet auf absolute Regeleinhaltung • ist in unbekannten Situationen häufig nervös und angespannt.	Belastbarkeit Frustrationstoleranz Emotionsmanagement

Verfahren

Fragebogen zur Auswahl von Führungskräften (FAF)
Fragebogen zur Diagnose unternehmerischer Potenziale (F-DUP)
Inventar zur Messung der Ambiguitätstoleranz (IMA)

4. Die Beurteilung von Schlüsselqualifikationen

Name des Verfahrens	Fragebogen zur Auswahl von Führungskräften (FAF)
Schlüsselqualifikation	Ambiguitätstoleranz
Autor/Literatur	Podufal, K. & Schubert, M. (2000)
Testart	Internetbasierter Selbstbeschreibungsfragebogen
Kurzbeschreibung	Grundlage der Konstruktion des FAF sind die Megatrends und die sich daraus ergebenden veränderten wirtschaftlichen und gesellschaftlichen Rahmenbedingungen, die neue/andere Anforderungen an Fach- und Führungskräfte stellen. Anhand von 120 Items erlaubt der Test, 14 Dimensionen, die sich aus den Veränderungen ergeben, zu erfassen.
Zeitbedarf	45 Minuten.
Bezugsquellen	Alpha-Test GmbH

Name des Verfahrens	Fragebogen zur Diagnose unternehmerischer Potenziale (F-DUP)
Schlüsselqualifikation	Ambiguitätstoleranz
Autor/Literatur	Müller, G. F. et al (2002)
Testart	Selbstbeschreibungsfragebogen als computergestützte oder Paper-Pencil-Version
Kurzbeschreibung	F-DUP ist eine Weiterentwicklung des amerikanischen Entrepreneurial Potential Questionnaire. Mit 54 Selbstbeschreibungsfragen werden sieben Schlüsselqualifikationen erfasst, die auf unternehmerisches Potenzial schließen lassen.
Zeitbedarf	Langform: 25–30 Minuten, Kurzform: 15–20 Minuten.
Bezugsquellen	Alpha-Test GmbH Prof. Dr. Günter F. Müller

Name des Verfahrens	Inventar zur Messung der Ambiguitätstoleranz (IMA)
Schlüsselqualifikation	Ambiguitätstoleranz
Autor/Literatur	Reis, J. (1996)
Testart	Standardisiertes Testverfahren – Selbstbeschreibungsfragebogen

4.6 Kompetenzen aufgrund gesellschaftlicher Veränderungen (Megatrends)

Kurzbeschreibung	Das IMA ist ein Verfahren zur Erfassung des Persönlichkeitsmerkmals Ambiguitätstoleranz. Darunter wird die Tendenz verstanden, Widersprüchlichkeiten, Inkonsistenzen oder mehrdeutige Informationslagen in ihrer Vielschichtigkeit wahrzunehmen und diese positiv zu bewerten. Das Verfahren umfasst 40 Items und unterscheidet fünf Ambiguitätsbereiche, wie z. B. Ambiguitätstoleranz für unlösbar erscheinende Probleme, für soziale Konflikte, für Rollenstereotypen. Die sechsstufige Antwortskala reicht von «trifft sehr zu» bis «trifft gar nicht zu».
Zeitbedarf	Die Durchführungszeit beträgt ca. 15 Minuten.
Bezugsquelle	Testzentrale Hogrefe

Fähigkeit zum Perspektivwechsel

Definition	Positive Indikatoren Die Person...	Negative Indikatoren Die Person...	Verwandte Merkmale
Fähigkeit, durch Veränderung der eigenen Sichtweise zu einem größeren Verständnis für die Einstellungen und das Handeln anderer Personen zu gelangen.	• reflektiert die eigene (kulturelle) Prägung • sieht kulturspezifisch unterschiedliche Wege einer Aufgabenumsetzung • kann auch konträre Meinungen nachvollziehen • stellt sich auf verschiedene Menschen/Mentalitäten ein.	• sieht den eigenen (kulturellen) Hintergrund als Maß aller Dinge • verschreibt sich den Werten und Vorgaben der dominanten Gruppe • neigt zu vereinfachenden Menschen- und Weltbildern • lehnt bestimmte Menschengruppen aufgrund eines Merkmals wie z. B. Herkunft global ab.	Emotionswahrnehmung/ Empathie Fähigkeit zum sprachlichen Stilwechsel

Verfahren

Zur Erfassung dieser Schlüsselqualifikation liegen zurzeit keine standardisierten Verfahren vor. Eventuell kann die Schlüsselqualifikation durch eine der in Kap. 2.5 beschriebenen situativen Verfahren beobachtet werden. Im Einzelnen hängt dieses von der Ausgestaltung der Verfahren ab.

Interkulturelle Kompetenz

Definition	Positive Indikatoren Die Person…	Negative Indikatoren Die Person…	Verwandte Merkmale
Fähigkeit und Bereitschaft zu einem respektvollen Umgang mit Menschen anderer (nationaler) Kulturen.	• akzeptiert Differenzen, die verschiedene Kulturen, Religionen oder Lebensformen mit sich bringen • geht unbefangen auf Vertreter anderer Kulturen und ethnischer Minderheiten zu • erkennt Standpunkte an, die den eigenen widersprechen • kennt kulturspezifische Kommunikationsstile und nonverbale Kommunikationssignale • hat bereits im Ausland gelebt oder mehrere Fernreisen unternommen.	• verfügt nur über pauschales Wissen bezüglich anderer Kulturen • erkennt nicht, dass das Verhalten einer Person auch durch deren kulturellen Hintergrund bedingt ist • spricht keine Fremdsprache • äußert undifferenzierte und/oder abwertende Einstellungen gegenüber anderen Menschen • reagiert ärgerlich bei Missverständnissen in der interkulturellen Begegnung • kritisiert jede Abweichung von eigenen Normen.	Emotionswahrnehmung/ Empathie Stil und Umgangsformen Fähigkeit zum sprachlichen Stilwechsel Fähigkeit zum kulturellen Perspektivwechsel Ambiguitätstoleranz

Verfahren

Test of Intercultural Sensitivity (TIS)

Name des Verfahrens	Test of Intercultural Sensitivity (TIS)
Schlüsselqualifikation	Interkulturelle Kompetenz
Autor/Literatur	Keine Nennung
Testart	Online Selbstbeschreibungsfragebogen

Kurzbeschreibung	Der TIS erfasst sechs Dimensionen, die sich neben Sprachkenntnissen und fachlicher Kompetenz als sehr wichtig für den Erfolg im Ausland und die Zusammenarbeit mit internationalen Kollegen herausgestellt haben. Dazu drückt der Bewerber zu 67 Aussagen seinen Grad an Zustimmung auf einer 6-stufigen Skala aus.
Zeitbedarf	20 Minuten.
Bezugsquellen	ICUnet. AG

4.6.2
Selbstverantwortung/Lebensunternehmer

Als Folge wirtschaftlicher Veränderungen, wie Globalisierung und technologischer Entwicklung, verändern sich die Anforderungen an Unternehmen und Mitarbeiter. Neben Flexibilität, dem Umgang mit Komplexität und der Fähigkeit, Veränderungen zu gestalten, gewinnt Eigenverantwortung an Bedeutung.

Eigenverantwortung beinhaltet den nachhaltigen Umgang mit den eigenen Ressourcen, wie Zeit, finanziellen Mitteln, Aufmerksamkeit und Engagement.

Dies betrifft verschiedene Lebensbereiche, wie den verantwortungsvollen Umgang mit der eigenen Gesundheit, eine finanzielle Vorsorge und natürlich die Sicherung der eigenen Beschäftigungsfähigkeit. Die Fähigkeit, die eigene Attraktivität für den Arbeitsmarkt zu erhalten und zu steigern wird als Employability bezeichnet. Employability erfordert von einem Mitarbeiter lebenslanges Lernen, Eigeninitiative und unternehmerisches Denken. Umgekehrt sind Unternehmen vor dem Hintergrund des prognostizierten Fachkräftemangels aufgefordert, die Beschäftigungsfähigkeit ihrer Mitarbeiter zu fördern, um so als Arbeitgeber interessant zu sein.

Verantwortung bezieht sich nicht nur auf den persönlichen Lebensbereich, wie Gesundheit, Finanzen und Beschäftigungsfähigkeit. Die Lösung komplexer gesellschaftlicher Herausforderungen erfordert auch soziale Verantwortung. Soziale Verantwortung zeigt sich zum Beispiel in der Bereitschaft, die langfristigen, auch ökologischen Folgen des eigenen persönlichen und unternehmerischen Handelns zu berücksichtigen.

Letztlich handelt es sich bei all diesen Fähigkeit um ein Bündel an Kompetenzen und Einstellungen, die sich auch unter dem Begriff Lebensunternehmertum zusammenfassen lassen.

Der Bereich Selbstverantwortung/Lebensunternehmer beinhaltet die folgenden

Schlüsselqualifikationen:

- Balancing (Work-Life-Integration)
- Eigenverantwortung
- Employability
- Soziale Verantwortung

Balancing (Work-Life-Integration)

Definition	Positive Indikatoren Die Person…	Negative Indikatoren Die Person…	Verwandte Merkmale
Fähigkeit und Bereitschaft, Arbeits- und Freizeitaktivitäten bzw. Anspannung und Entspannung befriedigend und in einem ausgeglichenen Verhältnis zu leben und zu gestalten.	• weiß, was ihr wirklich wichtig ist; kennt eigene Wünsche sowie persönliche Ziele, Werte und Visionen sehr gut • nimmt sich Zeit für die gerade anstehende Aktivitäten • hat einen bewussten und wertschätzenden Umgang mit Ressourcen (z. B. Zeit, Aufmerksamkeit, Energie, Fähigkeiten) • kann familiäre und berufliche Anforderungen und Interessen vereinbaren • sorgt für kompensierende Aktivitäten (z. B. Sport bei sitzender Tätigkeit)	• ignoriert Warnsignale des Körpers (z. B. Kopf- oder Rückenschmerzen, • überschätzt eigene Grenzen • hat Schwierigkeiten, Prioritäten zu setzen • klagt dauerhaft über Zeitnot und Stress-Symptome • kann nur schwer abschalten und den Fokus wechseln • pflegt wenige/keine außerberuflichen Interessen/Kontakte • nimmt alle Aufträge, Anfragen an • Arbeitet z. B. dauerhaft mehr als 50/60 Stunden pro Woche • setzt keine Grenzen • sieht alles aus der Perspektive der Leistungserbringung.	Belastbarkeit Soziale Unabhängigkeit Eigenverantwortung Zeitmanagement

4.6 Kompetenzen aufgrund gesellschaftlicher Veränderungen (Megatrends)

- nutzt und schafft sich aktiv Gestaltungsspielräume
- ist in der Lage, sich zurückzuziehen/herauszuziehen (kann z. B. «Nein» sagen zu Anfragen und Anforderungen)
- schätzt und nutzt Möglichkeiten der flexiblen Arbeitszeit.

Verfahren

Arbeitsbezogene Verhaltens- und Erlebensmuster (AVEM)
Fragebogen zur Erfassung des Gesundheitsverhaltens (FEG)
Inventar zur Persönlichkeitsdiagnostik in Situationen (IPS)

Name des Verfahrens	Arbeitsbezogenes Verhaltens- und Erlebensmuster (AVEM)
Schlüsselqualifikation	Balancing (Work-Life-Integration)
Autor/Literatur	Schaarschmidt, U. & Fischer, A. W. (1996)
Testart	Standardisiertes Testverfahren – Selbstbeschreibungsfragebogen
Kurzbeschreibung	AVEM ist ein mehrdimensionales Verfahren, mit dem Selbsteinschätzungen zum Verhalten und Erleben bzgl. Arbeit und Beruf ermittelt werden. Es setzt sich aus elf Dimensionen zusammen, z. B. Subjektive Bedeutsamkeit der Arbeit, beruflicher Ehrgeiz, Distanzierungsfähigkeit, Resignationstendenz bei Misserfolg und offensive Problembewältigung. Diese werden mit jeweils sechs Items erfasst, die auf einer fünfstufigen Antwortskala («trifft völlig zu» bis «trifft überhaupt nicht zu») beurteilt werden. Ziel ist die Zuordnung individueller Profile zu verschiedenen Typen («Gesundheitsideal», «Schonung», «überhöhtes Engagement», «eingeschränkte Distanzierungsfähigkeit»). Im Vordergrund steht hier der Gesundheitsaspekt.
Zeitbedarf	Die Bearbeitungszeit beträgt ca. 10 Minuten.

4. Die Beurteilung von Schlüsselqualifikationen

Besonderheiten bei der Durchführung	Die Papier-Bleistift-Form des AVEM kann sowohl manuell als auch computergestützt erfolgen.
Bezugsquelle	Dr. G. Schuhfried GmbH Harcourt Test Services Testzentrale Hogrefe

Name des Verfahrens	**Fragebogen zur Erfassung des Gesundheitsverhaltens (FEG)**
Schlüsselqualifikation	Balancing (Work-Life-Integration)
Autor/Literatur	Dlugosch, G. E. & Krieger, W. (in Anwendung seit 1995)
Testart	Persönlichkeitsfragebogen
Kurzbeschreibung	Der Fragebogen zur Erfassung des Gesundheitsverhalten (FEG) misst das aktuelle Gesundheitsverhalten eines Probanden, seine Einstellung dazu und prüft verhaltenshemmende Effekte. Insgesamt acht Bereiche im Zusammenhang mit Gesundheit werden diagnostiziert: Ernährung, Rauchen, Alkohol, Bewegung, Medikamente, Schlaf, Allgemeines Wohlbefinden/Probleme, Umgang mit Gesundheit und Krankheit.
Zeitbedarf	Je nach Anzahl der relevanten Bereiche dauert die Durchführung 30 bis 40 Minuten.
Bezugsquelle	Harcourt Test Services

Name des Verfahrens	**Inventar zur Persönlichkeitsdiagnostik in Situationen (IPS)**
Schlüsselqualifikation	Balancing (Work-Life-Integration)
Autor/Literatur	Schaarschmidt, U. & Fischer, A. W. (1997)
Testart	Computergestütztes, standardisiertes Testverfahren – Selbstbeschreibungsfragebogen
Kurzbeschreibung	Das IPS ist ein mehrdimensionales Verfahren zur Erfassung des Verhaltens und Erlebens in den drei Anforderungsbereichen sozial-kommunikatives Verhalten, Handlungsfähigkeit und -bereitschaft und Gesundheits- und Erholungsverhalten.

4.6 Kompetenzen aufgrund gesellschaftlicher Veränderungen (Megatrends) **195**

	Es werden 15 verschiedene Situationen dargeboten, zu denen eine Einschätzung des eigenen Verhaltens auf einer vierstufigen Skala gefordert wird. Des Weiteren soll die Zufriedenheit mit dieser Reaktion auf einer fünfstufigen Skala angegeben werden. Es ergeben sich somit vier Skalen, denen insgesamt 18 Dimensionen zugeordnet sind.
Zeitbedarf	Die Bearbeitungszeit beträgt ca. 15 Minuten.
Bezugsquelle	Dr. G. Schuhfried GmbH

Eigenverantwortung

Definition	Positive Indikatoren Die Person…	Negative Indikatoren Die Person…	Verwandte Merkmale
Haltung/Einstellung, für das gegenwärtige und zukünftige Wohl selbst verantwortlich zu sein und die Bereitschaft, aktiv dafür zu sorgen.	• Investiert eigene Ressourcen in protektive und präventive Maßnahmen (z. B. Vorsorgeuntersuchungen, Fitness) • zeigt vorausschauendes Denken bei ökonomischen und gesundheitlichen Investitionen (z. B. investiert in private Altersvorsorge) • übernimmt Verantwortung für kurz- und langfristige Bedürfnisse • achtet auf gesundheitsförderndes Verhalten (z. B. Umgang mit Genussmitteln,	• hat eine stark ausgeprägte Konsumentenhaltung (Nehmerposition) • erwartet, dass andere für die Vorsorge zuständig sind (z. B. staatliche und privatwirtschaftliche Institutionen) • aktuelle Bedürfnisbefriedigung hat Vorrang vor längerfristigen Anforderungen (z. B. Geldausgaben statt Rücklagen; Verschuldung für Konsumgüter) • schimpft bei persönlichen Misserfolgen auf andere • vernachlässigt seine Gesundheit, Familie und Sozialkontakte.	Balancing Eigeninitiative Durchhaltevermögen Employability

Bewegung) berücksichtigt ihre zentralen Motive (Gestaltung, Sicherheit...) bei wichtigen Karriereentscheidungen
- pflegt aktiv Sozialkontakte.

Verfahren

Bits & Bytes

Name des Verfahrens	Bits & Bytes
Schlüsselqualifikation	Eigenverantwortung
Autor/Literatur	Etzel, S. & Küppers, A. (2002)
Testart	Computergestützter Einzeltest
Kurzbeschreibung	Bits & Bytes erfasst das grundsätzliche Potenzial für das breite Spektrum an Anforderungen der IT-Branche. Neben den o. a. psychologischen Merkmalen erfasst es auch die Fähigkeit, praktische Problemstellungen in geeignete Algorithmen umzusetzen.
Zeitbedarf	Je nach Variante 30 bis 90 Minuten.
Bezugsquellen	pro facts assessment & training Testzentrale Hogrefe

4.6 Kompetenzen aufgrund gesellschaftlicher Veränderungen (Megatrends)

Employability

Definition	Positive Indikatoren Die Person...	Negative Indikatoren Die Person...	Verwandte Merkmale
Fähigkeit, fachliche und überfachliche Kompetenzen gezielt und eigenverantwortlich weiter zu entwickeln, um die Erwerbs- und Beschäftigungsfähigkeit zu erhalten.	• hat sich in der Vergangenheit auf eigene Initiative hin weitergebildet, um den Anforderungen des Marktes gerecht zu werden • passt ihre Fähigkeiten den wechselnden Anforderungen an • ist lernbereit, beobachtet den Markt und aktuelle fachliche Entwicklungen • hat innerhalb der Organisation bereits verschiedenen Projekte oder Funktionen übernommen • kennt ihr eigenes Kompetenzprofil, gleicht ihre Defizite gezielt aus und baut ihre Kernkompetenzen kontinuierlich aus • hat wegen der Karriere bzw. wegen des Arbeitsplatzes bereits den Wohnort gewechselt bzw. im Ausland gearbeitet.	• zeigt keinerlei Interesse an Veränderungen im Arbeitsbereich • hat kein Interesse an Weiterbildung • übt seit mehreren Jahren die Tätigkeit auf die immer gleiche Art aus und ignoriert neue Entwicklungen • verhält sich unwillig bei der Übernahme von neuen Aufgaben • hat in der Vergangenheit keine zusätzlichen Qualifikationen erworben • äußert sich auf Nachfrage undifferenziert über ihre eigenen Stärken und Schwächen • weiß nicht, welche Fähigkeiten im eigenen Arbeitsbereich/Branche in Zukunft gebraucht werden • interessiert sich nicht für allgemeine wirtschaftliche Entwicklungen.	Eigenverantwortung Durchhaltevermögen Leistungsbereitschaft Lern- und Veränderungsbereitschaft Veränderungsmanagement

Verfahren

Shapes

Name des Verfahrens	Shapes
Schlüsselqualifikation	Employability
Autor/Literatur	Lohff, S. & Preuß, A., (s. a. Laube, S., Waszak, A. & Deller, J., 2005)
Testart	Adaptiver Online-Selbstbeschreibungsfragebogen auf Grundlage der adalloc-Technologie
Kurzbeschreibung	Shapes ist ein adaptiver, computergestützter Fragebogen zur Kompetenzmessung von Managern, Unternehmern oder Experten. Das Instrument erfasst 19 Primärdimensionen und 18 berufsbezogene Kompetenzen. Dafür werden drei Items im Block präsentiert. Die Aufgabe des Bewerbers ist es, sechs Punkte entsprechend seiner Zustimmung auf die Items eines Blocks zu verteilen.
Zeitbedarf	10–15 Minuten.
Bezugsquellen	cut-e GmbH

Soziale Verantwortung

Definition	Positive Indikatoren Die Person...	Negative Indikatoren Die Person...	Verwandte Merkmale
Lebenshaltung bzw. Einstellung, die auch die längerfristigen ökologischen und sozialen Folgen berücksichtigt.	• zeigt Bereitschaft, sich für Mitmenschen und/oder kritische Lebensumwelten mit eigenen Mitteln (Zeit, Geld, Wissen) zu engagieren • übernimmt ehrenamtliche Aufgaben/weist in der Biographie Beispiele für ehrenamtliches Engagement auf	• ist ausschließlich auf den eigenen Vorteil/Profit bedacht • betrachtet soziale Themen aus einer individualistischen Perspektive («ich» statt «wir») • wirtschaftliche Argumente dominieren • übernimmt keine gemeinschaftlichen und/oder ehrenamtlichen	Eigeninitiative

4.6 Kompetenzen aufgrund gesellschaftlicher Veränderungen (Megatrends)

- geht bewusst mit Energien um
- hat ein ausgeprägtes Umweltbewusstsein
- zeigt echtes Mitgefühl für andere Menschen in Not
- zeigt Interesse an sozial-politischen Themen und Problemen, hat Verständnis für globale Zusammenhänge (z. B. eigene Konsumgewohnheiten und Produktionsbedingungen in Entwicklungsländern).

Aufgaben, kauft sich vielfach «frei».

Verfahren
Computer Aided Single Assessment (CASA)

Name des Verfahrens	Computer Aided Single Assessment (CASA)
Schlüsselqualifikation	Soziale Verantwortung
Autor/Literatur	Harder, U., Schneider, C. & Müskens, W. (1999)
Testart	Computergestütztes Testsystem
Kurzbeschreibung	CASA besteht zurzeit aus acht Testbausteinen, die Bereiche erfassen, die sich als relevant für die Vorhersage erfolgreichen Führungsverhaltens erwiesen haben. Die Frage- und Antwort-Formate variieren je nach Testbaustein und Gegenstandsbereich. Die Testbausteine können einzeln erworben und eingesetzt werden.
Zeitbedarf	Die Bearbeitungsdauer für die einzelnen Testbausteine variieren zwischen 15 und 90 Minuten.
Bezugsquellen	E. M. Media Alpha-Test GmbH

4.6.3
Umgang mit Veränderungen

Kaum ein anderer Bereich hat in den letzten Jahren so an Bedeutung gewonnen wie die Fähigkeit, mit Veränderungen umzugehen. Veränderungen sind Alltag geworden. Am deutlichsten spürbar wird diese Entwicklung in der Wirtschaft. Der Umgang mit Veränderungen, die Bereitschaft sich mit Veränderungen auseinanderzusetzen und diese aktiv zu gestalten sind daher wichtige Kompetenzen, auch für die Zukunft. Eng damit verbunden ist die Fähigkeit, Komplexität zu managen. Komplexe und vielfach widersprüchliche Informationen müssen verarbeitet werden, Optionen sind abzuwägen und Entscheidungen zu treffen, oft unter Unsicherheit. In dieser Situation ist es von außerordentlicher Bedeutung, die eigene Arbeits- und Handlungsfähigkeit zu bewahren. Die Klärung der eigenen Werte, Visionen und Ziele kann dabei hilfreich sein. Denn: Wer sich selbst, seine eigenen Werte, Visionen, Ziele und Motive kennt, hat es leichter im Umgang mit Komplexität. Die Kenntnis eigener Werte, Motive etc. dient als Orientierungs- und Entscheidungshilfe im Umgang mit Komplexität und Veränderungen.

Kompetenzen im Umgang mit Komplexität und Veränderungen können am besten durch biographische Informationen und ein gut vorbereitetes (multimodales) Interview beurteilt werden. Auch computergestützte Testverfahren lassen sich in diesem Bereich einsetzen.

Schlüsselqualifikationen:

- Komplexitätsmanagement
- Veränderungsmanagement

Komplexitätsmanagement

Definition	Positive Indikatoren Die Person...	Negative Indikatoren Die Person...	Verwandte Merkmale
Fähigkeit und Bereitschaft, komplexe, widersprüchliche	• selektiert und bewertet eingehende Informationen	• sammelt und verarbeitet bzw. verwaltet alle eingehenden	Auffassungsgabe Problemlösefähigkeit Systematisch-

oder vielschichtige Informationen und Anforderungen zu verarbeiten und dabei die eigene Handlungsfähigkeit zu bewahren bzw. zu stärken.	und schaltet nicht handlungsrelevante Informationen bewusst aus • erkennt schnell, welche Handlungsalternativen für sie nicht relevant sind und beachtet diese nicht weiter • kennt ihre zentralen Werte, Ziele und Motive und richtet ihr Handeln danach aus (weiß z. B., welche Art von Urlaub oder Reisen ihr gut tut) • achtet bei kleineren Alltagsentscheidungen auf Intuition und «Bauchgefühl» («Pizzafrage») • ist sich widersprüchlicher Ziele oder Motive bewusst und weiß, diese zu managen • bleibt auch in komplexen Situationen handlungsfähig.	Informationen, ohne sie zu filtern • lässt sich von aktuellen Anfragen, Angeboten oder Anforderungen schnell von der Umsetzung eigener Pläne und Ziele abbringen • nimmt Angebote an, nur weil sie kostenlos sind (Probeabos von Zeitungen, die sie gar nicht interessieren, etc.) • erlebt lähmende Gefühle von Überforderung angesichts komplexer Anforderungen oder widersprüchlicher Informationen oder verfällt in blinden, unreflektierten Aktionismus.	Analytisches Denken Durchhaltevermögen Entscheidungsfähigkeit Informationsmanagement Medienkompetenz

Verfahren

Zur Erfassung dieser Schlüsselqualifikation liegen zurzeit keine standardisierten Verfahren vor. Diese Schlüsselqualifikation lässt sich sehr gut mit Simulationsübungen, z.B. Postkorb erfassen.

Veränderungsmanagement

Definition	Positive Indikatoren Die Person...	Negative Indikatoren Die Person...	Verwandte Merkmale
Fähigkeit und Bereitschaft, Veränderungen zu erkennen und aktiv im Sinne der eigenen (Karriere)ziele und/ oder im Sinne der Organisationsziele mit zu gestalten.	• betrachtet Veränderungen als berufliche und persönliche Entwicklungschance • unterstützt Veränderungsprozesse durch aktive Mitarbeit • wertschätzt auch das Alte/ Vergangene **Aus der Rolle der Führungskraft:** • übernimmt als Führungskraft die Rolle eines «Change Agents» • kann die Möglichkeiten und Risiken von Veränderungsprozessen glaubhaft kommunizieren • kennt typische Abwehrreaktionen im Umgang mit Veränderungen und bezieht diese in die Planung ein • respektiert, dass Veränderungen bei manchen Mitarbeitern zunächst Ängste und Widerstand hervorrufen können	• betrachtet jede Veränderung als Bedrohung • weigert sich, Veränderungen und Informationen über Veränderungen zur Kenntnis zu nehmen • reagiert mit Widerstand auf jede anstehende Veränderung • äußert Meinungen wie: «früher war alles besser» • weigert sich, anstehende bzw. beschlossene Veränderungen im eigenen Bereich umzusetzen • zeigt Anzeichen von Stress, emotionaler Belastung oder Angst sobald Veränderungen thematisiert werden • wertet jede Neuerung grundsätzlich ab und betont den Wert des Alten («Das haben wir schon immer so gemacht») • hält starr an Altem fest, auch wenn sich dieses als dysfunktional erwiesen hat.	Eigeninitiative Leistungsbereitschaft Lern- und Veränderungsbereitschaft Belastbarkeit Realisierungsorientiertes Denken Selbstmanagement Ambiguitätstoleranz

- beachtet bei der Umsetzung von Veränderungen mikropolitische Spielregeln.

Verfahren

Choices Architect
Utopia (2003, aktuelles Update)

Name des Verfahrens	Choices Architect
Schlüsselqualifikation	Veränderungsmanagement
Autor/Literatur	Lombardo, M. M. & Eichinger, R. W. (2000)
Testart	Fremdbeurteilungsverfahren mit Hilfe von Karten auf denen die einzuschätzenden Items – als Aussage formuliert – gedruckt sind
Kurzbeschreibung	Anhand von 81 Verhaltensweisen wird mit Hilfe des Choices Architect die Fähigkeit von Personen analysiert, aus «Erfahrungen zu lernen» und in herausfordernden Managementsituationen zu bestehen. Die Einschätzung kann durch die Führungskraft oder andere Personen, die den Einzuschätzenden gut kennen, erfolgen.
Zeitbedarf	Keine Angabe
Bezugsquellen	Wildenmann Gruppe

Name des Verfahrens	Utopia (2003, aktuelles Update)
Schlüsselqualifikation	Veränderungsmanagement
Autor/Literatur	Vogt, H. (1997)
Testart	PC-Planspiel
Kurzbeschreibung	In diesem Planspiel übernehmen die Bewerber die Regierung der fiktiven Insel Utopia, deren Entwicklung gefördert werden und in Richtung vorgegebener Ziele vorangetrieben werden soll. Ausgewertet wird u. a. der Umgang mit einer Reihe von

	Zielkonflikten sowie der Fülle von Daten und Informationen und der Umgang mit sich verändernden Rahmenbedingungen und Störfaktoren.
Zeitbedarf	90 Minuten.
Bezugsquellen	Scharley & Partner

4.6.4
Unternehmerische Kompetenzen

Unternehmerische Kompetenzen werden heute nicht nur von Top-Managern oder Selbstständigen erwartet. Knappe Ressourcen, die steigende Bedeutung an Kundenorientierung als Wettbewerbsfaktor, dynamische Märkte und nicht zuletzt die technologische Entwicklung erfordern Unternehmerische Kompetenzen häufig auch von Mitarbeitern ohne Managementaufgaben. Nutzen, Nachhaltigkeit, Umsetzung und Gewinn- sowie Ergebnisorientierung sind wesentliche handlungsleitende Maxime. Unternehmerische Kompetenzen beschreiben die Fähigkeit, neben den (all)täglichen Aufgaben, auch einen Blick für zukünftige Marktbedürfnisse zu entwickeln und diese entsprechend einzuplanen. Darüber hinaus bedingt unternehmerisch kompetentes Verhalten einen verantwortlichen und wirtschaftlichen Umgang mit Ressourcen und erfordert eine Haltung, die den Kunden mit seinen Wünschen und Bedürfnissen als zentralen Motor des eigenen Handelns sieht.

Schlüsselqualifikationen:

- Gewinnorientierung
- Innovationsfähigkeit
- Kundenorientierung
- Marktorientiertes und Kaufmännisches Denken
- Risikobereitschaft/Umgang mit Risiken
- Verhandlungsgeschick
- Visionäres und Strategisches Denken und Handeln

Gewinnorientierung

Definition	Positive Indikatoren Die Person...	Negative Indikatoren Die Person...	Verwandte Merkmale
Absicht und Fähigkeit, Nutzen und Wertzuwächse für die Stakeholder einer Organisation zu schaffen und den langfristigen Unternehmenserhalt zu sichern.	• hält Balance zwischen Kostenorientierung und Investitionen • kann Pläne und Entscheidungen an sich verändernde Marktstrukturen anpassen • erkennt den eigenen Beitrag zur Ergebnissicherung • achtet darauf, dass der zukünftige Cash-flow gesichert ist • kann Beitrag für die Wertschöpfung einer Organisation in der Vergangenheit darstellen.	• geht verschwenderisch mit Material und Ressourcen um • hat kein Gefühl für Preis-Leistungsverhältnis • investiert weiter in Verlustprojekte, um bisherige Investitionen nicht zu verlieren (Sunk-Cost-Effekt) • realisiert Gewinne zu früh • lässt Verluste zu lange laufen anstatt sie frühzeitig zu beenden.	Eigeninitiative Entscheidungsfähigkeit Realisierungsorientiertes Denken Marktorientiertes und Kaufmännisches Denken

Verfahren

Zur Erfassung dieser Schlüsselqualifikation liegen zurzeit keine standardisierten Verfahren vor. Eventuell kann die Schlüsselqualifikation durch eine der in Kap. 2.5 beschriebenen Simulationen beobachtet werden. Im Einzelnen hängt dieses von der Ausgestaltung der Verfahren ab.

Innovationsfähigkeit

Definition	Positive Indikatoren Die Person...	Negative Indikatoren Die Person...	Verwandte Merkmale
Fähigkeit, Neuerungen zu entwickeln, auf ihre Tauglichkeit zu überprüfen und in der Praxis umzusetzen.	• kann aus bisherigen Strukturen neue Ideen und Konzepte entwickeln • findet häufig neue Problemlösungswege und Wege der Aufgabenumsetzung • ist in der Lage, übergreifend und interdisziplinär zu denken und verschiedene Aspekte zu verknüpfen • kann Ideen, Strukturen, Lösungswege aus bisherigen Zusammenhängen gedanklich loslösen und auf andere Kontexte übertragen • ist über die Maße vorausschauend • kann schnell und unkonventionell mögliche Folgen antizipieren • erkennt Entwicklungsmöglichkeiten, auch bzw. besonders dort, wo andere sie vielfach nicht sehen	• hat starre Vorstellungen von Produkten und deren Funktion («ein Stuhl ist zum sitzen da») • vertraut auf die Funktionsfähigkeit des Bisherigen • verhält sich veränderungsresistent • sieht nicht die Notwendigkeit, bisherige Lösungswege, Prozeduren zu verändern • denkt vielfach linear und eindimensional anstatt vernetzt und systemisch.	Kreatives Denken Veränderungsmanagement

4.6 Kompetenzen aufgrund gesellschaftlicher Veränderungen (Megatrends) **207**

- ist bei der Entwicklung von Ideen auch darauf bedacht, diese konkret und praxisnah umzusetzen.

Verfahren

Zur Erfassung dieser Schlüsselqualifikation liegen zurzeit keine standardisierten Verfahren vor. Eventuell kann die Schlüsselqualifikation durch eine der in Kap. 2.5 beschriebenen Simulationen beobachtet werden. Im Einzelnen hängt dieses von der Ausgestaltung der Verfahren ab.

Kundenorientierung

Definition	Positive Indikatoren Die Person…	Negative Indikatoren Die Person…	Verwandte Merkmale
Fähigkeit und Bereitschaft, Bedürfnisse und Wünsche des Kunden zu erkennen, zu erfüllen und neue kundenorientierte Leistungen zu entwickeln.	• kennt die Wünsche und Bedürfnisse ihrer Kunden/ Kundengruppen • nutzt und erweitert ihren Entscheidungsspielraum, um Kundenwünsche zu erfüllen • nimmt Anregungen oder Kritik auf und setzt sie in Maßnahmen um • erkennt die Bedeutung von Kundenbeziehungen als eine wesentliche Größe einer erfolgreichen Organisation	• hat Schwierigkeiten, sich auf andere Menschen und deren Bedürfnisse einzustellen. • nimmt Kritik des Kunden nicht ernst, sondern erwartet, dass sich der Kunde dem Produkt/ der Dienstleistung «anpasst» • stellt eigene Interessen bzw. Interessen des Betriebes vor die Interessen des Kunden • betrachtet den Kunden und seine Wünsche eher als «unangenehme Störgröße».	Systematisch-Analytisches Denken Emotionswahrnehmung/ Empathie Soziales Gedächtnis Marktorientiertes und Kaufmännisches Denken Visionäres und Strategisches Denken und Handeln

- setzt Instrumente und Techniken zur professionellen Kundenbindung ein
- pflegt langfristige Kundenbeziehungen.

Verfahren

CUSTOM!ZE
Skalen zur Service- und Kundenorientierung (SKASUK)

Name des Verfahrens	CUSTOM!ZE
Schlüsselqualifikation	Kundenorientierung
Autor/Literatur	S&F Personalpsychologie (ohne Jahresangabe)
Testart	Online-basiertes Testverfahren
Kurzbeschreibung	Der CUSTOM!ZE ist eine Testbatterie, die sich aus drei Bausteinen zusammensetzt: 1. Persönlichkeitstest mit 81 berufsbezogenen Fragen, 2. Situational Judgement Test zur Beurteilung von Kundensituationen. Die Bewerber bekommen Situationsbeschreibungen sowie mögliche Verhaltensalternativen. Ihre Aufgabe ist es anzugeben, welches Verhalten ideal wäre und dafür die Items in eine Rangreihe zu bringen. 3. Das abschließende Multimodale Interview ist ein anforderungsbezogenes, teilstrukturiertes Interview mit verschiedenen Gesprächsteilen sowie integrierten Rollenspielen.
Zeitbedarf	Persönlichkeitstest und Situational Judgement Test jeweils ca. 12 Minuten.
Bezugsquellen	S&F Personalpsychologie

4.6 Kompetenzen aufgrund gesellschaftlicher Veränderungen (Megatrends)

Name des Verfahrens	Skalen zur Service- und Kundenorientierung (SKASUK)
Schlüsselqualifikation	Kundenorientierung
Autor/Literatur	Sonnenberg, H.-G. (ohne Jahresangabe)
Testart	Persönlichkeitstest
Kurzbeschreibung	Die Skalen erfassen die Neigung und die Eignung von Menschen für Tätigkeiten im Bereich der Kundenorientierung, in dem sie Einstellungen und Interessen in diesem Bereich erfassen. Es werden kompetenzorientierte Konzepte (Extraversion, Empathie, Self-Monitoring und Frustrationstoleranz) sowie motivationale Konzepte (Streben nach sozialer Anerkennung, Leistungsmotivation, Hilfeleistungsmotivation und Dominanz) erfasst. Der Test umfasst insgesamt 94 Items (acht Skalen), zu denen der Proband sein Ausmaß an Zustimmung (vierstufige Skala) abgibt.
Zeitbedarf	Ca. 20 Minuten.
Besonderheiten bei der Durchführung	Computergestütztes Verfahren
Bezugsquelle	Dr. G. Schuhfried GmbH

Marktorientiertes und Kaufmännisches Denken

Definition	Positive Indikatoren Die Person...	Negative Indikatoren Die Person...	Verwandte Merkmale
Fähigkeit, eigene Produkte oder Dienstleistungen auf den Markt (Kundenbedürfnisse und Konkurrenz) abzustimmen.	• kennt ihre Zielgruppen und deren Bedürfnisse • kennt eigene Marktposition und die der Konkurrenz • kann ihre Kernkompetenzen benennen	• hat Schwierigkeiten, in Marktzusammenhängen zu denken und zu handeln • passt ihr Leistungsangebot nicht regelmäßig den Anforderungen des Marktes an	Systematisch-Analytisches Denken Kundenorientierung Visionäres und Strategisches Denken und Handeln Realisierungs-

	• definiert Spektrum von Produkten, Services und Lösungen innerhalb des Wettbewerbsumfelds.	• hat kein erkennbares Alleinstellungsmerkmal.	orientiertes Denken

Verfahren

Wirtschaftskundlicher Bildungstest (WBT)

Name des Verfahrens	Wirtschaftskundlicher Bildungs-Test (WBT)
Schlüsselqualifikation	Marktorientiertes und Kaufmännisches Denken
Autor/Literatur	Beck, K. & Krumm, V. Manual: Beck, K. & Krumm, V. unter Zusammenarbeit mit Dubs, R. (1998)
Testart	Standardisiertes Testverfahren – Leistungstest – ökonomische Intelligenz
Kurzbeschreibung	Der WBT erfasst die Fähigkeit zu quantifizierend-optimierendem Denken in bewerteten Entscheidungsalternativen. In den 46 Aufgaben werden neben Grundlagenwissen auch das Verständnis für ökonomische Sachverhalte thematisiert. Mit steigendem Niveau beziehen sich die Aufgaben u. a. auf die Bereiche Mikro- und Makroökonomie und internationale Beziehungen.
Zeitbedarf	Bearbeitungsdauer ca. 40 Minuten.
Bezugsquelle	Testzentrale Hogrefe

4.6 Kompetenzen aufgrund gesellschaftlicher Veränderungen (Megatrends)

Risikobereitschaft/Umgang mit Risiken

Definition	Positive Indikatoren Die Person...	Negative Indikatoren Die Person...	Verwandte Merkmale
Fähigkeit und Bereitschaft, bei Entscheidungen bewusst ein kalkuliertes Risiko einzugehen.	• bewertet Risiken anhand klarer und sachlicher Kenngrößen • ergreift Maßnahmen für das Risikomanagement • betrachtet Risiken aus unterschiedlichen Blickwinkeln und wägt kalkulierbare Gegengrößen wie z.B. die eigene Kompetenz oder Wissen sachlich ab • übernimmt die Verantwortung für ihre Entscheidungen • ist in der Vergangenheit schon bewusste, kalkulierbare Risiken eingegangen.	• ist hinsichtlich Entscheidungen generell unsicher • sichert sich gern nach allen Seiten ab • vermeidet Entscheidungen und/oder sitzt Entscheidungen aus • entscheidet sich immer für das vermeintlich Altbewährte und Sichere • verlässt sich bei unsicheren Entscheidungen auf unangemessene Entscheidungskriterien anstatt auf kalkulierbare Einflussgrößen • sieht Risiko nicht als teilkalkulierbare/reduzierbare Größe sondern eher aus der Perspektive des «Russisch-Roulette-Spielers» • ist im Umgang mit Risiken unverhältnismäßig; z.B. draufgängerisch statt überlegend.	Entscheidungsfähigkeit Soziale Unabhängigkeit Visionäres und Strategisches Denken und Handeln Ambiguitätstoleranz

Verfahren

Fragebogen zur Diagnose unternehmerischer Potenziale (F-DUP)
Risikowahlverhalten (RISIKO)
Utopia (2003, aktuelles Update)
Wiener Risikobereitschaftstest – revidierte Fassung (WRBTR)

Name des Verfahrens	Fragebogen zur Diagnose unternehmerischer Potenziale (F-DUP)
Schlüsselqualifikation	Risikobereitschaft/Umgang mit Risiken
Autor/Literatur	Müller, G. F. et al (2002)
Testart	Selbstbeschreibungsfragebogen als computergestützte oder Paper-Pencil-Version
Kurzbeschreibung	F-DUP ist eine Weiterentwicklung des amerikanischen Entrepreneurial Potential Questionnaire. Mit 54 Selbstbeschreibungsfragen werden sieben Schlüsselqualifikationen erfasst, die auf unternehmerisches Potenzial schließen lassen.
Zeitbedarf	Langform: 25–30 Minuten, Kurzform: 15–20 Minuten.
Bezugsquellen	Alpha-Test GmbH Prof. Dr. Günter F. Müller

Name des Verfahrens	RISIKO Risikowahlverhalten
Schlüsselqualifikation	Risikobereitschaft/Umgang mit Risiken
Autor/Literatur	Guttmann, G. & Bauer, H. (ohne Jahresangabe)
Testart	Objektiver Persönlichkeitstest
Kurzbeschreibung	Mit unvorhersagbaren Richtungsänderungen bewegt sich bei diesem Testverfahren ein grüner Ball am Bildschirm. Die Aufgabe des Probanden besteht darin, den Ball innerhalb eines Kreises zu halten. Dazu steht dem Probanden ein Steuerhebel zur Verfügung. Der Test umfasst vier Phasen à fünf Durchgängen, jede Phase stellt unterschiedliche Anforderungen. Zum Beispiel bewegt sich der Ball in der ersten Testphase langsam, in der zweiten schnell, in der dritten ist die Steuerung des Kreises verdreht (90 Grad) und in der vierten variieren die Bedingungen der ersten drei Phasen.
Zeitbedarf	Ca. 20 Minuten.
Bezugsquellen	Dr. G. Schuhfried GmbH

4.6 Kompetenzen aufgrund gesellschaftlicher Veränderungen (Megatrends)

Name des Verfahrens	**Utopia (2003, aktuelles Update)**
Schlüsselqualifikation	Risikobereitschaft/Umgang mit Risiken
Autor/Literatur	Vogt, H. (1997)
Testart	PC-Planspiel
Kurzbeschreibung	In diesem Planspiel übernehmen die Bewerber die Regierung der fiktiven Insel Utopia, deren Entwicklung gefördert werden und in Richtung vorgegebener Ziele vorangetrieben werden soll. Ausgewertet wird u. a. der Umgang mit einer Reihe von Zielkonflikten sowie der Fülle von Daten und Informationen und der Umgang mit sich verändernden Rahmenbedingungen und Störfaktoren.
Zeitbedarf	90 Minuten.
Bezugsquellen	Scharley & Partner

Name des Verfahrens	**Wiener Risikobereitschaftstest – revidierte Fassung (WRBTR)**
Schlüsselqualifikation	Risikobereitschaft/Umgang mit Risiken
Autor/Literatur	Hergovich, A. & Bognar, B. (ohne Jahresangabe)
Testart	Objektiver Persönlichkeitstest
Kurzbeschreibung	Das Verfahren ist ein Test zur Erfassung der individuellen Risikobereitschaft. Die Testbatterie umfasst sechs Subtests, die jeweils unterschiedliche Risikosituationen behandeln, z. B. Lebensziele, Entscheidungen, Glücksspiel, Würfelspiel, Kugelspiel und Roulette. Für die Auswertung stehen unterschiedliche Kennwerte zur Verfügung: Bedürfnis nach physischem Risiko, Bedürfnis nach finanzieller Sicherheit, Bedürfnis nach sozialer Sicherheit, Risikobereitschaft in Entscheidungssituationen, Risikobereitschaft in Gewinnsituationen, Risikobereitschaft in Verlustsituationen, Bedürfnis nach Spannung und finanzielle Risikobereitschaft.
Zeitbedarf	Ca. 30 Minuten.
Bezugsquelle	Dr. G. Schuhfried GmbH

Verhandlungsgeschick

Definition	Positive Indikatoren Die Person…	Negative Indikatoren Die Person…	Verwandte Merkmale
Fähigkeit, mit anderen Vereinbarungen abzuschließen, die die eigenen Interessen bestmöglich berücksichtigen.	• bereitet sich intensiv auf Verhandlungen vor • ermittelt vorab die Erwartungen des Verhandlungspartners • geht flexibel auf das Verhalten des Verhandlungspartners ein und passt die eigene Strategie daran an • hat klare eigene Position und verliert nicht das Ziel aus den Augen • ist konsequent, zielorientiert und gleichzeitig diplomatisch in der Gesprächsführung • berücksichtigt auch die längerfristige Zusammenarbeit mit dem Verhandlungspartner.	• hält starr an ihrer Strategie und an ihren Forderungen fest • bereitet keine gemeinsame Gesprächsbasis • ist wenig diplomatisch in der Argumentation • lässt sich durch Einwände des Verhandlungspartners aus dem Konzept bringen • nimmt Einwände und Vorwände des Verhandlungspartners persönlich • kann eigene Emotionen nicht kontrollieren.	Eigeninitiative Durchhaltevermögen Kooperationsfähigkeit Zuhören Fähigkeit zum sprachlichen Stilwechsel Emotionswahrnehmung/ Empathie

Verfahren

WIN-WIN

Name des Verfahrens	WIN-WIN
Schlüsselqualifikation	Verhandlungsgeschick
Autor/Literatur	S&F Personalpsychologie (ohne Jahresangabe)

Testart	Online-basiertes Testverfahren
Kurzbeschreibung	Testbatterie, die sich aus zwei Modulen zusammensetzt: 1. Persönlichkeitstest zur Erfassung von Verhandlungspotenzial, das durch 13 Dimensionen beschrieben wird und 2. Situational Judgement Test zur Beurteilung von Verhandlungssituationen. Während die Kandidaten im ersten Modul 91 Fragen beantworten, werden im zweiten Test 20 Verhandlungssituationen und jeweils fünf mögliche Verhaltensalternativen vorgestellt. Die Aufgabe der Bewerber ist es zu entscheiden, wie effektiv die Verhaltensvorschläge sind, und welche Verhaltensweise am ehesten auf sie zutrifft.
Zeitbedarf	Beim Einsatz beider Module ca. 35 Minuten, es stehen auch kürzere Verfahrensversionen zur Verfügung.
Bezugsquellen	S&F Personalpsychologie

Visionäres und Strategisches Denken und Handeln

Definition	Positive Indikatoren Die Person...	Negative Indikatoren Die Person...	Verwandte Merkmale
Fähigkeit, Visionen zu entwickeln und diese in handhabbare Leitbilder und Organisationsziele umzusetzen und damit strategisches Handeln zu ermöglichen.	• plant in großen Zeiträumen • hat Idee vom Großen und Ganzen • stellt eigene Regeln auf • kombiniert Dinge und Elemente auf neue Art und Weise • entwickelt Ideen und neuartige Lösungen.	• orientiert sich ausschließlich an sofort Realisierbarem • versucht ausschließlich aus Vergangenem auf die Zukunft zu schließen • reproduziert.	Kreatives Denken Problemlösefähigkeit

Verfahren

Shapes

Name des Verfahrens	Shapes
Schlüsselqualifikation	Visionäres und strategisches Denken und Handeln
Autor/Literatur	Lohff, S. & Preuß, A., (s. a. Laube, S., Waszak, A. & Deller, J., 2005)
Testart	Adaptiver Online-Selbstbeschreibungsfragebogen auf Grundlage der adalloc-Technologie
Kurzbeschreibung	Shapes ist ein adaptiver, computergestützter Fragebogen zur Kompetenzmessung von Managern, Unternehmern oder Experten. Das Instrument erfasst 19 Primärdimensionen und 18 berufsbezogene Kompetenzen. Dafür werden drei Items Block präsentiert. Die Aufgabe des Bewerbers ist es, sechs im Punkte entsprechend seiner Zustimmung auf die Items eines Blocks zu verteilen.
Zeitbedarf	10–15 Minuten.
Bezugsquellen	cut-e GmbH

4.6.5 Methodenkompetenzen

Methodenkompetenzen sind erforderlich, um zu einer effektiven und effizienten Arbeitsorganisation zu gelangen. Dies bedeutet, unter Nutzung moderner Informationstechnologien aus der Fülle an Informationen zum richtigen Zeitpunkt das Wesentliche herauszufiltern und es zielgerichtet in den Arbeitsablauf einzubinden. Dabei steht neben dem bewussten Umgang mit der eigenen Zeit auch die Fähigkeit im Vordergrund, komplexe Aufgaben und Projekte so zu planen, dass sie realistisch umsetzbar sind. Nicht zuletzt gewinnt auch die Fähigkeit an Bedeutung, Sachverhalte entsprechend ihrer Zielgruppe verständlich und wirkungsvoll darzustellen. Dies beinhaltet zum Beispiel das Wissen um adäquate Medien und Techniken sowie deren optimaler Einsatz. Zur Erfassung der Methodenkompetenz empfiehlt es sich, Simulationen, wie Präsentationen oder Fachvorträge, Postkorb, Konstruktionsübungen und Fallstudien, einzusetzen.

Schlüsselqualifikationen:

- Informationsmanagement
- Medienkompetenz

- Moderation
- Präsentation
- Projektmanagement/Planung
- Zeitmanagement

Informationsmanagement

Definition	Positive Indikatoren Die Person…	Negative Indikatoren Die Person…	Verwandte Merkmale
Wissen um die Möglichkeiten der Informationsbeschaffung sowie die Fähigkeit, diese effizient zu organisieren und zielgruppengerecht weiter zu geben.	• kennt verschiedene Informationsquellen und weiß diese zu nutzen • selektiert unwichtige Infos aus Post, E-Mail etc. sofort aus • weiß, wer welche Info benötigt und gibt diese von sich aus weiter • stellt ihr Wissen der Organisation/ Kollegen nutzbringend zur Verfügung • kann Wichtiges von Unwichtigem unterscheiden.	• ist an Informationen, die nicht ganz direkt ihren Bereich betreffen, nicht interessiert • nutzt keine neuen Technologien zur Informationsbeschaffung • sammelt und verwaltet ungefiltert alle eingehenden Informationen, Briefe, Werbung, E-Mails • gibt Informationen ineffizient weiter; z. B. schickt E-Mails an große Verteiler, informiert Projektmitglieder nicht ausreichend.	Auffassungsgabe Networking

Verfahren

Zur Erfassung dieser Schlüsselqualifikation liegen zurzeit keine standardisierten Verfahren vor. Eventuell kann die Schlüsselqualifikation durch eine der in Kap. 2.5 beschriebenen Simulationen beobachtet werden. Im Einzelnen hängt dieses von der Ausgestaltung der Verfahren ab.

Medienkompetenz

Definition	Positive Indikatoren Die Person...	Negative Indikatoren Die Person...	Verwandte Merkmale
Wissen um die unterschiedlichen Informations- und Kommunikationstechnologien und deren adäquate Nutzung.	• kennt unterschiedliche Informations- und Kommunikationsmittel und kann sie einsetzen • weiß, in welcher Situation welches Medium am besten und wirkungsvollsten einzusetzen ist • setzt Medien bewusst ein, orientiert dies an der entsprechenden Zielgruppe (z. B. «weniger ist mehr») • kann Informationen so aufbereiten, dass sie mit einem gewählten Medium bestmöglich transportiert werden (z. B. Schriftgröße und Textmenge auf Folien, Rundmail bei kurzfristigem Informationsbedarf) • setzt unterschiedliche Medien souverän ein, um größtmögliche Aufmerksamkeit/ Aufnahmefähigkeit der Zuhörer/ Abnehmer zu gewährleisten (Medienmix)	• weiß nicht, welche Medien aktuell existieren und wie sie einzusetzen sind • ist ungeübt im Umgang mit unterschiedlichen Medien; • nutzt häufig nur ein einziges Medium anstatt das breite Spektrum • lehnt neuere Medien ab • hat kein Interesse, sich in neuere Medien einzuarbeiten/den Umgang zu erlernen • setzt Medien zum Selbstzweck ein.	

4.6 Kompetenzen aufgrund gesellschaftlicher Veränderungen (Megatrends)

- nutzt Medien multifunktional (z. B. für Information, Bildung, Kommunikation, Orientierung etc.).

Verfahren

Zur Erfassung dieser Schlüsselqualifikation liegen zurzeit keine standardisierten Verfahren vor. Eventuell kann die Schlüsselqualifikation durch eine der in Kap. 2.5 beschriebenen Simulationen beobachtet werden. Im Einzelnen hängt dieses von der Ausgestaltung der Verfahren ab.

Moderation

Definition	Positive Indikatoren Die Person…	Negative Indikatoren Die Person…	Verwandte Merkmale
Fertigkeit, den Informations- oder Gedankenaustausch in Gruppen anzuregen, zu lenken und zu einem Ergebnis zu führen.	• beherrscht verschiedene Techniken (z. B. Fragen stellen, Zuhören, Schlüsse ziehen, Redelisten) • kennt und nutzt neben verbalen Techniken auch nonverbale Techniken zur Steuerung von Kommunikationsprozessen • kennt und nutzt Möglichkeiten der Visualisierung • ist mit den unterschiedlichen Phasen der Moderation vertraut und kennt die spezifischen	• kennt die vielfältigen Aufgaben der Moderation nur unzureichend und nimmt die Aufgaben nur unzureichend war (z. B. sieht sich nicht als Steuerer, Organisator, Inputgeber, Schlichter, Kompromissfinder etc.) • achtet nicht darauf, dass alle Gruppenmitglieder beteiligt werden • weist nicht auf Rahmengrößen (z. B. Zeitvorgaben) hin • äußert persönliche Meinung statt eine übergeordnete	Kooperationsfähigkeit Fähigkeit zum sprachlichen Stilwechsel Sprachliche Ausdrucksfähigkeit Zuhören Motivation Präsentation Zeitmanagement

Aufgaben der Phasen sowie des Moderators • stößt Prozesse der Meinungsbildung in der Gruppe an • achtet darauf, dass die zentralen Punkte nicht außer Acht gelassen werden • vermittelt zwischen widerstreitenden Positionen • kann den Prozess auch mit nicht-organisierten Teilnehmern oder unkooperativen Einzelpersonen souverän und konstruktiv steuern • hat in der Vergangenheit bereits Moderationsaufgaben übernommen.	Position einzunehmen • hält Blickkontakt nur zu einzelnen Personen • lässt sich von Kritikern aus dem Prozess und/oder der Ruhe bringen • lässt sich von unvorhergesehenen Aktionen unter Druck setzen.

Verfahren

Zur Erfassung dieser Schlüsselqualifikation liegen zurzeit keine standardisierten Verfahren vor. Eventuell kann die Schlüsselqualifikation durch eine der in Kap. 2.5 beschriebenen Simulationen beobachtet werden. Im Einzelnen hängt dieses von der Ausgestaltung der Verfahren ab.

Präsentation

Definition	Positive Indikatoren Die Person...	Negative Indikatoren Die Person...	Verwandte Merkmale
Fertigkeit, Sachverhalte verständlich, anregend und überzeugend darstellen zu können.	• spricht klar und deutlich • trägt auch komplizierte Sachverhalte nachvollziehbar und gut strukturiert vor • kennt und nutzt verschiedene Techniken der Präsentation • geht auf Fragen der Zuhörer ein • greift Argumente aus dem Publikum auf • hält Blickkontakt mit Zuhörern • kann während der Präsentation die genutzten Medien souverän bedienen • kann auch mit Einwürfen oder nicht erwarteten Nachfragen aus der Zuhörerschaft angemessen und konstruktiv umgehen • stellt sich mit seinem Sprach- und Sprechstil auf das Publikum ein (z. B. Lautstärke, Sprechtempo) • überzeugt auch durch eine	• vergewissert sich nicht, ob die Präsentation verständlich ist • nutzt Präsentationen zur Selbstdarstellung • ist mit den verwendeten Medien nicht vertraut • verliert bei Zwischenfragen den roten Faden • nutzt inadäquate Medien für die Präsentation • vermittelt Unsicherheit in der Darstellung durch unangemessene Körpersprache (z. B. zu unruhig oder zu starr/steif) • nutzt keine rhetorischen Stilmittel z. B. hält keine Redepausen ein/aus • konzentriert sich nicht auf sich und die Präsentation sondern versucht, Verhaltensweisen der Zuhörer als «Bewertung oder Feedback» auf die Präsentation zu interpretieren und lässt sich davon leiten	Systematisch-Analytisches Denken Fähigkeit zum sprachlichen Stilwechsel Sprachliche Ausdrucksfähigkeit

| | authentische nonverbale Kommunikation. | • hat eine wenig dialogische Haltung und ignoriert Signale des Publikums (z. B. «gähnen»)
 • liest ab statt frei zu sprechen und zu präsentieren. | |

Verfahren

Zur Erfassung dieser Schlüsselqualifikation liegen zurzeit keine standardisierten Verfahren vor. Präsentationsfähigkeit lässt sich hervorragend mit einem Fachvortrag oder sonstigen Präsentationen bewerten.

Projektmanagement/Planung

Definition	Positive Indikatoren Die Person...	Negative Indikatoren Die Person...	Verwandte Merkmale
Fertigkeit, Projekte in Unterziele und Aufgaben zu unterteilen, einen realistischen Zeitplan für das Projekt zu erstellen und die Durchführung zu gewährleisten.	• entwickelt einen klar strukturierten Projektplan • steuert das Projekt zeitlich und kostenmäßig angemessen • erkennt mögliche Engpässe rechtzeitig • erkennt weiterreichende Wechselwirkungen und Zusammenhänge bei Änderungen im Projektplan • evaluiert den Projektablauf • informiert über den Projektverlauf	• kann komplexe Aufgaben nicht in logisch aufeinander aufbauende Teilschritte untergliedern • kann nicht professionell informieren und reflektieren • hält vereinbarte Ziele nicht ein • entwickelt bei Hindernissen keine Alternativen • sucht nicht nach Synergien zu anderen Projekten • denkt in starren, linearen Schritten statt in systemischen Zusammenhängen	Systematisch-Analytisches Denken Realisierungsorientiertes Denken Umsetzungs- und Handlungsorientierung Zeitmanagement Selbstmanagement

4.6 Kompetenzen aufgrund gesellschaftlicher Veränderungen (Megatrends)

- kann auch komplexe Projektverläufe visualisieren.
- kann Änderungen im Projektplan nicht angemessen berücksichtigen, sondern hält an einmal gesetzter Struktur fest.

Verfahren

Managementarbeitsprobe (MAP)
Management-Fallstudien (MFA)

Name des Verfahrens	Managementarbeitsprobe (MAP)
Schlüsselqualifikation	Projektmanagement/Planung
Autor/Literatur	Etzel, S. & Küppers, A. (2000)
Testart	Situatives Verfahren
Kurzbeschreibung	Managementarbeitsprobe ist ein computergestütztes Testverfahren zur Diagnostik von Planungskompetenz und Problemlösen. Das Szenario ist so gestaltet, dass der Bewerber die Rolle eines Mitarbeiters einer Werbeagentur übernimmt und in dieser Funktion bestimmte Aufgaben zu bearbeiten hat. In dem Subtest Problemlösen wird der Bewerber aufgefordert, getätigte Investitionen und die resultierenden Umsatzentwicklungen der Werbeagentur zu analysieren. Der Subtest Planungskompetenz ist vergleichbar mit einem Postkorbverfahren. Hierbei hat der Bewerber die Aufgabe, verschiedenste Informationen zu erfassen und so zu organisieren, dass eine strategische Terminplanung und -koordination gelingt.
Zeitbedarf	Die Bearbeitungsdauer variiert zwischen 60 und 120 Minuten, je nach Zusammenstellung des modularen Verfahrens.
Bezugsquelle	Testzentrale Hogrefe

Name des Verfahrens	Management-Fallstudien (MFA)
Schlüsselqualifikation	Projektmanagement/Planung
Autor/Literatur	Fennekels, G. P. & D'Souza, S. (1999)

4. Die Beurteilung von Schlüsselqualifikationen

Testart	Situatives Verfahren
Kurzbeschreibung	Management-Fallstudien ist ein computergestütztes, vier verschiedene Instrumente umfassendes Verfahren. Die vier einzelnen Verfahren sind Führungssituationen, Konfliktsituationen, Soziale Situationen und Zeitmanagement, Planung und Selbstorganisation. In allen Verfahren werden dem Bewerber entsprechend der Thematik Situationen, Fälle oder Vorgänge vorgegeben, auf die er reagieren bzw. die er entsprechend koordinieren und lösen muss. Es werden Anforderungen im Sinne von aktivem Gestalten von zwischenmenschlichen Konfliktsituationen, Initiative ergreifen, Abläufe gestalten oder auch systematisches Herangehen an Aufgaben analysiert und in Form einer Stärken-Schwächen-Analyse beschrieben.
Zeitbedarf	Ca. 120 Minuten.
Bezugsquelle	Testzentrale Hogrefe

Zeitmanagement

Definition	Positive Indikatoren Die Person...	Negative Indikatoren Die Person...	Verwandte Merkmale
Fertigkeit, die eigene Zeit ökonomisch einzuteilen und Zeitvorgaben einhalten zu können.	• kann die Dauer von bestimmten Tätigkeiten realistisch einschätzen • kann Prioritäten setzen • überprüft den aktuellen Stand am Zeitplan • aktualisiert den Zeitplan regelmäßig.	• unterschätzt häufig die Dauer von Arbeitsprozessen • plant keine Pufferzeiten ein • bezieht Wegzeiten, Pausen etc. in den Zeitplan nicht ein. • geht unökonomisch mit eigenen Ressourcen um.	Projektmanagement/ Planung Selbstmanagement Balancing

Verfahren

Management-Fallstudien (MFA)
ILICA

4.6 Kompetenzen aufgrund gesellschaftlicher Veränderungen (Megatrends)

Name des Verfahrens	Management-Fallstudien (MFA)
Schlüsselqualifikation	Zeitmanagement
Autor/Literatur	Fennekels, G. P. & D'Souza, S. (1999)
Testart	Situatives Verfahren
Kurzbeschreibung	Management-Fallstudien ist ein computergestütztes, vier verschiedene Instrumente umfassendes Verfahren. Die vier einzelnen Verfahren sind Führungssituationen, Konfliktsituationen, Soziale Situationen und Zeitmanagement, Planung und Selbstorganisation. In allen Verfahren werden dem Bewerber entsprechend der Thematik Situationen, Fälle oder Vorgänge vorgegeben, auf die er reagieren bzw. die er entsprechend koordinieren und lösen muss. Es werden Anforderungen im Sinne von aktivem Gestalten von zwischenmenschlichen Konfliktsituationen, Initiative ergreifen, Abläufe gestalten oder auch systematisches Herangehen an Aufgaben analysiert und in Form einer Stärken-Schwächen-Analyse beschrieben.
Zeitbedarf	Ca. 120 Minuten.
Bezugsquelle	Testzentrale Hogrefe

Name des Verfahrens	ILICA
Schlüsselqualifikation	Zeitmanagement
Autor/Literatur	Möseneder, D. & Ebenhöh, J. (1996)
Testart	Standardisierte Computer-Simulation
Kurzbeschreibung	ILICA ist ein Simulationstest zur Erfassung von Entscheidungsverhalten, Planungsstrategien und Selbstverwaltungsfähigkeit. Im Vordergrund steht der persönliche Stil einer Person, mit Ablenkungen während einer angestrebten Zielerreichung als auch mit auftretenden Problemen und Frustrationen umzugehen. Die Aufgabe der Bewerber besteht in der Gestaltung eines fiktiven arbeitsfreien Tages, während dem der bevorstehende Urlaub geplant werden soll. Dabei stehen 40 Aktivitäten zur Verfügung, die sich aufteilen lassen in: Urlaubs-, Freizeit-, Alltags- und Soziale Aktivitäten. Einige der Aktivitäten sind

	durch die Instruktion oder einen Kalendereintrag mit festem Termin vorgegeben. Des Weiteren stehen bestimmte Hilfsfunktionen wie z. B. Kalender, Uhr, Telefon während des Testablaufes zur Verfügung. Im Ergebnis werden drei Typen erfasst: reflexiver Typ, impulsiver Typ und flexibler Typ.
Zeitbedarf	Ca. 35 Minuten.
Bezugsquelle	Harcourt Test Services

5 Weitere Instrumente zur Einschätzung von Schlüsselqualifikationen

Nicht alle Verfahren zur Einschätzung überfachlicher Kompetenzen lassen sich eindeutig einer oder mehrerer der in diesem Buch vorgestellten Schlüsselqualifikationen zuordnen. Darüber hinaus gibt es einige Verfahren, die auf einem umfassenden und empirisch fundierten Persönlichkeitsmodell wie z. B. dem Fünf-Faktoren-Modell der Persönlichkeit oder auf einer Persönlichkeitstypologie beruhen. Andere Verfahren sind ausschließlich für den Einsatz im Kontext von Beratung konzipiert. Aus jeder dieser drei Gruppen stellen wir exemplarisch diagnostische Verfahren vor.

Persönlichkeitsstrukturtests
Diese Tests haben meist eine sehr fundierte empirische Basis.

Typentests
Typentests bieten eine grobe Einschätzung der Persönlichkeit. Es sollten keine Auswahlentscheidungen ausschließlich auf der Basis typologischer Verfahren getroffen werden.

Tests für den Einsatz in der Beratung
Diese Verfahren sollten ausschließlich für Beratungszwecke eingesetzt werden.

5.1 Persönlichkeitsstrukturtests

Name des Verfahrens	**BIG FIVE MODELLE:**
	NEO-FFI, NEO Fünf-Faktoren-Inventar, Borkenau P. & Ostendorf, F. (in Anwendung seit 1993) NEO-PI-R, NEO Persönlichkeitsinventar nach Costa und McCrae, Revidierte Fassung; Ostendorf, F. & Angleitner, A. (in Anwendung seit 2004) HPI Hamburger Persönlichkeitsinventar, Andresen, B. (2002) Take5 Big Five-Persönlichkeitsinventar im Berufskontext (o. V.)
Kurzbeschreibung	Auf der Basis der Fünf-Faktoren-Modelle wird die Persönlichkeit als ein Konstrukt postuliert, das aus fünf bzw. sechs Hauptdimensionen besteht. Die so genannten Big Five der Persönlichkeit sind die Dimensionen Neurotizismus, Extraversion, Offenheit, Gewissenhaftigkeit und Verträglichkeit. Diese fünf Dimensionen wurden über langjährige Forschung als stabile und unabhängige Faktoren der Persönlichkeit identifiziert. Sie gelten weitestgehend auch als kulturstabil. In einer Erweiterung dieses Modells umfasst der HPI mit dem Faktor Risikobereitschaft eine sechste Dimension. Basierend auf der Annahme dieser Persönlichkeitsmodelle wurden heute international gebräuchliche multidimensionale Inventare entwickelt.
Bezugsquelle	HPI: Testzentrale Hogrefe NEO-FFI, NEO-PI-R: Testzentrale Hogrefe Take5: S&F Personalpsychologie

Name des Verfahrens	**Eligo**
Kurzbeschreibung	Eligo ist eine computergestützte Testbatterie, die sich aus einer Reihe von psychologischen, wissenschaftlich fundierten Einzeltests zusammensetzt und je nach Bedarf und Anforderungsprofil entsprechend zusammengestellt werden kann. Unter anderem werden Intellektuelle Kompetenzen, Konzentration, Arbeitsverhalten, Kundenorientierung, Führung, Motivation, Arbeitshaltungen, Emotionale und Soziale Kompetenzen erfasst.
Anmerkungen	Die Durchführung variiert je nach Anzahl der eingesetzten Tests.
Bezugsquellen	eligo GmbH

Name des Verfahrens	PRO FACTS Professional Assessment by Computer for Training and Selection, Etzel, S. & Küppers, A. (in Anwendung seit 2000)
Kurzbeschreibung	PRO FACTS ist ein modular aufgebautes, umfassendes Testsystem, das mit unterschiedlichen realitätsnahen Szenarien arbeitet und den Probanden, ähnlich einem Rollen- oder Planspiel, in die Rolle des Mitarbeiters versetzt. Im Wesentlichen betreffen die Szenarien die beiden Dimensionen «Business and Decision» sowie «Sales and Communication». Zusammenfassend lässt sich eine Vielzahl an Kompetenzen erfassen: Persönliche, Soziale, Unternehmerische sowie Intellektuelle Kompetenzen.
Anmerkung	Durch den modularen Aufbau können anwendungsspezifische Testversionen zusammengestellt werden, die bspw. nur eine bestimmte Position oder Fragestellung umfassen. Die Dauer variiert zwischen 60 und 120 Minuten.
Bezugsquelle	Testzentrale Hogrefe pro facts assessment & training

5.2 Typentests

Name	Golden Profiler of Personality (GPOP) J. Golden (o. J.) in Anwendung seit 2004 Deutsche Bearbeitung von R. Bents und R. Blank
Kurzbeschreibung	Der Golden Profiler of Personality (GPOP) ist ein Fragebogen, der fünf Dimensionen der Persönlichkeit misst. Vier der Dimensionen beziehen sich auf die Wahrnehmungs- und Urteilspräferenzen im Sinne der Persönlichkeitstheorie von C. G. Jung: Extraversion/Introversion Sinneswahrnehmung/Intuition Analytisches Entscheiden/wertorientiertes Entscheiden Strukturorientierung/Wahrnehmungsorientierung Die fünfte Dimension misst Anspannung/Gelassenheit und ermittelt damit den aktuellen Stressgrad eines Individuums und dessen Auswirkungen auf das Verhalten.

Anmerkung	Der Golden Profiler of Personality basiert u.a. auf den Arbeiten von C. G. Jung sowie J. B. Myers und K. C. Briggs. Unter dem Titel «Typisch Mensch» von R. Bents und R. Blank wird eine Einführung in die Grundlagen der psychologischen Typen gegeben. Für Nicht-Pychologen ist für die Anwendung des Tests ein Lizensierungsseminar notwendig, welches vom Verlag Hans Huber mit den Autoren angeboten wird: www.testzentrale.ch
Bezugsquelle	Testzentrale Hogrefe

Name	**Myers-Briggs Typenindikator (MBTI)** **(Briggs, K. C. & Briggs Myers, I., 1995)** **Deutsche Bearbeitung von Richard Bents und Reiner Blank**
Kurzbeschreibung	Der MBTI ist ein typologisches Persönlichkeitsinventar, das vier grundlegende Präferenzen eines Individuums ermittelt. Er identifiziert Präferenzen für Funktionen und Einstellungen Die jeweiligen Präferenzen steuern die Wahrnehmung und die Beurteilung eines Menschen, so die Annahme des Verfahrens, welches auf der Persönlichkeitstheorie von C. G. Jung beruht. Die Typenbestimmung auf der Basis des MBTI erlaubt eine Unterteilung, was in bestimmten Situationen wahrgenommen wird und welche Schlussfolgerungen daraus gezogen werden. Die Dimensionen im Einzelnen: Außenorientierung vs. Innenorientierung Sinnliche Wahrnehmung vs. Intuitive Wahrnehmung Analytische Beurteilung vs. Gefühlsmäßige Beurteilung Beurteilung vs. Wahrnehmung
Anmerkung	Die Skalen sind nicht geeignet, Merkmale und Verhalten zu messen. Der MBTI identifiziert die Grundpräferenzen eines Individuums. Er umfasst 16 Typen, die sich aus der Kombination je eines Pols der vier Präferenzen ermitteln lassen. Es liegt eine Beschreibung zu jedem Typ mit Stärken und Schwachstellen vor. Er ist eines der weltweit am häufigsten eingesetzten Instrumente zur Persönlichkeitsanalyse. Allein in den USA erforschen damit jährlich über 3,5 Millionen Menschen ihr Stärken/Schwächen-Profil. Durch kontinuierlich begleitende Forschung ist der MBTI wissenschaftlich abgesichert, validiert und in Fachkreisen anerkannt.
Bezugsquelle	www.capt.org www.mbtitoday.org www.opp.co.uk

Name des Verfahrens	Visual Questionnaire (ViQ) Scheffer, D., Loerwald, D. & Ribowski, A. (siehe Sarges und Wottawa: Handbuch wirtschaftspsychologischer Testverfahren)
Kurzbeschreibung	Der ViQ erfasst vier komplementäre Dimensionen der Kernpersönlichkeit, die bei allen Handlungen relevant sind. Die Faktorenstruktur des ViQ ist über unterschiedliche Zielgruppen und Kulturen hinweg extrem robust. Die Skalen sind trotz ihrer Kürze hoch reliabel (Retestkorrelationen nach einem Jahr > .70). Die Bearbeitungsdauer beträgt 10 Minuten.
Bezugsquellen	180° creation consulting GmbH

5.3
Tests für den Einsatz in der Beratung

Name	EXPLORIX (Jörin, Stoll, Bergmann & Eder, 2003)
Kurzbeschreibung	Der EXPLORIX ist ein Instrument zur Berufsfindungs- und Laufbahnberatung für Jugendliche und junge Erwachsene. Dieses wissenschaftlich fundierte Selbsterkundungsverfahren besteht aus vier Teilen (Interessen für Tätigkeiten, Selbsteinschätzung von Fähigkeiten, Sympathien oder Abneigungen für verschiedene Berufe, Selbsteinschätzung von Eigenschaften) und kann online im Selbsttest durchgeführt werden. Auf Basis von über 1000 möglichen Berufen bzw. Tätigkeiten werden in einer individuellen Auswertung mögliche Berufsgruppen, einzelne Berufe sowie Entwicklungshinweise für die Testperson gegeben. Die Online-Testdurchführung dauert ca. 15–20 Minuten.
Anmerkung	Obwohl die Testdurchführung im Selbsttest möglich ist, zeigen Erfahrungen, dass es günstig ist, die Ergebnisse mit einem Karriereberater zu besprechen.
Bezugsquelle	www.explorix.de Testzentrale Hogrefe

Name	Karriereanker (Schein, 2004)
Kurzbeschreibung	Für beruflichen Erfolg und Zufriedenheit ist es von entscheidender Bedeutung, dass Beruf und Karriere im Einklang mit unseren zentralen Motiven stehen. Ein geeignetes Instrument, um die eigenen handlungsleitenden Motive herauszufinden, ist der Karriereanker, der 1990 von Edgar Schein entwickelt wurde. Der Karriereanker besteht aus einem Fragebogen und einem Interviewleitfaden. Mit Hilfe des Karriereankers lässt sich herausarbeiten, welche berufsbezogenen Motive für einen Menschen am wichtigsten sind. Dies zu wissen, ist besonders in beruflichen Entscheidungssituationen wichtig. Der Karriereanker kann in Beratung, Coaching, aber auch im Bereich Personalentwicklung und Potenzialanalyse eingesetzt werden.
Anmerkungen	Der Karriereanker ist kein vollständig standardisiertes Verfahren, da keine Normen für die Auswertung vorliegen. Er ist jedoch für den Einsatz in Coaching und Beratung geeignet.
Bezugsquelle	Verlags GmbH Lanzenberger, Dr. Looss, Stadelmann

5.4
Zu guter Letzt

Die Qualität von Personalentscheidungen – sei es im Rahmen von Auswahl, Platzierung oder Personalentwicklung – lässt sich durch den professionellen Einsatz psychologischer Testverfahren erheblich verbessern. Daher ist der verstärkte Einsatz psychologischer Testverfahren, wie er gegenwärtig zu beobachten ist, begrüßenswert.

Auf Seiten der Testentwickler empfiehlt es sich, im engen Dialog mit der Praxis die zukünftigen Anforderungen an psychologische Diagnostik zu eruieren: Auf Seiten der Anwender psychologischer Tests empfiehlt sich eine stärkere Auseinandersetzung mit den Möglichkeiten, dem Nutzen und den Grenzen psychologischer Diagnostik.

Dabei entsteht freilich eine Reihe von neuen Herausforderungen, die im Dialog von Wissenschaft und Praxis aufgegriffen werden.

Gibt es schon Testverfahren, die Vergleichdaten (Normierungsdaten) speziell für ältere Mitarbeiter aufweisen? Wie kann man Lernfähigkeit und die Bereitschaft zu kontinuierlicher Weiterbildung – eine wichtige Kompetenz der Zukunft – in der Personalauswahl zuverlässig einschätzen? Welche Verfahren lassen sich auch für Trainings- und Entwicklungszwecke einsetzen? Wie lassen sich Anforderungen des Datenschutzes zuverlässig umsetzen? Für wen sollte die Nutzung und Durchführung standardisierter psychologischer Testverfahren zugänglich sein?

Die DIN 33430 bietet eine gute Basis zur Diskussion dieser und weiterer Fragen.

Unser Kompetenzmodell ist als ein offenes Modell konzipiert. Bei der Überarbeitung der ersten Auflage dieses Buches haben wir mehrere neue Schlüsselqualifikationen aufgenommen, die sich aus den gesellschaftlichen Megatrends ergeben. Andere Schlüsselqualifikationen haben wir gestrichen oder verändert. Es ist zu erwarten, dass in wenigen Jahren eine erneute Aktualisierung erforderlich ist. Die Dynamik wirtschaftlicher Prozesse und Strukturen erfordert eine fortlaufende Reflektion und Anpassung wirtschaftspsychologischer Leistungen. Dies gilt auch für die psychologische Diagnostik und für den Umgang mit Schlüsselqualifikationen.

Aus diesem Grund freuen wir uns über Anregungen und Erfahrungen unserer Leser. Haben Sie eine wichtige Schlüsselqualifikation vermisst? Welche Kompetenzen sind aus Ihrer Sicht zukünftig von Bedeutung?

Wir freuen uns, wenn dieses Buch Ihre tägliche Personalarbeit erleichtert.

Claudia Eilles-Matthiessen
Susanne Janssen
Antje Osterholz-Sauerlaender

www.schluesselqualifikationen-kompakt.de

Literatur

Amthauer, R., Brocke, B., Liepmann, D. & Beauducel, A. (2001). *I-S-T 2000 R. Intelligenz-Struktur-Test 2000 R.* Göttingen: Hogrefe.
Andresen, B. (2002). *HPI Hamburger Persönlichkeitsinventar. Manual.* Göttingen: Hogrefe.
Arbeitsleistungsserie (ALS) (1986). Mödling: Dr. G. Schuhfried GmbH.
Arnold, W. (1975). *Der PAULI-Test.* Berlin: Springer.
Aster von, M., Neubauer, A. & Horn, R. (Hrsg.). (2006). *Wechsler Intelligenz Test für Erwachsene.* Frankfurt: Harcourt.

Beck, K. & Krumm, V. (1998). *Wirtschaftskundlicher Bildungs-Test (WBT). Handanweisung.* Göttingen: Hogrefe.
Behr, M. & Becker, M. (2004). *SEE Skalen zum Erleben von Emotionen.* Göttingen: Hogrefe.
Borkenau, P. & Ostendorf, F. (in Anwendung seit 1993). *NEO-FFI NEO-Fünf-Faktoren-Inventar.* Göttingen: Hogrefe.
Bratfisch, O. & Hagman E. (ohne Jahresangabe). *MIP Mathematik in der Praxis.* Mödling: Dr. G. Schuhfried GmbH.
Bratfisch, O., Hagman E. (ohne Jahresangabe). *Simultankapazität.* Mödling: Dr. G. Schuhfried GmbH.
Brickenkamp, R. (2002). *Test d2. Aufmerksamkeits-Belastungs-Test. Manual.* Göttingen: Hogrefe.
Briggs, K. C. & Briggs Myers, I. (1995). *MBTI Myers-Briggs Typenindikator. Manual.* Ehemals Göttingen: Beltz Test GmbH; heute www.capt.org oder www.mbtitoday.org oder www.opp.co.uk.

DIN (2002). *DIN 33430. Anforderungen an Verfahren und deren Einsatz bei berufsbezogenen Eignungsbeurteilungen.* Berlin: Beuth.
Dlugosch, G. E. & Krieger. W. (in Anwendung seit 1995). *FEG Fragebogen zur Erfassung des Gesundheitsverhaltens.* Frankfurt: Harcourt.
Düker, H. & Leinert, G. A. (Neubearbeitung von Lukesch, H. & Mayrhofer, S., 2001). *Konzentrations-Leistungs-Test Revidierte Fassung.* Göttingen: Hogrefe.

Eilles-Matthiessen, C & Janssen, S. (2005). *Beratungskompass. Grundlagen von Coaching, Karriereberatung, Outplacement und Mediation.* Offenbach: GABAL.
Eilles-Matthiessen, C., el Hage, N., Janssen, S. & Osterholz, A.(2002). *Schlüsselqualifikationen in Personalauswahl und Personalentwicklung. Ein Arbeitsbuch für die Praxis.* Bern: Hans Huber.
Etzel, S. & Küppers, A. (2002). *Innovative Managementdiagnostik.* Göttingen: Hogrefe.
Etzel, S. & Küppers, A. (2000). *Managementarbeitsprobe.* Göttingen: Hogrefe.

Etzel, S. & Küppers, A. (in Anwendung seit 2000). *PRO FACTS Professional assessment by computer for training and selection.* Göttingen: Hogrefe sowie Herzogenrath: pro facts assessment & training.

Fay, E. und Quaiser-Pohl, C. (2000). *Schnitte. Ein Test zur Erfassung des räumlichen Vorstellungsvermögens.* Frankfurt: Harcourt.

Fennekels, G. P. & D'Souza, S. (1999). *Management-Fallstudien (MFA). Handanweisung.* Göttingen: Hogrefe.

Flanagan, J. C. (1954). The Critical Incident Technique. *Psychological Bulletin, 51 (4)*, 327–358.

Georgi von, R. & Beckmann, D. (2004). *SKI Selbstkonzept-Inventar.* Göttingen: Hogrefe.

Gittler, G. (1990). *3DW Dreidimensionaler Würfeltest.* Göttingen: Hogrefe.

Gittler, G. (1999). *A3DW Adaptiver Dreidimensionaler Würfeltest.* Mödling: Dr. G. Schuhfried GmbH.

Golden, J. (in Anwendung seit 2004). *Golden Profiler of Personality. Deutsche Bearbeitung von R. Bents und R. Blank.* Göttingen: Hogrefe.

Grauel, R. (2007). Mitarbeiter verzweifelt gesucht. *Brand Eins, 1/07*, 14–15.

Guttmann, G. & Bauer, H. (ohne Jahresangabe). *RISIKO Risikowahlverhalten.* Mödling: Dr. Schuhfried GmbH.

Harder, U., Schneider, C. & Müskens, W. (1999). *CASA-Computer Aided Single Assessment – Validierungsmanual.* Ottersheim: E. M. Media.

Hergovich, A. & Bognar, B. (ohne Jahresangabe). *WRBTR Wiener Risikobereitschaftstest – revidierte Fassung.* Mödling: Dr. G. Schuhfried GmbH.

Heyde, G. (1995). *INKA. Inventar komplexer Aufmerksamkeit.* Frankfurt: Harcourt.

Hirsig, R. & de With, A. E. (1998). PC-gestützte Simulationen für die Diagnostik: Fallbeispiel Atlantis. In U. Imoberdorf, R. Käser & R. Zihlmann (Hrsg.). *Psychodiagnostik von Individuen, Gruppen und Organisationen (141–160).* Stuttgart: Hirzel.

Höpfner, A. (2006) Zukunftstrends und ihre Implikationen für das Coaching. *OSC 13(3)*, 281–292.

Hornke, L. F., Etzel, S. & Rettig, K. (1997). *Adaptiver Matrizentest (AMT).* Mödling: Dr. G. Schuhfried GmbH.

Hossiep, R. & Mühlhaus, O. (2005). *Personalauswahl und -entwicklung mit Persönlichkeitstest.* Göttingen: Hogrefe.

Hossiep, R. & Paschen, M. (2003). *Das Bochumer Inventar zur berufsbezogenen Persönlichkeitsbeschreibung (BIP).(2. vollständig überarbeitete Auflage).* Göttingen: Hogrefe.

Ibrahimovic, N. & Bulheller, S. (ohne Jahresangabe). *WST Wortschatztest.* Frankfurt: Harcourt.

Ibrahimovic N., Bulheller, S. & Häcker, H. O. (2005). *Mathematiktest. Grundkenntnisse für Lehre und Beruf. 2., überarbeitete und erweiterte Aufl.* Göttingen: Hogrefe und Frankfurt: Harcourt.

ITB (Institut für Test- und Begabungsforschung GmbH, Bonn) & Gittler, G. (Institut für Psychologie der Universität Wien). (1998). *Intelligenz-Struktur-Analyse ISA. Ein Test zur Messung der Intelligenz.* Frankfurt: Harcourt.

Jäger, A. O. & Althoff, K. (1983, 1994). *Der Wilde-Intelligenz-Test (WIT). Ein Strukturdiagnostikum. 2. revidierte Auflage.* Göttingen: Hogrefe.

Janke, W., Erdmann, G. & Kallus, W. (2002). *Streßverarbeitungsfragebogen (SVF). 3. erweiterte Aufl.* Göttingen: Hogrefe.

Jörin, S., Stoll, F., Bergmann, C. & Eder, F. (2003). *EXPLORIX – Deutschsprachige Adaptation des Self-Directed Search (SDS) nach J. Holland.* Bern: Hans Huber

Kauffeld, S. (in Anwendung seit 2004). *FAT Fragebogen zur Arbeit im Team.* Göttingen: Hogrefe.

Kersting, M. & Püttner, I. (2006). Personalauswahl: Qualitätsstandards und rechtliche Aspekte. In H. Schuler (Hrsg.), *Lehrbuch der Personalpsychologie* (2. Aufl., S. 841–861). Göttingen: Hogrefe.

Kessler, J., Ehlen, P., Halber, M., Bruckbauer, T. (2000). *Namen-Gesichter-Assoziationstest (NGA). Handanweisung.* Göttingen: Hogrefe.

Konradt, U. & Sarges, W. (2003). *E-Recruitment und E-Assessment.* Göttingen: Hogrefe.

Kubinger, K. & Ebenhöh, H. (ohne Jahresangabe). *Arbeitshaltungen.* Mödling: Dr. G. Schuhfried GmbH.

Laube, S., Waszak, A. & Deller, J., (2005). Shapes and views (Rezension). In E. Fay (Hrsg.), *Tests unter der Lupe 5.* Göttingen: Vandenhoeck & Ruprecht.

Liedl, K. (1998). *Mechanisch-Technisches Auffassungsvermögen (MTA).* Mödling: Dr. G. Schuhfried GmbH.

Lienert, G. A. & Raatz, U. (1998). *Testaufbau und Testanalyse.* Weinheim: Psychologie Verlags Union.

Liepmann, D., Beauducel, A., Brocke, B. & Amthauer, R. (1999). *Intelligenz-Struktur-Test 2000 R* (2. erweiterte und überarbeitete Auflage). Göttingen: Hogrefe.

Lombardo, M. M. & Eichinger, R. W. (2000). High Potentials as High Learners. *Human Resource Management, 39, (4)*, 321–329.

Mertens, D. (1974). Schlüsselqualifikationen. Thesen zur Schulung für eine moderne Gesellschaft. *Mitteilungen aus der Arbeitsmarkt- und Berufsforschung*, 36–43.

Montel, C. & Wottawa, H. (2001). Call me – Ein neues Instrument zur Unterstützung der Personalarbeit in Call Centern. *Wirtschaftspsychologie, 1*, 74–79.

Moosbrugger, H., Frank, D. & Rauch, W. (Hrsg.) (2006). *Qualitätssicherung und Evaluation in Personalauswahl und Eignungsbeurteilung.* Arbeiten aus dem Institut für Psychologie der Johann Wolfgang Goethe-Universität, Frankfurt/Main.

Moosbrugger, H. & Goldhammer, F. (ohne Jahresangabe) (2. Auflage des FAKT von Moosbrugger und Heyden (1997). *FAKT-II Frankfurter Adaptiver Konzentrationsleistungs-Test.* Bern: Huber.

Moosbrugger, H. & Heyden, M. (1997). *FAKT Frankfurter Adaptiver Konzentrationsleistungs-Test. Testmanual.* Bern: Huber.

Moosbrugger, H. & Oehlschlägel, J. (1996). *FAIR Frankfurter Aufmerksamkeits-Inventar. Testmanual.* Bern: Huber.

Moosbrugger, H. (1990). *Testtheorie und Testkonstruktion.* Arbeiten aus dem Institut für Psychologie. J. W. Goethe-Universität, Frankfurt.

Möseneder, D. & Ebenhöh, J. (1996). *Ein Simulationstest zur Erfassung des Entscheidungsverhaltens. ILICA. Manual.* Frankfurt: Harcourt

Moser, K. (1999). Selbstbeurteilung beruflicher Leistung: Überblick und offene Fragen. *Psychologische Rundschau, 50*, 14–25.

Müller, G. F., Garrecht, M., Pikel, E. & Reedwisch, N. (2002). Führungskräfte mit unternehmerischer Verantwortung. *Zeitschrift für Personalpsychologie*, 1, 19–26.

Musch, J., Rahn, B. & Lieberei, W. (2001). *BPM Bonner Postkorb-Module. Die Postkörbe Cater-Trans, Chronos, Minos und AeroWings. Handanweisung.* Göttingen: Hogrefe.

Ostendorf, F. & Angleitner, A. (in Anwendung seit 2004). *NEO-PI-R NEO-Persönlichkeitsinventar nach Costa und McCrae, Revidierte Fassung.* Göttingen: Hogrefe.

Podufal, K. & Schubert, M. (2000). Der Manager der Zukunft. *Personalwirtschaft (12)*, 78–80.

Prähler, E., Holling, H., Leutner, D. & Petermann, F. (2002). (Hrsg.). *Brickenkamp Handbuch psychologischer und pädagogischer Tests.* Göttingen: Hogrefe.

Raven, J. C, Raven, J. & Court, J. H. (1998). *Raven's Progressive Matrices und Vocabulary Scales. Manual APM.* Frankfurt: Harcourt.

Reicherts, M. & Perrez, M. (in Anwendung seit 1993). *UBV Fragebogen zum Umgang mit Belastungen im Verlauf.* Göttingen: Hogrefe.

Reis, J. (1996). *Inventar zur Messung der Ambiguitätstoleranz. IMA. Manual.* Göttingen: Hogrefe.

Richter, P., Rudolf, M. & Schmidt, C. F. (in Anwendung seit 1996). *FABA Fragebogen zur Analyse belastungsrelevanter Anforderungsbewältigung.* Frankfurt: Harcourt.

Sarges, W. & Wottawa, H. (2004). *Handbuch wirtschaftspsychologischer Testverfahren.* Lengerich: Pabst.

Sarges, W. (2005). Wünschenswerte Trends aus Sicht der Management-Diagnostik: Wohin sollte die Audit-Praxis gehen? In: Wübbelmann, K. (2005). *Management-Audit - Praxis und Perspektiven.* Göttingen: Hogrefe.

Schaarschmidt, U. & Fischer, A. W. (1996). *AVEM. Arbeitsbezogenes Verhaltens- und Erlebensmuster. Manual.* Mödling: Schuhfried, Frankfurt: Harcourt.

Schaarschmidt; U. & Fischer, A. W. (2002). *Inventar zur Persönlichkeitsdiagnostik in Situationen. Kurzbezeichnung IPS.* Mödling: Dr. G. Schuhfried GmbH.

Scheffer, D. (2005). *Implizite Motive.* Göttingen: Hogrefe.

Scheffer, D. & Kuhl, J. (2006). *Erfolgreich motivieren. Mitarbeiterpersönlichkeit und Motivationstechniken.* Göttingen: Hogrefe.

Schein, E. (2004). *Karriereanker. Die verborgenen Muster in Ihrer beruflichen Entwicklung.(9. Auflage).* Darmstadt: Lanzenberger Dr. Looss Stadelmann Verlags GmbH.

Schein, E. (2004). *Karriereanker. Trainer-Leitfaden.* Darmstadt: Lanzenberger Dr. Looss Stadelmann Verlags GmbH.

Schmale, H. & Schmidtke, H. (2001). *Berufseignungstest.* (3. überarbeitete und aktualisierte Auflage). Göttingen: Hogrefe.

Schmalt, H.-D., Sokolowski, K. & Langens, T. (in Anwendung seit 2000). *MMG Multi-Motiv-Gitter.* Göttingen: Hogrefe.

Schmidt-Atzert, L. (ohne Jahresangabe). *OLMT Objektiver Leistungsmotivations Test.* Mödling: Dr. G. Schuhfried GmbH.

Schmidt, W. (2000). *Führungs-Einstellungs-Test.* Mödling: Schuhfried.

Schuhfried, G. (ohne Jahresangabe). *Arbeitsleistungsserie.* Mödling: Dr. G. Schuhfried.

Schuler, H. (2006). Bewerber aus gutem Hause gesucht. *Personalwirtschaft, 3/06,* 12–16.

Schuler, H. (1996). *Psychologische Personalauswahl. Einführung in die Berufseignungsdiagnostik.* Göttingen: Hogrefe.

Schuler, H. (1992). Das Multimodale Einstellungsinterview. *Diagnostica 38*, 1–20.

Schuler, H. (1990). Personalauswahl aus Sicht der Bewerber: Zum Erleben eignungsdiagnostischer Situationen. *Zeitschrift für Arbeits- und Organisationspsychologie, 34*, 184–191.

Schuler, H. & Hell, B. (2005). *Analyse des Schlussfolgernden und Kreativen Denkens.* Göttingen: Hogrefe.

Schuler, H. & Frintrup, A. (2006). Wie das Einstellungsinterview zur überlegenen Auswahlmethode wird. In: *Personalführung. 5/2006*, 62–70.

Schuler, H. & Prochaska, M. (2001). *Leistungsmotivationsinventar (LMI). Testmanual.* Göttingen: Hogrefe.

Schuler, H. & Schmitt, N. (1987). Multimodale Messung in der Personalpsychologie. *Diagnostica, 33*, 259–271.

Schuler, H. & Stehle, W. (1983). Neuere Entwicklungen des Assessment-Center-Ansatzes – beurteilt unter dem Aspekt der sozialen Validität. *Zeitschrift für Arbeits- und Organisationspsychologie, 27*, 33–44.

Schuler, H., Thornton III, G. B., Frintrup, A. & Mueller-Hanson, R. (2004). *Achievement Motivation Inventory (AMI).* Göttingen: Hogrefe.

Schwertfeger, B. (2002). Die Bluffgesellschaft: Der Schwindel der Bewerber. In: *Personalmagazin*, 64–66.

Sonnenberg, H.-G. (ohne Jahresangabe). *SKASUK Skalen zur Service- und Kundenorientierung.* Mödling: Dr. G. Schuhfried GmbH.

Srp, G. (1994). *Syllogismen. Manual.* Frankfurt: Harcourt.

S&F Personalpsychologie (ohne Jahresangabe). *CUSTOM!ZE.* Stuttgart: Unveröffentlichtes Manual.

S&F Personalpsychologie (ohne Jahresangabe.). *TAKE5.* Stuttgart: Unveröffentlichtes Manual.

S&F Personalpsychologie (ohne Jahresangabe). *WIN-WIN.* Stuttgart: Unveröffentlichtes Manual.

Urmann, H. & Weissbach, B. (2007). Weil nur der Schein zählt. *Frankfurter Rundschau*, 17.3.07.

Vogt, H. (1997). *Persönlichkeitsmerkmale und komplexes Problemlösen: Der Zusammenhang von handlungstheoretischen Persönlichkeitskonstrukten mit Verhaltensweisen und Steuerleistungen bei dem computersimulierten komplexen Szenario «Utopia».* (Dissertation). Eichstätt: Katholische Universität.

Wagner, M. & Karner, T. (2000). *Cognitrone.* Version 26.00. Mödling: Schuhfried.

Wagner-Menghin, M. (ohne Jahresangabe). *LEWITE Lexikon-Wissen-Test. Adaptives Verfahren zur Erfassung von Wortschatz und Selbstvertrauen.* Mödling: Dr. G. Schuhfried GmbH.

Wottawa, H. (1995). Umsetzung von situationsdiagnostischen Erkenntnissen in personendiagnostische Überlegungen. In W. Sarges (Hrsg.). *Managementdiagnostik.* (S.175–194). Göttingen: Hogrefe.

Wübbelmann, K. (2005). *Management-Audit – Praxis und Perspektiven.* Göttingen: Hogrefe.

Anhang:
Bezugsquellen

180° creation.consulting GmbH
Kleine Seilerstr. 1
20359 Hamburg
Telefon: +49 (0) 40/39 88 18 0
Telefax: +49 (0) 40/39 88 18 18
www.180grad.de

ALPHA-TEST GmbH
Weinheimer Str. 64
68309 Mannheim
Tel.: + 49 (0)621/8190284
Fax: + 49 (0)621/8190285
www.alpha-test.de

Beltz Test GmbH
Rohnsweg 25
37085 Göttingen
Tel.: +49 (0) 551/496090
www.hogrefe.de

Cat (Computer anwendende Techniken)
Dr. E. de With
Klosbachstr. 153
CH-8032 Zürich
Tel. & Fax: +41 (0)1/252 07 57

Cubia AG
Blarerstraße 56
78462 Konstanz
Tel. & Fax: +49 (0)7531/94 235 - 0
www.cubia.com

cut-e GmbH
Große Bleichen 12
20354 Hamburg
Tel.: + 49 (0)40/3250.3890
Fax: + 49 (0)40/3250.3891
www.cut-e.com

Dr. G. Schuhfried Ges.m.b.H
Hyrtlstraße 45,
A-2340 Mödling
Tel.: +43 (0) 2236/42315
Fax: +43 (0) 2236/46597
www.schuhfried.at
Willy-Brandt-Platz 6
68161 Mannheim
+49 (0) 621/1803 684-0
www.schuhfried.de

E. M. Media GmbH & Co. KG
Haydnstraße 8
76879 Ottersheim
Tel: + 49 (0)63 48/91 95 37
Fax: + 49 (0)63 48/55 97
www.em-media.de

eligo GmbH
Universitätsstr. 142
44799 Bochum
Tel.: + 49 (0)234/438 21 00
Fax: + 49 (0)234/438 21 01
www.eligo.de

Harcourt Test Services
Baseler Straße 35-37
60329 Frankfurt/Main
Tel.: + 49 (0) 69/756146-0
Fax: +49 (0) 69/756146-10
www.harcourt.de

ICUnet.AG
Rindermarkt 4
94032 Passau
Tel.: +49 (0)851/988 666 0
Fax: +49 (0)851/988 666 70
www.icunet.ag

Manpower GmbH Personaldienstleistungen
Kurt-Schumacher-Str. 31
D- 60311 Frankfurt am Main
Tel.: +49 (0)69/15303455
www.manpower.de

pro facts assessment & training
Landhaus Gut Neumerbern
52134 Herzogenrath
Tel.: + 49 (0) 179/202 78 72
Fax: + 49 (0)2406/98 94 08
www.profacts.de

Prof. Dr. Günter F. Müller
Universität Koblenz-Landau,
Campus Landau
Fachbereich Psychologie
Psychologie des Arbeits- und
Sozialverhaltens
Fortstr. 7
76829 Landau
Tel. +49 (0)6341/280 232
Fax +49 (0)6341/280 483
http://www.uni-landau.de/fb8/fb_inhalte/
arbeitsbereiche/abo/index_abo.htm

Scharley & Partner
Döbelestraße 16
78462 Konstanz
Telefon: + 49 (0)7531/9070-0
Telefax: + 49 (0)7531/9070-90
www.scharley.com

S & F Personalpsychologie
Managementberatung GmbH
Hacklaenderstr. 17
70184 Stuttgart
Telefon: + 49 (0)711/48 60 20-0
Telefax: + 49 (0)711/48 60 20-29
www.personalpsychologie.de

Testzentrale Hogrefe
Robert-Bosch-Breite 25
D-37079 Göttingen
Tel.: +49 (0)551/50688-14,-15
Fax: +49 (0)551/50688-24
www.testzentrale.de

Verlags GmbH
Lanzenberger, Dr. Looss, Stadelmann
Haupstr. 44 d
64331 Weiterstadt
Telefon: + 49 (0)6150/5919352
Telefax: +49 (0)6150/5919345
www.lalosta.de

Wildenmann Gruppe
Pforzheimer Straße 160
76275 Ettlingen
Telefon: + 49 (0)7243/523 08 00
Telefax: + 49 (0)7243/530 85 0
www.wildenmann.com

Weitere Informationsquellen:
www.capt.org
www.explorix.de
www.mbtitoday.org
www.opp.co.uk

Sachwortverzeichnis

A
Ähnlichkeit, Effekt der 45
Akzeptanz, soziale 50
Ambiguitätstoleranz 32, 38, 187
Anforderungsanalyse 23
Anforderungsprofil 22, 23, 26
Anwendungsbreite 53
Arbeitsanalyseverfahren, strukturierte 25
Arbeitsprobe 41, 43, 60, 80 f.
Arbeitszeugnisse 61
Auffassungsgabe 31, 34, 94
Auftreten 39
Ausdrucksfähigkeit, sprachliche 31, 37, 175
Auswertungsobjektivität 44

B
Balancing 32, 38, 192
Basiskompetenzen 30 f., 33 f., 93
Bausteine, diagnostische 41, 59
Belastbarkeit 31, 36, 136
Beobachtungsfehler 45
Beratung, Einsatz in der 227, 231
Beratungskompetenz 31, 36, 156
Bereiche 30
Bewerbungsunterlagen 41, 59 f.

C
Critical Incident, 71

D
Delegation 32, 37, 179
Denken 32, 39, 215
– kaufmännisches 39, 209
– kreatives 31, 35, 103
– marktorientiertes 32, 209
– realisierungsorientiertes 31, 36, 148
– strategisches 39, 215
– systematisch-analytisches 31, 35, 112
– visionäres 39, 215
DIN 33430 12, 54, 56
Diversità 32, 38, 186
Diversity Management 19, 34
Durchführungsobjektivität 44
Durchhaltevermögen 31, 36, 141
Durchsetzungsfähigkeit 31, 36, 157

E
Effect, primacy-, recency- 46
Eigeninitiative 31, 35, 119
Eigenverantwortung 32, 38, 191, 195
Emotionsmanagement 31, 35, 130
Emotionsregulation 129
Emotionswahrnehmung 31, 35, 132
Empathie 31, 35, 132
Employability 18, 32, 38, 191, 197
Employer Branding 12
Engagement 31, 118
Entscheidungsfähigkeit 31, 36, 143
Entwicklungen, gesellschaftliche 18
E-Recruiting 63
Expertenratings 24
Extremaussagen, Tendenz zu, 46

F
Fachkräftemangel 12
Fachvortrag 78
Fallstudie 72 f.
Feedback 32, 38, 182
Fragebogen 25
Fremdsprachen 31, 37, 174
Frustrationstoleranz 31, 36, 145
Führung 32 f., 37, 178

G
Ganzheitseffekt 45
Gedächtnis, soziales 31, 37, 170
Gestalteffekt 45
Gewinnorientierung 32, 39, 205
Gewissenhaftigkeit 31, 36, 152
Gleichbehandlungsgesetz, allgemeines 12, 54
Gruppendiskussion 73 f.
Gültigkeit 49

H
Halo-Effekt 45
Handeln 32, 39, 215
Handlungskompetenzen 31, 33, 135
Handlungsorientierung 31, 36, 154
Härte-Effekt 46

I
Indikatoren 30, 87 f.
Informationsmanagement 32, 39, 217
Informationsreihenfolge 46
Inhaltsvalidität 49
Innovationsfähigkeit 32, 38, 206
Intelligenztests 65, 66
Interpretationsobjektivität 44
Interview 25, 41 f., 68
– multimodales 69
– persönliches 60

K
Kompetenzbeurteilung 59, 83
Kompetenzen 30, 32, 38, 186
– emotionale 31, 33, 129
– im Umgang mit Anderen 30 f., 33, 36, 155
– intellektuelle 31, 33 f., 93
– interkulturelle 32, 38, 190
– kommunikative 31, 33, 37, 172
– soziale 31, 33, 36, 155
– überfachliche 13, 15, 87
– unternehmerische 32, 34, 39, 204
Kompetenzfelder 30
Kompetenzmodell 13, 30, 87
Komplexitätsmanagement 32, 39, 200
Konfliktfähigkeit 31, 37, 163
Konsistenz, interne 48
Konstruktionsübung 75
Konstruktvalidität 49

Konzentrationsfähigkeit 34, 98
Konzentrationstests 65 f.
Kooperationsfähigkeit 31, 36, 160
Kriteriumsvalidität 49
Kritikfähigkeit 31, 37, 163
Kundenorientierung 32, 39, 207

L
Lebenslauf 61
Lebensunternehmer 32, 38, 191
Lebensunternehmertum 34
Leistungsbereitschaft 31, 35, 120
Leistungsförderung 32, 38, 182
Leistungsmotivation 31, 35, 120
Leistungstests 64 ff.
– allgemeine 65
Lernbereitschaft 31, 35, 127

M
Management Audit 85
– kaufmännisches 32, 39, 209
– marktorientiertes 32, 39, 209
Medienkompetenz 32, 39, 218
Megatrends 18, 30, 32, 34, 38, 186
Messgenauigkeit 47
Methodenkompetenzen 32, 39, 216
Milde-Effekt 46
Mitte, Tendenz zur 46
Moderation 32, 39, 219
Motivation 31, 32 f., 38, 118, 183

N
Namensgedächtnis 31, 37, 170
Networking 31, 37, 166
Normierung 42

O
Objektivität 43
Outplacementberatung 86

P
Paralleltest-Reliabilität 48
Personalauswahl 12, 22
Personalberatung 83
Personalentwicklung 22
Persönlichkeitsstrukturtests 227 f.
Perspektivwechsel, Fähigkeit zum 32, 38, 189

Planspiel 76
Planung 32, 39, 222
Postkorb 77
Power-Test 66
Potenzialanalyse 84
Präsentation 32, 39, 78, 221
Problemlösefähigkeit 31, 35, 106
Projektmanagement 32, 39, 222

R
Realitätsnähe 52
Reliabilität 47
Retestreliabilität 48
Risiken 211
Risikobereitschaft 32, 39, 214
Risiken, Umgang mit 32, 39
Rollenkompetenz 31, 37, 168
Rollenspiel 79
Rosenthal-Effekt, 46

S
Schlüsselqualifikationen 14 ff., 30, 52, 87
Selbstmanagement 31, 36, 149
Selbstbeschreibungsverfahren 67 f.
Selbstverantwortung 19, 32, 34, 38, 191
Simulationen 41 f., 71
Sorgfalt 31, 36, 152
Speed-Test 66
Stereotype 46
Stilformen 31, 37, 171
Stilwechsel, Fähigkeit zum sprachlichen 31
Strategisches 32
Stressbewältigung 31, 36, 136

T
Teamfähigkeit 31, 36, 160
Technique, Critical Incident 744
Telefoninterview 60, 64
Testgütekriterien 43
Test 227, 231
– psychologischer 41
Testverfahren 60, 90 f.
– standardisierte 41, 64
Typentests 227

U
Umgangsformen 31, 37, 171
Umsetzungsorientierung 31, 36, 154
Unabhängigkeit, soziale 31, 37, 169

V
Validität 49
– soziale 50
Veränderungen,
– gesellschaftliche 30, 32, 38, 186
– Umgang mit 32, 34, 39, 200
Veränderungsbereitschaft 31, 35, 127
Veränderungsmanagement 32, 39, 202
Verantwortung, soziale 32, 38, 198
Verfahren,
– adaptive 66
– diagnostische, 30, 41
– situative 60
Verhandlungsgeschick 32, 39, 214
Verständnis,
– mathematisches 31, 35, 105
– technisches 31, 35, 117
Visionäres 32
Vorstellungsvermögen, räumliches 31, 35, 108
Vorurteile 46

W
Wandel, demographischer 11 f., 12, 18
Work-Life-Integration 32, 38, 192

Z
Zeitaufwand 51
Zeitmanagement 32, 39, 224
Zertifikate 62
Zielsetzung 32, 38, 184
Zuhören 31, 37, 178

Register Testverfahren

3DW	Dreidimensionaler Würfeltest 110
A3DW	Adaptiver Raumvorstellungs-Test 109
AHA	Arbeitshaltungen **122**, 144, 146
ALS	Arbeitsleistungsserie 99
AMI	Achievement Motivation Inventory 121
AMT	Adaptiver Matrizen Test 94
APM	Advanced Progessive Matrices 95
ASK	Analyse des Schlussfolgernden und Kreativen Denkens **103**, 113
Atlantis	107
AVEM	Arbeitsbezogenes Verhaltens- und Erlebensmuster **122**, 137, 193
BET	Berufseignungstest **95**, 109, 117
BIP	Bochumer Inventar zur berufsbezogenen Persönlichkeitsbeschreibung **123**, 133, 137, 152, 158, 161, 167
Bits & Bytes	**104**, 196
BPM	Bonner Postkorb Module **113**, 144
Call me	96
CASA	Computer Aided Single Assessment **133**, 180, 185, 199
Choices Architect	**127**, 203
COG	Cognitrone 99
CUSTOM!ZE	208
d2	Test d2 Aufmerksamkeits-Belastungs-Test **102**, 153
Eligo	228
EXPLORIX	231
FABA	Fragebogen zur Analyse belastungsrelevanter Anforderungsbewältigung 139
FAF	Fragebogen zur Auswahl von Führungskräften **128**, 158, 162, 168, 184, 188
FAIR	Frankfurter Aufmerksamkeits-Inventar 100
FAKT-II	Frankfurter-Adaptiver Konzentrationsleistungstest 100
FAT	Fragebogen zur Arbeit im Team 162
F-DUP	Fragebogen zur Diagnose unternehmerischer Potenziale **107**, 123, 131, 134, 159, 188, 212
FEG	Fragebogen zur Erfassung des Gesundheitsverhaltens 194
FET	Führungs-Einstellungs-Test **159**, 164, 180
GPOP	Golden Profiler of Personality 229
HPI	Hamburger Persönlichkeitsinventar 228

ILICA	**142**, 146, 150, 225
IMA	Inventar zur Messung der Ambiguitätstoleranz 188
INKA	Inventar komplexer Aufmerksamkeit 101
IPS	Inventar zur Persönlichkeitsdiagnostik in Situationen **124**, 139, 163, 194
ISA	Intelligenz-Struktur-Analyse **110**, 114
I-S-T 2000 R	Intelligenz Struktur-Test 2000 R **97**, 114
Karriereanker	232
KLT-R	Konzentrations-Leistungs-Test 101
LEWITE	Lexikon-Wissen-Test 176
Linguaskill	175
LMI	Leistungsmotivationsinventar **124**, 128, 142, 150, 185
MAP	Managementarbeitsprobe **108**, 223
Mathematiktest	106
MBTI	Myers-Briggs Typenindikator 230
MFA	Management-Fallstudien **115**, 120, 151, 165, 181, 223, 225
MIP	Mathematik in der Praxis 105
MIX	Motivindex 125
MMG	Multi-Motiv-Gitter 125
MTA	Mechanisch-Technisches Auffassungsvermögen 118
NEO-FFI	NEO Fünf-Faktoren-Inventar 228
NEO-PI-R	NEO Persönlichkeitsinventar nach Costa und McCrae, Revidierte Fassung 228
NGA	Namen-Gesichter-Assoziationstest 170
OLMT	Objektiver Leistungsmotivationstest 126
PRO FACTS	229
RISIKO	Risikowahlverhalten 212
Schnitte	111
SEE	Skalen zum Erleben von Emotionen **131**, 134
Shapes	**167**, 182, 198, 216
SIMKAP	Simultankapazität 140
SKASUK	Skalen zur Service- und Kundenorientierung **135**, 147, 209
SKI	Selbstkonzept-Inventar 160
SVF	Stressverarbeitungsfragebogen 140
Syllogismen	115
Take5	Big Five – Persönlichkeitsinventar im Berufskontext 228
TIS	Test of Intercultural Sensitivity 190
UBV	Fragebogen zum Umgang mit Belastungen im Verlauf 138
Utopia	**104**, 153, 203, 213
ViQ	Visual Questionnaire 231
WBT	Wirtschaftskundlicher Bildungstest 210
WIE	Wechsler Intelligenztest für Erwachsene **97**, 116
WIN-WIN	214
WIT	Wilde Intelligenz-Test **98**, 177
WRBTR	Wiener Risikobereitschaftstest 213
WST	Wortschatztest 177

Die Autorinnen

Claudia Eilles-Matthiessen

Dr. phil. nat., Diplom-Psychologin und Coach mit den Schwerpunkten Führung, Kompetenzentwicklung, Konfliktmanagement und Karriereberatung. Lehrbeauftragte für Coaching und Training an der Universität Frankfurt, Leiterin einer Beraterausbildung für Young Professionals bei der Deutschen Psychologen Akademie (DPA). Autorin mehrerer Fachpublikationen.

claudia.eilles@cem-beratung.de
www.cem-beratung.de

Susanne Janssen

Dr. phil., Diplom-Psychologin. Mehrjährige Mitarbeit in der Führungskräfteentwicklung eines international tätigen Großkonzerns (Fluggesellschaft), zuvor mehrjährige Mitarbeit bei einer Unternehmensberatung in nationalen und internationalen Change Projekten. Schwerpunktthemen: HR-Strategieberatung, Führungskräfteprogramme und Potenzialanalysen.

Info@Susanne-Janssen.com
www.Susanne-Janssen.com

Antje Osterholz-Sauerlaender

Dr. phil., Diplom-Psychologin und Betriebswirtin (VWA). Langjährige Tätigkeit in verschiedenen internationalen Unternehmen in den Bereichen multinationaler Vertrieb, Projektmanagement sowie als Trainerin und Schulungsleiterin. Heute ist sie als selbstständige Beraterin in der psychologischen Personalauswahl und -entwicklung sowie als Coach unter anderem für die Deutsche Gesellschaft für Technische Zusammenarbeit (GTZ), Eschborn tätig.

aosauerlaender@protyp.de
www.protyp.de

Natalija el Hage

Dr. phil. nat., Diplom-Psychologin. Seit 1999 in verschiedenen Positionen für die Deutsche Gesellschaft für Technische Zusammenarbeit (GTZ), Eschborn tätig. Leitete mehrere Jahre die Abteilung «Personalpolitik und – entwicklung». Seit 2007 Leiterin eines Programms zur Privatwirtschaftsförderung und Aufbau von Beratungsdienstleistungen in Kairo, Ägypten.

Natalija.El-Hage@gtz.de
www.gtz.de